장인수 지음

문턱을 넘어서라
通過儀禮

통과의례

모든 사건의 뇌관은 바깥이 아니라 바로 나 자신에게 있다. 변하고 또 변해라. 나날이 새롭고 새로워져라.

SUNGSUCLUB 출판부

문턱을 넘어서라

通過儀禮
_{통 과 의 례}

―

장인수 지음

중국 명나라 때 묘협 스님께서 어려운 일을 당했을 때
마음을 다스려야 할 가르침으로
보왕삼매론(寶王三昧論)을 주셨다.

몸에 병이 없기를 바라지마라.
세상에 곤란이 없기를 바라지마라.
일을 꾀하되 쉽게 되기를 바라지마라.
친구를 사귀되 내가 이롭기를 바라지마라.
이익을 분에 넘치게 바라지마라.
억울함을 당해서 밝히려고 하지마라.

시인 소동파는 '인생도처유청산(人生到處有靑山)'이라 했다.
인생 발길 닿는 곳마다 살만한 청산(靑山)이 있다고 했다.
당신의 발길이 책이 모여 있는 곳에 머물기를 바란다.
그곳이 바로 청산(靑山)이다.

* * *

커피 두세 잔을 안 사드시면 이 좋은 책을 보실 수 있습니다.
우리가 책을 읽는 이유는 계속해서 무엇을 얻으려는 것이 아니라
지금까지 가지고 있었던 것을 버리기 위해서입니다.

여는 글

　　우리의 삶이란 순간순간 경험하게 되는 액운과 불행을 멀리하고 제대로 된 대접을 받기위해 공동체에서 분리, 또는 결합을 끊임없이 통과해야 한다. 이처럼 삶의 과정 속에서 문지방을 넘어서는 것은 자신을 새로운 세계에 통합하기 위한 것이다. 문(門)이란 주거의 경우 내부와 외부세계의 경계이고, 사찰이나 교회의 경우에는 성(聖)과 속(俗)의 경계이다.

　　나는 그 문지방을 넘어야 하는 사람들에게 통과해야만 하는 것들을 글로 모아 전하려 한다. 뿐만 아니라 그 경계를 넘어서는 일이 순탄치 않기 때문에 춘하추동의 계절이 있듯이 때를 맞추어 통과해야 할 과정에 나타날 수 있는 승리와 환희, 고통과 좌절의 문턱을 넘어설 수 있는 통로를 제시하려 글을 쓰고 있다.

나에게도 큰 용기가 되어준 한마디가 있다. "이 또한 지나가리다." 힘들거나 지칠 때마다 이 말을 되새기며 살고 있다. 이스엘의 다윗 왕이 어느 날 궁중의 세공인을 불러 놓고 "날 위해 아름다운 반지 하나를 만들고, 거기에 내가 전쟁에서 큰 승리를 거두고 환호할 때 나를 교만하지 않게 하고, 내가 큰 절망에 빠져 낙심할 때도 결코 좌절하지 않고 스스로에게 용기와 희망을 줄 수 있는 글귀를 새겨 넣으라"고 명한다. 이에 세공인은 아름다운 반지는 만들었지만, 거기에 새길 글귀가 떠오르지 않아 고민 끝에 지혜의 왕자로 불리는 솔로몬 왕자를 찾아가 도움을 청하자 그때 알려준 글귀가 "이 또한 지나가리다"였다고 전해지고 있다. 이 말을 가슴과 뇌리에 새기지 않고는 누구도 문턱을 넘어설 수 없기 때문이다.

첫 문턱은 때를 기다릴 줄 알아야 넘어선다. 성경(전도서)에도 천하 범사가 기한이 있고 모든 목적이 이룰 때가 있다고 했다. 사람이 애를 써서 되는 일도 있지만, 애를 써도 안 되는 일이 허다하다. 아직 때가 이르지 않았기 때문인 것이다. 어제 모를 심고, 내일 추수할 수 있겠는가. 아무리 노력을 해도, 하늘이 돕지 않으면 만사가 허사가 되고 만다. 우리가 우리 마음대로 사계절을 바꿀 수 없는 것과 같다.

어쩔 수 없는 일을 가지고 집착해서는 안 된다. 기다릴 줄 알아야 한다. 울 때가 있는가 하면 웃을 때가 있고, 잡아야 할 때가 있는가 하면 놓아야 할 때가 있고, 지킬 때가 있고 버릴 때가 있으며, 오르막이 있으면 내리막이 있는 게 인생이다. 봄에 피는 꽃이 있는가 하면 6월에 피는 장미가 있고, 겨울에야 피는 동백이 있다. 당신의 꽃이 피는 때를 기다릴 줄 아는 지혜가 필요하다. 놓아야 할 때에 붙잡으려고만 하는 사람에게는 통과해야 할 문이 보이지 않는다. 잡은 것을 놓으면 죽을 것 같이 생각되지만 그것을 놓을 때 문이 보이기 시작한다.

둘째 문턱은 일의 성패는 오직 내 탓이라는 생각이 필요하다. 어느 날 공자가 제자들과 공부를 하고 있는데 이웃집 담 너머로 아이들이 부르는 노랫소리가 들려왔다. 창랑의 물이 맑으니 갓끈을 씻고, 창랑의 물이 흐리니 발을 씻는다는 내용이었다. 공자가 제자들에게 이렇게 말한다. "이 노래를 들어 보아라. 물이 맑으면 사람이 와서 갓끈을 씻고, 물이 흐리면 발을 씻는다고 한다."

신분을 상징하는 갓끈을 씻느냐, 더러운 발을 씻느냐 하는 것은 물이 깨끗한가, 흐린가에 달렸으니 오로지 물이 불러

온 결과이다. 어떤 물은 깨끗한 갓끈이 들어오고, 어떤 물에는 불결한 발이 들어온다. 사람이 모욕을 당한다거나, 집안이 무너진다거나, 회사가 무너지는 것도 그 일차적인 원인은 자기에게 달려있다고 봐야 옳다. 그러니 인간의 행복이나 불행은 남이 만든 것이 아니라 자기 스스로의 처신과 수양여부에 달려 있다는 뜻으로 풀이된다. 그래서 남을 탓할 게 아니라, 나를 먼저 돌아보는 마음공부를 해야 한다. <시경> 태갑편에 "하늘이 내리는 재앙은 피할 수 있어도, 스스로 불러들인 재앙은 피하지 못한다"고 기록하고 있다.

　옛날 부처가 길을 가다가 길바닥에 떨어진 종이를 보고는 제자에게 주워오라고 한다. 무엇에 쓰던 종이냐고 묻자, 향내 나는 것을 보니 향을 쌌던 종이라고 답한다. 다시 길을 가다 부처가 이번에는 새끼줄 하나를 발견한다. 그럼 이 새끼줄은 무엇을 묶었던 것이냐고 했더니, 제자는 생선비린내가 나는 것으로 보아 생선을 묶었던 것이라고 한다. 처음부터 이 종이에 향내가 났을 리 없고, 이 새끼줄에 비린내가 풍겼을 리 없었을 것이다. 그러니 너희도 이처럼 향을 가까이하면 성품이 향기로워 지고, 악을 가까이 하면 악취를 풍기게 된다고 가르친다.

셋째 문턱은 누구와 함께 할 것인가를 선택하는 것이다. 법정 스님은 꽃을 가까이 하면 꽃 같은 인생이 된다고 했다. 어디에서가 아니라 누구와 함께 할 것인가가 문제다. 황진이가 서화담을 만난 것이 문학이 되었고, 퇴계와 기대승이 만나 주고받은 편지가 철학이 되었다. 이순신과 류성룡이 만나 나라를 구한 역사가 되었다. 문학과 철학과 역사가 어울러서 인문학이 되고, 그 인문학이 사람다운 사람을 만든다.

한 세대가 다음 세대에게 물려줄 수 있는 최고의 선물은 오랜 경험에서 묻어나온 지혜일 것이다. 인생에서 그냥 좋은 장면은 없다. 지금 우리가 여기 있는 것은 나 혼자만의 힘으로 이룬 것이 아니라 누군가의 도움이 있었기 때문이다. 신이 나를 도와준다고 해도 내가 나를 돕지 않으면 그 힘이 나에게 올 수 없지 않은가. 이렇게 분리와 통합의 수많은 문턱을 넘어서야 멋진 것들이 만들어지는 법, 문턱을 넘어서야 할 통과의례에 도움이 되었으면 하는 마음이다.

2017년 4월

차 례

:: 여는 글 · 7

첫 번째 이야기 봄, 씨앗을 뿌리는 사람들

:: 거듭나기 위한 통과의례 · 19
:: 처음엔 길이 없었다 · 28
:: 남이 가지 않는 길을 가라 · 36
:: 당신도 꽃 같은 존재 · 41
:: 나는 대타로 시작했다 · 47
:: 그대는 무엇을 구하는가 · 53
:: 스스로 부족하다고 생각마라 · 58
:: 불확실성을 걷어내라 · 62
:: 나무를 심는 마음 · 67
:: 생각을 멈추지 마라 · 72
:: 피드백이 생명이다 · 77
:: 70%의 자리를 지켜라 · 83

두 번째 이야기 여름, 열정(熱情)으로 살아가는 사람들

:: 희망을 뚝심으로 일궈낸다 · 91
:: 흙 수저의 운명을 깨고 나와라 · 95
:: 하늘 아래 새로운 것은 없다 · 100
:: 희망을 세상에 심어라 · 103
:: 가장 큰 실수 · 106
:: 간절해야 당신의 때가 온다 · 109
:: 고난당하는 것이 유익이다 · 116
:: 좁은 문으로 들어가라 · 120
:: 작은 징후 · 124
:: 실패보다 무서운 게 포기다 · 131
:: 세상에 정답은 없다 · 133
:: 빙산의 일각 · 139
:: 창업보다 수성 · 142
:: 늦은 때란 없다 · 148
:: 네 시작은 미약하나 나중은 창대하리라 · 151
:: 나무만 보지 말고 숲을 보라 · 158
:: 거인들의 어깨를 빌려라 · 163

세 번째 이야기 — 가을, 거두고 나누는 사람들

- :: 시를 읽는 마음 · 169
- :: 내일은 좀 더 나은 내가 되자 · 175
- :: 성장을 멈추지 않는 사람들 · 181
- :: 일등과 일류는 서로 다른 성질이다 · 185
- :: 기억에만 맡기지 말고 기록에 힘써라 · 190
- :: 인생역전의 주인공들 · 195
- :: 더 많이, 더 빨리는 불행을 자초하는 일이다 · 202
- :: 다르게, 단순하게, 간결하게 · 206
- :: 삼밭에 쑥이라 · 217
- :: 그는 왜 궁형을 선택했을까 · 220
- :: 적게 벌고 오래 존재하라 · 225
- :: 장고 끝에 악수난다 · 230
- :: 원샷 원킬 · 233
- :: 자연에서 배워라 · 236
- :: 이것이 함정이었네 · 238
- :: 아니다 싶거든 맞서지 마라 · 244

| 네 번째 이야기 | 겨울, 안분지족(安分知足)하는 사람들 |

- 사람은 때를 탄다 · 251
- 삶은 선택의 연속이다 · 255
- 건강 100세 처방전 · 261
- 하고 싶은 말을 안 할 수 있는 사람 · 267
- 배우고 익히면 누구나 고수가 된다 · 275
- 불가능하게 보이고 어려워도 하는 게 낫다 · 279
- 중국은 어떤 나라인가 · 284
- 로봇의 등장으로 변화되는 일 · 295
- 생로병사의 스텝 · 299
- 어머니의 아들로 살아서 · 306
- 나는 누구인가 · 312
- 먹고 입는 것에만 매달리지 마라 · 317
- 덜 갖고 오래 남아라 · 322
- 네 발 밑을 항상 살펴라 · 328
- 좋은 시절은 연속되지 않는다 · 331
- 길이 끝나면 그 다음이 시작이다 · 339
- 모든 일은 당신에게 달려있다 · 344
- 바랄 수 없는 것을 바라는 소망 · 350
- 몸이 덥혀지면 마음도 녹는 법이다 · 356

다섯번째 이야기 나만의 계절을 누리는 사람들

- :: 나는 드디어 자유를 찾았다 · 365
- :: 산은 산이요 물은 물이다 · 368
- :: 기다리지 못한 사람들 · 371
- :: 단종 유배지 영월 땅 · 374
- :: 세상이 보이기 시작했다 · 382
- :: 승자 독식사회 · 388
- :: 작은 것에 감사해야 하는 이유 · 393
- :: 무엇이 나를 지키게 하는가 · 396
- :: 다 버리고 싶을 때가 있다 · 402
- :: 삶과 죽음이 하나가 아니겠는가 · 405
- :: 사랑으로 구속하지는 마라 · 410
- :: 다산초당을 찾아서 · 419
- :: 사람들은 어느 때에 가장 행복해 할까 · 424
- :: 사내는 세 뿌리를 조심해야 한다 · 431
- :: 아름다운 엔딩을 위하여 · 441
- :: 회전목마 · 445

- :: 닫는 글 · 452
- :: 참고문헌 · 456

첫 번째 이야기

봄, 씨앗을 뿌리는 사람들

성경(마가복음9장)에 "할 수 있거든 이 무슨 말이냐,
믿는 자에게 능치 못함이 없느니라"
"믿음은 바라는 것들의 실상이며 믿고 구하면 다 받으리라"고 한다.

시인 정호승은 〈봄 길〉이라는 시에서
"길이 끝나는 곳에 길이 있다.
길이 끝나는 곳에서도 길이 되는 사람이 있다.
스스로 봄 길이 되어 끝없이 걸어가는 사람이 있다"고 한다.

헬렌 켈러는 "세상은 고통으로 가득하지만
한편 그것을 이겨내는 일로도 가득 차있다"고 말했다.

첫 번 째 이 야 기

봄, 씨앗을 뿌리는 사람들

거듭나기 위한 통과의례

"눈 덮인 광야를 가는 이여 아무쪼록 어지럽게 걷지 마라."
"오늘 그대가 남긴 발자국이 뒤따라오는 사람들의 이정표가 된다"고 한
서산대사의 시를 백범 김구선생은 매일 매일 애송했다고 한다.

프랑스의 인류학자 방주네프의 <통과의례>에 따르면 새로운 존재로 거듭나기 위해서는 '분리', '전이', '통합'이라는 단계를 거쳐야 한다. 분리란 이전의 상태로부터 결별을 뜻하는 것임으로 다시 말하면 옛 존재의 죽음인 것이다. 이것을

중생(重生)이라고 하며 거듭난다는 의미로 쓰인다. 이전의 존재가 죽지 않고서야 어떻게 새로운 존재가 될 수 있겠는가. 그러면 이전의 세계와 분리되는 아픔이 어떤 것인지 살펴볼 필요가 있다.

구약시대에(사무엘상) '한나'라는 여인이 열정적인 기도와 서원으로 아들 사무엘을 갖는다. 한나는 아이의 젖을 떼자마자 성전으로 데려가 대제사장에게 맡겨 성전에서 자라게 한다. 이 아이는 후일 모세에 필적할 만한 이스라엘의 위대한 지도자로 사무엘이라는 선지자가 된다. 이 경우 모성애의 본질은 이별과 상실을 최종 목표로 하는 서글픈 사랑이었다. 어린 자식을 떼어내는 엄마의 마음은 엄청난 아픔이었지만 그 아들이 이스라엘의 역사를 바꾸었다.

파스칼은 모성애에 관해서 특징적인 두 가지 요소로 분석하고 있다. 그 하나는 합일의 열정이고, 다른 하나는 분리의 열정이다. 합일의 열정이란 자식과 함께 있고 싶고, 함께 살고 싶고, 자식과 운명을 함께하고 싶다고 바라는 모성의 본능이다. 그러나 이러한 합일의 열정만으로는 자식을 결코 훌륭하게 키울 수 없다고 한다. 자칫 자식과 가까운 존재라는 이유로 올바른 인간성 형성에 최대의 장애가 될 수 있기 때문이다. 그래서 파스칼은 모성애에서 분리의 열정이 동시에 필요하다고 역설한다. 결국 어머니의 사랑이란 자식을 과감하고 냉정하게 떼어내는 데 있다는 것이다. 이것이야말로 여성에게 부과되는 가장 엄격한 행위로 어머니의 최종 능력에 해당된다. 떼어내는 열정이 훗날 효도하는 자식으로 거듭난다는 사실을 왜 기억하지 못하는지 아쉽고 안타깝다. 사랑하기 때문에 사랑하는 자를 멀리 놓아주는 능력이야말로 위대한 모성애가 아닐 수 없다.

이기심, 독점욕, 지배욕을 버리고 사랑하는 자의 행복만을 바랄 뿐 아무것도 요구하지 않음으로써 진실로 모성애는 위대해지는 것이다. 자식이 홀로 독립하여 떠나는 것은 부모에 대한 보은이라고 생각해야 할 것이다. 자식과 함께 있고 싶다는 합일의 열정만을 내세우고 그것에 집착하는 모성애는 오직 본능적인 모성애일 뿐이다. 자식을 위해서라면 죽은 나무에 꽃도 피우게 하는 것이 모성애라 하지만 자식이 스스로 제어하고 끝없이 아프게 이루어내지 못하면 오히려 불결해지기까지 하는 것이 또한 모성애인 것이다. 사실 내 아내, 내 남편, 내 자식에게서 얻는 기쁨이란 잠깐이다. 잘못하면 원수처럼 되는 경우도 허다하다. 이 세상 어딘가에 항상 문 열어 놓고 기다리고 계실 따뜻한 어머님이 있다는 사실만으로 자식은 행복해질 수 있어야 하는 것이다.

전이란 혹독한 고난을 통해 새로운 지위를 부여받는 과정을 뜻한다. 다시 말하면 오래된 자아를 소멸시키는 전이는 길고 긴 투쟁의 시간이라고 보면 된다. 과거의 본질이라고 생각했던 것이 점점 소멸되어 새로운 자신으로 채워지는 과정이라 할 수 있다. 옛날 어느 아버지가 자신의 아들을 제일가는 궁사로 만들기 위해 최고의 궁사를 찾아가 맡긴다. 그런데 궁사는 아이에게 활 쏘는 법은 가르치지 않고 청소만 시킨다. 그리고는 남는 시간에 5m 정도 거리에 쌀 한 톨을 실에 매달아놓고, 쌀 한 가마처럼 보일 때까지 쳐다보기만 하라고 명한다. 몇 년이 지나도 똑같은 일만 시키니 아이는 도망친다. 여러 차례 도망치고 잡혀오기를 반복하다 10년의 세월이 흘렀고 아이는 20대 초반이 되었다. 그런 어느 날 쌀 한 톨을 쳐다보는데 쌀 한 가마와 같이 보이는 것이다. 놀라움과 기쁨을 감추지 못하고 "드디어 쌀 한 톨이 한 가마니처럼 보입니다"라고 궁사에게 말했다.

그때서야 궁사는 미소를 짓고 처음으로 활을 내어 주며 말했다. "이제 가서 활을 쏘아라." 쌀 한 가마니만한 크기의 과녁을 뚫지 못할 사람은 없다. 아들은 정확하게 쌀 한 톨을 관통시키는 명궁이 되었다. 명궁이 되는 것은 활 쏘는 기술의 문제라기보다 정확한 눈의 문제요, 집중력의 문제다. 목표물이 크게 보이면 명중률이 높을 수밖에 없다. 야구선수도 탁구선수도 잘 풀리는 날에는 공의 크기가 농구공처럼 보인다고 한다. 골프 스타도 골프가 되는 날 동전 2개를 포개놓고 치면 위에 있는 동전만 날아간다고 한다.

    조류 중 하늘의 제왕인 독수리는 삶의 벽 앞에서 문을 여는 존재로 그려진다. 그것은 늙음과 죽음의 벽 앞에서 독수리가 스스로 새로운 삶의 문을 열기 때문이다. 독수리는 30년쯤 살게 되면 무뎌진 부리가 자라서 목을 찌르고, 날개의 깃털이 무거워져 날지 못하며, 날카롭게 자란 발톱마저 살 속을 파고들어 죽을 수밖에 없는 위기에 직면하게 된다. 이때 독수리는 본능적으로 이대로 죽을 것인가, 아니면 뼈를 깎는 고통의 과정을 밟아 새롭게 태어날 것인가를 선택하게 된다. 만일 새 삶을 선택하려면 6개월 정도 견디기 힘든 과정을 거쳐야 한다. 높은 산정에 둥지를 틀고 암벽에 수 없이 부리를 쳐 깨뜨리는 아픔의 시간을 보내고, 다시 새부리가 날 때까지 기다려야 하는 인내의 시간을 보내야 한다. 그리고 새로운 부리가 나면 발톱을 모두 뽑아내고 새 발톱이 자랄 때까지 또 기다려야 한다. 그러고는 그 새 부리로 낡은 날개의 깃털을 모두 뽑아내고 새 깃털이 자라 날갯짓을 할 수 있을 때까지 또 기다려야 한다. 그 과정이 얼마나 고통스러운지 이때 독수리의 몸은 피범벅이 된다. 그런데도 그 고통의 벽 앞에서 자신을 전부 새롭게 갈고 다시 30년을 더 살게 되는 새 삶의 문을 열어낸다. 만일 독수리가 벽 속에 있는 문을 보지 못했다면 결코 또 다시 30년을 누리는 새 삶을 살지 못하는 것이다.

우리는 삶의 벽 앞에서 새로운 삶을 위해 독수리처럼 선택과 결단의 문을 열어야 할 때가 있을 것이다. 그럴 때는 반드시 독수리와 같은 고통과 인내의 과정이 필요한 것이다. 무언가를 간절히 바라는 사람 앞에는 절망의 벽이 기다린다. 가능한 일을 불가능하다고 생각하면 벽이 보이는 것이다. 그러나 불가능한 일을 가능하다고 보면 결국 문이 보일 것이다. 높디높은 성벽이라도 문은 있다. 문 없는 벽은 없다. 벽은 문을 만들기 위해 존재한다. 벽이 없는 문은 존재할 수 없다. 내가 먼저 변해야 소통이 원활해질 것이다. 짐승도 지혜가 있어 낡은 것을 부수고 새롭게 태어나는데, 하물며 사람이 자신의 낡은 것을 인식하지 못한 채 그럭저럭 살아가서야 되겠는가.

스님들도 승복을 입었다고 바로 승려가 되는 것이 아니다.

일정한 교육과정을 거친 다음에야 비로소 계를 받고 스님이 된다. 제대로 된 스님이 되려면 큰 스님 밑에서 혹독한 수양과 교육을 받고 나서야 비로소 스님다운 스님이 되는 것이다. 군인들도 혹독한 훈련병 과정을 거쳐야 이등병 계급장을 단다. 우리가 해병대를 알아주는 것은 그들이 지독한 훈련을 견뎌낸 결과다. 기독교에서는 이 같은 과정을 성화(聖化)라 하는데 성스럽게 되어가는 과정이라는 말이다.

통합이란 무엇인가. 분리가 단 시간에 이루어지는 것이라면 전이는 오랜 시간이 필요하다. 그리고 통합은 조용히 다가온다. 지금까지 몸에 밴 습관이나 행동을 떨쳐내고 새로운 자아를 만들어 새로운 모습으로 새로운 지위를 허락받게 되는 것을 말한다. 석가모니 붓다의 삶을 살펴보자. 그는 왕자로 태어나 안락한 생활을 하다 29세에 인간 세상의 생로병사라는 고통을 알게 된 후 출가하는데, 이것을 분리라 할 수 있다. 이전의 다른 존재, 더 성숙한 존재가 되기 위한 분리였다. 그렇지만 출가했다고 해서 바로 성불이 된 것이 아니다. 6년 동안 엄청난 긴 고행을 거친다. 이게 바로 전이를 겪는 것이다. 그리고 35세에 드디어 깨달음을 얻고 붓다라는 새로운 존재로 거듭난다. 바로 통합이 일어난 것이다. 새로운 존재로 지위가 확고해진 것이다. 이렇듯 우리의 삶에서 새로운 존재로 다시 태어나기 위해서는 누구나 이전의 존재와 결별, 분리하는 상징적인 죽음을 경험하고, 전이의 단계에서 나름대로 혹독한 시련을 감당하고 이겨내야 하는 것이다.

막 태어난 영아는 산모와 연결된 탯줄을 잘라내지 않으면 두 생명체 모두 살아남을 수 없다. 그러므로 지금 나만의 시련과 고난이 힘들어 더는 못 견디겠다고 하는 분이 있다면, 그것을 새로운 존재로 거듭나기 위한 과정으로 받아들이고 극복하기를 바란다. 본인뿐만 아니라 부모들은 우리의 자녀가 시련과 고통에 직면해 있다고 해도 너무 걱정해서는 안 된다. 전이의 단계를 거쳐 새로운 존재로 거듭나지 않으면 부모나 자식 모두 힘들어지기 때문이다. 성경(빌립보서)에도 고난이 축복의 전주곡이라고 쓰여 있다. 고난 없이 얻어진 축복은 오래 갈 수 없기 때문이다. 이처럼 고독한 진통은 자기 발전을 위한 통과절차다.

자기 자신을 위해 스스로 만든 분리된 시간과 공간을 고독이라 하는데, 이때의 고독은 다른 사람들과 어울리지 못해 불안해 하는 외로움의 상태가 아니라 의도적인 분리의 상태이자 나 자신을 위한 최고의 선물이다. 그래서 우리는 때때로 고독하게 외로워져야 한다. 어떤 방식으로든 온전하게 홀로 될 시간이 필요한 것이다. 그래야 겸손해진다. 자신의 삶이 변화되길 바란다면 이 같은 고독의 문지방을 넘어설 각오를 해야 한다.

　톨스토이는 사람들은 세상이 변해야 한다고 생각하면서도 자신이 변해야겠다고는 생각하지 않는다고 했다. 대부분의 사람들은 변하라고 하면 "내가 뭘? 너나 잘하세요"라고 한다. 쓴 소리는 죽기보다 싫어한다. 들으려 하지 않는다. <명심보감>에 "나를 좋은 사람이라고 치켜세워 부추기는 사람은 나의 적이고, 나를 잘못하고 있다고 지적해주고 깨우쳐주는 사람은 나의 스승이라는 말이다." 내 잘못을 따끔하게 지적해줄만한 이가 있다면 당신은 행복한 사람이다. 나날이 새롭고 새로운 존재로 거듭나고 싶다면 이전의 존재와 결별해라. 혹독한 오늘의 시련과 고통이 나를 다시 태어나게 할 것임을 굳게 믿어야 한다. 그러니 나날이 결별하고 나날이 새롭게 되어라.

02
처음엔 길이 없었다

"성인(聖人)은 아주 작은 현상을 보고도 사태의 조짐을 알고,
사태의 실마리를 보고 최종 결과를 안다."

 1990년대 한국 가요계의 기존 공식을 뒤엎고 등장한 서태지와 아이들은 발라드와 트롯 일색이던 가요계를 뒤집듯 야구 모자를 눌러쓰고 축 늘어진 힙합바지를 입은 채 속사포처럼 가사를 내뱉는 랩 장르로 무대를 활보했었다. 메뚜기도 한 철이라는 식으로 인기가 절정에 있을 때 방송 출연을 최대한 많이 하는 관례를 깨고, 갑자기 2집을 준비하겠다며 활동 중단을 선언했다. 서태지와 아이들의 성공을 보고 후발 주자들이 너도나도 빠른 랩을 구사할 때 그들은 다시 주류를 거스르는 느릿한 갱스터 랩을 선보였다. 서태지와 아이들이 1990년대 10대들의 문화 대통령으로 군림한 이유 중 하나는 바로 남과 다름이었다. 그들에게는 분명하게 남다른 차별성이 있었다. 만약 그들이 노래와 춤에서 당시의 유행을 따랐다면 지금까지 회자되는 가수로 남지는 않았으리라. 남과 다른 길을 가는 것, 없는 길을 찾아나서는 것이 모험이다. 누구도 가보지 않은 길이기에 그 앞에 어떤 장애물이 있는지 알 수 없는 위험이 따르기 때문이다. 그러나 남들이 손대지

않은 새로운 분야에 도전해야만 성공을 안겨준다. 이미 정해진 길을 갈 것인가. 아니면 내가 길을 열어갈 것인가. 다시 말해 길 위에서 정주할 것인가, 아니면 길 위에서 새로운 길을 찾을 것인가. 아무것도 없는 곳에서 생겨나는 것이 희망이다. 희망은 희망을 갖는 사람에게만 존재한다. 희망이 있다고 믿는 사람에게만 희망이 있고, 없다고 하는 사람에게는 실제로 희망은 없다.

새로운 길을 찾아 떠나려는 지도를 그려야 한다. 그러려면 하늘의 별을 보라고 했다. 우리 시대의 별 같은 사람, 전 세계를 하나로 연결하고 싶다는 황당한 꿈을 꾸던 하버드대 중퇴생 마크 저커버그는 지금 전 세계를 아우르는 페이스북의 CEO가 되었고, 최대 인터넷 쇼핑몰 알리바바의 CEO 마윈은 중국에 인터넷이라는 말조차 없던 때 사업을 시작했다. 인터넷 사업이라는 보지도 듣지도 못한 사업에 고군분투한 그를 향해 많은 사람들이 제 정신이 아니라며 비웃기도 했었다. 오늘날 혁신은 성공뿐 아니라 생존을 위해 꼭 필요한 요소가 되었다.

<세계 장수 기업, 세계를 뛰어 넘는 성공>이라는 책을 쓴 오하라는 한 세대를 30년으로 정의하고 한 세대가 지날

때마다 생존한 기업을 조사했다. 한 세대가 끝난 뒤 다음 세대까지 살아남는 기업은 대략 30%였다. 그 중 12%가 3세대까지 살아남고 4세대에 가면 3세대 생존기업 중 3~4%만 살아남았다. 즉 100년 이상 장수하는 기업은 열 손가락에 꼽을 정도에 불과했다. 이처럼 기업이 한 세기를 넘기기 힘든 이유는 시간이 흐를수록 혁신과 변화의 힘이 떨어지기 때문이다. 혁신은 남다른 생각, 남다른 방식을 채택하는 데서 오는 것이다. 2007년 노키아의 휴대폰은 고객 10억 명을 확보한 휴대 전화의 제왕이었다. 그로부터 딱 10년이 지난 지금 애플이 아이폰을 출시하자 노키아의 역사는 뒤안길로 사라져 버렸다. 오늘날 업계 1위라는 타이틀은 단 10년도 지속되기 어렵다는 것이다. 변하지 않고는 살아남을 수 없다. 늘 새롭고 새로워지면 사람들은 설렘을 갖는다.

〈내 기분〉
이웃집 할망구가 날 보더니
가방 들고 학교 간다고 놀린다.
지는 이름도 못쓰면서
나는 이름도 쓸 줄 알고
버스도 안 물어 보고 탄다.
이 기분 니는 모르제.

83세의 늦깎이 나이로 한글을 깨우친 어느 할머니의 <내 기분>이라는 시다. 이 시 속에는 웃음 가득한 할머니의 얼굴이 그려져 있다. 그렇기 때문에 읽는 내내 빙그레 웃음 짓게 한다. 인생을 다시 산다는 기분이 얼마나 좋을까, 얼마나 설렐까 싶다.

똑똑하기로 소문난 스탠퍼드 대학 졸업생들이 세상을 나서는 순간인 졸업식에서 애플의 CEO이던 스티브 잡스가 세 번씩이나 반복하면서 강조한 말이 있다.

"Stay Hungry! 늘 갈망하라.
Stay Foolish! 늘 부족하다고 느껴라."

배가 고파야 도전하고, 자기가 어리석다고 느껴야 계속 배우려고 노력하기 때문 아닌가. 등 따시고 배부른데 누가 도전할 것이며, 자기가 다 안다고 생각하는데 누가 더 배우려고 하겠는가. 배가 부르면 누구나 감각이 무뎌지고 나태해지기 마련이다. 급변하는 세상에서 다 안다는 것은 한심한 착각이다. "21세기 문맹인은 읽고 쓸 줄 모르는 사람이 아니라, 배운 것을 잊고 새로운 것을 배우려 하지 않는 사람이다"라고 인류학자 앨빈 토플러는 말하고 있다. 잡스는 젊은이들에게 인생을 어떻게 살아야 하는지를 명확히 제시하고 있다. 안락한 삶이

나를 달콤하게 하지만, 그로 인해 성장은 멈출 수밖에 없고, 우환과 고통이 나를 오히려 힘들게 하더라도, 그로 인해 새로운 길을 찾아내는 계기가 될 수도 있다. 편안함이 나를 교만하게 하여 나를 정체시킨다는 생각을 놓지 말라.

"제 결혼생활은 얼마 못 가 파탄이 났고, 졸지에 직장도 없이 자식을 키우는 처지가 되었습니다. 영국에서 노숙자를 제외하고 가장 가난한 사람이 되었습니다. 제 삶은 너무나 비참했고 너무나 암울했으며 어두운 터널의 끝이 어디인지 얼마나 오랫동안 계속될지 도무지 알 수 없었습니다. 어떤 사람보다도 실패한 사람이었습니다. 살아남기 위해서 여러 가지 일을 시도했고, 실패했고, 포기하고 나니 제 앞에 할 수 있는 일은 소설을 쓰는 것뿐이었습니다. 다른 모든 것에 실패했기 때문에 글 쓰는 일에만 온전히 자신을 바쳤습니다. 제가 만약 다른 것에 성공했다면 제가 원하던 소설 쓰기에서 성공하겠다는 굳은 의지를 다지지 못했을 것입니다." 이 연설은 다름 아닌 〈해리포터 시리즈〉를 쓴 저자 조앤 롤링이 2008년 하버드대 졸업식에서 한 말이다. 롤링은 이 책으로 영국 여왕보다 부자인 5번째 부자가 되었다. 글을 쓰는 일도 쉬운 것은 아니다. 작가 박완서 교수는 글을 쓰는 것은 몸에서 진액을 빼는 것처럼 고통스런 작업이라고 말한다. 그녀가 세계적인 수재들이 사회로 나가는 출발점에서 강조한 메시지는 어떤 실패에서도 포기하지 말라는 것이다. 추락하던 주식이 다시 상승하려면 반드시 바닥을 치고 다져야 한다. 많이 다질수록 상승폭이 더 큰 법. 이중바닥, 삼중바닥 다진다고 하지 않던가.

2016년 리우 올림픽에서 여자 양궁 단체 팀은 8연패라는 대위업을 달성했다. 어떻게 그토록 오랫동안 1위를 지킬 수 있었을까? 그 비결이 무엇인지 궁금하던 차에 <따뜻한 독종>이라는 책을 읽게 되었다. 이 책을 쓴 양궁감독 서거원씨는 뼈를 깎는 노력의 결과라고 말하며 훈련내용을 이렇게 요약해서 설명한다. 선수들은 매일 새벽 5시부터 훈련을 시작해 저녁 8시에 끝낸다. 차갑고 무서운 겨울 밤 천호대교에서 한 사람씩 출발해 63빌딩까지 걷기도 한다.

더 압권인 것은 인간이 가장 공포심을 느끼는 11m 높이에서 하이 다이빙을 하고, 그것도 부족해서 충주호에 있는 우리나라 최고 높이인 62m 번지대 위에서 번지점프를 한다. 그것만이 아니다. 캄캄한 밤 뱀들이 우글거리는 소굴에 손을 집어넣어 뱀을 잡아 들어 올리는 훈련까지 한다. 이처럼 혹독한 훈련을 시켜도 선수들은 불평 하나 하지 않고 따른다. 왜냐하면 지도자가 솔선수범을 보이고 함께 훈련에 참가하기 때문이다. 특히 아테네에 있는 '콜린토스 운하 번지점프' 훈련 사례를 읽다가 숨이 멎는 줄 알았다. 번지점프를 수없이 해왔던 서거원 감독도 이 운하 번지 점프는 죽을 것같이 무서웠다고 말한다. 폭은 좁고 바람은 쎄고 양 옆의 바위 절벽에 부딪힐 것 같은 극심한 위험에 휩싸였다. 예외 없이 감독이 먼저 뛰어내리고 나서 "자 이제 누가 먼저 뛸 거냐?" 하고 묻는다. 여자선수 A가 손을 들었다. 그 다음은 여자선수 B였고, 그 다음도 여자선수 C였다. 두 달 후 올림픽을 치렀다. 그 결과는 참으로 놀라웠다. 콜린토스 운하 번지점프를 한 순서대로 A선수는 금메달, B는 은메달, C선수는 아쉽게 탈락이었다. 우연치고는 놀랍지 않은가.

성경(고린도후서)에 새로움은 깊이에서 나온다고 했다. 여러 방면에 다재다능한 사람을 가리켜 팔방미인이라 하는데, 이런 사람은 한 가지를 깊게 알지 못한다. 여러 것에 눈이 가면 한 곳에 집중력이 떨어진다. 우리에게 감동을 주는 사람은 언제나 한 가지에 집중한 일방미인이다. 여러 것에 치우치면 깊지 못하다. 깊은 우물은 가뭄에도 마르지 않는다. 고수는 숲을 보고, 하수는 나무를 본다.

포기를 몰랐던 위인, 처칠이 명문 옥스퍼드 대학에서 졸업식

축사를 하게 되었다. 그는 위엄 있는 차림으로 담배를 물고 식장에 나타났다. 열광적인 환영을 받으며 천천히 모자와 담배를 연단에 내려놓았다. 청중들은 숨을 죽이고 그의 입에서 나올 근사한 축사를 기대했다. 드디어 그가 입을 열었다. "포기하지 말라(Never give up)!" 그는 힘 있는 목소리로 첫마디를 뗐다. 그러고는 다시 청중들을 천천히 둘러보았다. 청중들은 그의 다음 말을 기다렸다. 그가 말을 이었다.

"절대로, 절대로, 절대로, 절대로, 절대로, 절대로 포기하지 말라(Never, never, never, never, never, never give up)!" 처칠은 다시 한 번 큰소리로 이렇게 외쳤다. 일곱 번의 "Never give up!", 그것이 축사의 전부였다. 청중은 이 연설에 우레와 같은 박수를 보냈다. 이 박수는 그의 연설보다는 그의 포기를 모르는 인생에 보내는 것이었다. 처칠은 팔삭둥이 조산아로 태어나 말더듬이 학습 장애인으로 학교에서 꼴찌를 했고, 큰 체격과 쾌활한 성격 때문에 건방지고 교만하다는 오해를 받았으며, 초등학교 학적 기록부에는 '희망이 없는 아이'로 기록되었다. 그리고 중학교 때에는 영어 과목에 낙제섬수를 받아 3년이나 유급되었다. 결국 캠브리지나 옥스퍼드 대학에는 입학할 수 없어 육군사관학교에 두 차례나 낙방했다 들어갔고, 정치인으로 입문하는 첫 선거에서도 낙선하고,

기자 생활을 하다가 다시 도전해 당선되었다. 포기하지 않고 열심히 노력해서 노벨 문학상 수상자, 세계대전의 영웅이 되고, 위대한 정치인도 될 수 있었다. 삶은 끊임없는 싸움의 연속이다. 처칠의 삶은 자신과의 싸움이며, 한계와의 싸움이며, 부단한 도전들과의 싸움이었다. 승리는 누구의 것인가? 포기하지 않는 자다. 누가 최후의 승자인가? 포기하지 않는 자다. 누구의 하늘에 무지개가 뜨는가? 포기하지 않는 자다.

남이 가지 않는 길을 가라

"노자는 '반자도지동(反者道之動)'이라 했다. 거꾸로 가는 것이야말로 진정한 도의 운동성이라는 말로 모든 사람들이 옳다고 하는 길에는 반드시 함정이 있고, 안전하고 편하게 보이는 길이 가장 위험할 수 있다는 뜻이다."

성경(마태복음)에 "좁은 문으로 들어가라. 멸망으로 인도하는 문은 크고 넓어 들어가는 사람이 많다. 그러나 생명으로 인도하는 문은 좁고 협착하여 찾는 이가 적다"고 했다. 어떤 생물학자가 번데기가 나방을 뚫고 나와서 나비가 되어 하늘로 날아가는 과정을 자세히 관찰했다. 번데기가 안에서 작은 구멍 하나를 뚫고, 한나절 동안 힘든 고통을 치르며 그 틈을 통해 나와서는 나비가 되어 하늘을 난다. 한 번은 좁은 구멍으로 힘들고 어렵게 나오려는 나비를 보고 너무나 애처로워 구멍을 넓혀주었더니 나비가 쉽게 나올 수 있었다. 그런데 그 나비는 얼마 가지 않아 퍼드덕거리며 날지도 못하고 죽어버리는 것이다. 이렇게 나오는 나비는 날개의 빛도 곱지 않더라고 한다. 하지만 스스로 안간힘을 쓰고 좁은 구멍으로 힘겹게 나온 나비의 날개는 오색찬란한 빛깔로 매우 아름다웠고, 힘차게 날개를 팔랑거리며 하늘을 향해 날아간다는 것이다.

좁은 문은 찾는 이가 없어 외롭고 고단한 길이다. 하지만 좁은 문은 생명의 길이며 신비의 문이다. 천국으로 들어가는 문은 다 내려놓고 비우고 가는 문이다. 그래서 예수는 부자가 천국에 들어가는 것이 약대가 바늘귀로 들어가는 것보다 어렵다고 하지 않던가. 이스라엘 민족의 지도자 모세는 바로 왕 공주의 아들로 태어나 세상의 모든 것을 가졌으나, 좁은 문을 향한 광야생활 40년을 이겨내고 나서야 이스라엘 민속의 숙원을 이부어냈다. 위대한 업적을 남긴 거인들은 하나같이 좁은 문을 통과했다. 명문 거창고등학교의 직업선택 십계명은 모두 좁은 문으로 들어가라는 것이다.

1. 월급이 적은 쪽을 택하라.
2. 내가 원하는 곳이 아니라, 나를 필요로 하는 곳을 택하라.
3. 승진 기회가 거의 없는 곳을 택하라.
4. 모든 조건이 갖추어진 곳을 피하고 처음부터 시작해야 하는 황무지를 택하라.
5. 앞 다퉈 모여드는 곳은 절대 가지 마라. 아무도 가지 않은 곳으로 가라.
6. 장래성이 전혀 없다고 생각되는 곳으로 가라.
7. 사회적 존경 같은 건 바라볼 수 없는 곳으로 가라.
8. 한 가운데로가 아니라 가장자리로 가라.
9. 부모가 결사반대하는 곳이면 틀림없다. 의심치 말고 가라.
10. 왕관이 아니라 단두대가 기다리고 있는 곳으로 가라.

아무나 갈 수 있는 길, 누구나 도전할 수 있는 길에서는 기회의 땅을 발견할 수 없다. 위대한 창조를 향해 남이 가지 않는 길을 선택하기 위해서는 지금 당장의 유행이나 경쟁자와 비교해서는 안 된다. 삶은 핑계로 가득 차있다. "난 그래서 못했어"라고만 한다. "그럼에도 불구하고 나는 해냈다"라고 해야 한다. 삶이란 빨리 나빠지고 천천히 좋아지는 법이다. 좋은 삶은 내 의지로 만들어가야 하니 천천히 올 수밖에 없다.

노력 없는 행운이 아니라 땀으로 쌓아올려야 하기 때문이다. 철학자 니체는 나를 죽이지 못하는 고통은 나를 더욱 강하게 만들 뿐이라고 했다. 어떤 고통도 나를 죽이지 못하고, 오히려 나를 강하게 만들 뿐이다. 나를 이겨내지 못할 고통은 없다. 핑계대지 말고 고통에 맞서자는 말이다. 그럼에도 불구하고 나는 해냈다고 하자.

맹자는 '생어우환 사어안락(生於憂患 死於安樂)'이라 했다. 지금 어렵고 근심스러운 것이 나를 살리는 길로 인도하는 것이고, 지금 편하고 즐거운 것이 나를 죽음의 길로 인도한다는 말이다. 우리에게 인생을 어떻게 살아야 하는지를 깨우쳐주는 말이다. 안락한 삶이 지금은 달콤하겠지만 그로 인해 성장은 멈출 수밖에 없고, 우환과 고통이 나를 힘들게 하지만 그로 인해 새로운 성공을 찾아내는 계기가 될 수도 있다. 편안함이 도리어 나를 교만하게 하여 나를 정체시킨다는 생각을 한시라도 놓치지 말라는 교훈이다. 투자의 귀재 워런 버핏은 "좋은 평판을 쌓는데 20년이 걸려도 무너지는 것은 한 순간이다"라고 말한다.

남녀가 헤어지면 '깨졌다'고 한다. 그런데 "똥차가면 벤츠 온다"고 하는데 깨지면 성숙한다는 말일게다. 걸음마를 하는 어린아이는 넘어지고 넘어지면서도 포기하지 않고 계속 걷기를 시도한다. 아이는 넘어지고 깨지면서 배우는 것을 부끄럽게 여기지 않을뿐더러 잘 걷지 못하는 것에 대해 자책하지도 않는다. 그렇게 하루 이틀 지나면서 걷고 어느 날 뛰기 시작한다.

사자도 새끼를 낳으면 절벽으로 떨어뜨린다. 순간에 어떻게든 기어 올라오는 새끼는 데려다 키우고 그렇지 못한 새끼는 버려둔다. 유교 경전인 시경에 이런 구절이 있다. "무릇 하늘이 인간을 만드실 때 늘 일이 일어나면 법칙이 있게 하였다." 홍콩에서는 '깨진 그릇이 복의 상징'이라고 한다. 모두가 깨진 그릇을 불길하다고 말하지만 깨져야 새것을 살 수 있지 않은가. 철학이란 명사가 아니라 동사여야 한다.

당신도 꽃 같은 존재

"네 잎 클로버의 꽃말은 '행운'이지만, 세 잎 클로버의 꽃말이 '행복'이라는 걸 아는가. 우리는 네 잎 클로버를 찾기 위해 수 많은 세 잎 클로버를 짓밟으며 대박을 쫓고 있다. 행운에 목매지 말고 작은 행복을 자주 찾아라."

　모든 사람들이 하나같이 초봄에 피어나지 못해서 안달한다. 꽃들은 저마다 피는 계절이 다르다. 아직 차가운데도 매화가 꽃망울을 피워낸다. 얼마 지나서 개나리, 진달래, 목련이 피고 잠깐 사이 벚꽃이 만개한다. 계절의 여왕 5월, 장미에 이어 카네이션이 핀다. 여름날 뜨거운 햇볕 아래 나팔꽃과 해바라기가 피더니, 금세 코스모스가 피며 가을이 오고 국화 향기가 가득하다. 그리고 저 남쪽지방으로부터 동백이 피었다는 소식이 전해진다. 꽃들은 저마다 아름답고 훌륭하다. 나름 이유가 있어서 제가 피어날 계절에만 만개한다. 당신의 꽃은 아직 시기가 되지 않았을 뿐, 당신의 계절이 오면 화려하게 활짝 필 것이다. 왜 나는 아직 꽃을 피우지 못할까 조바심을 갖는다면 부질없다. 계절을 앞당겨 꽃을 피우려는 건 욕심이다.

부처님이 말씀하시기를 '약장제거 무비초(若將除去 無非草)'라 했다. 베어버리자니 풀 아닌 게 없지만 '호취간래 총시화(好取看來 總是花)'라, 두고 보자니 모두가 꽃이더라. 만약 부정하는 마음으로 사물을 바라본다면 눈에 보이는 모든 것이 잡초 아닌 것 없고, 좋은 마음으로 모든 사물을 바라본다면 눈에 보이는 모든 것이 꽃이 아닌 게 없다는 뜻 아닌가. 모든 사물을 바라볼 때 긍정적으로 보느냐 부정적으로 보느냐. 이것은 전적으로 그 사물을 바라보는 우리 마음에 달려있다는 말이니 결국 모든 것이 내 안에 있다는 말이다. 꼴 보기 싫다 하여 베어버리려고 작정하면 풀 아닌 게 없지만 좋다고 취하려 하면 꽃 아닌 게 없다는 것이니, 밉게 보면 모든 게 잡초로 보이지만 애정을 갖고 자세히 들여다보면 잡초도 꽃으로 보인다는 의미다. 사람도 그렇다. 세상 모두가 꽃이다.

시인 나태주는 "자세히 보아야 예쁘다. 오래 보아야 사랑스럽다. 너도 그렇다"고 노래한다. 이 소소한 행복을 볼 줄 알고 의미를 찾으면 진짜 행복해진다. 행복해서 웃는 게 아니다. 웃으니까 행복해지는 것이다. 이게 우리가 어떤 사물이나 현상을 바라볼 때 반드시 가져야 할 눈이다. 아름다운 꽃도 하찮은 풀로 여기게 되면 아무런 감정 없이 그냥 베어버리고 말테지만, 하나하나 눈여겨보면 모두가 소중한 꽃이다.

당신 주변에도 꽃 같은 사람들이 많을 것이다. 너무 심하게 베어버리지 마라.

    자기 안에 없는 행복은 어디에도 없다. 행복이란 일상 속에서 들꽃처럼 흩어져 있다. 이 소소한 행복을 볼 줄 알고 의미를 찾는다면 누구에게나 진짜 행복이 되는 것이다. 여자에게 최고의 화장품은 환한 웃음이라고 한다. 웃는 여자가 제일 예쁘다고 하지 않던가. 달은 어디에도 있지만 보려는 사람에게만 뜬다고 한다. 그렇다. 달이 안 보인다. 안 보려고 하니까. 이 세상 어느 것도 이미 있어온 것은 없다. 사랑도 행복도 저절로 생겨나지 않는다. 노력으로 탄생하고 키워지고 헛된 것에 한눈팔지 않아야 성숙한 결실을 보게 되는 것이다. 진정한 행복의 원천은 우리들 가슴에 있다. 다른 곳에서 행복을 찾는 것은 어리석은 일이다. 자기 안에 없는 행복은 어디에도 없다는 사실을 알아야 한다. 어떤 사람은 고난을 받아도 즐거워하는 반면에 어떤 사람은 모든 것을 다 가져도 불행하다고 푸념을 하는 게 인생이다. 이미 2500년 전 부처님이 '일체유심조(一切唯心造)'라 했으니 모두가 마음먹기에 달려 있단 말이다.

꽃은 다른 꽃을 자신과 비교하지 않는다. 저마다 자기 특성을 마음껏 드러내면서 우주적인 조화를 이룬다. 사람도 남과 비교하지 않고 자기 자신의 삶에 충실할 때 순수하게 존재할 수 있다. 사람마다 자기 그릇이 있고 자기 몫이 있다. 그 그릇에 그 몫을 채우는 것으로 만족하면서 자신을 안으로 살펴야 한다. 지금 순간순간을 살고 있는 내가 과연 나답게 살고 있는지 스스로 살펴야 한다. 내가 무엇이 되어야 하고, 무엇을 이룰 것인가를 스스로에게 물으면서 자신의 삶을 꾸려가야 한다. 인간의 모든 불행은 비교에서 시작된다. 경제 교과서 첫 머리는 "인간의 욕망은 무한한데 이를 충족할 재화는 유한해서 경제문제가 생긴다"고 한다.

이간의 욕망이 무한하다면 행복은 수학적으로 0이 될 수밖에 없다. 아무리 개인의 소유가 늘어도 욕망이 도를 지나쳐 탐욕이 되면 불행해질 수 있음을 말하는 것이다. 빵을 몇 개 이상 먹으면 배가 불러 더 이상 먹을 수 없지만 돈은 그렇지 않다. 돈이 남는다고 하는 사람 보았는가. 오죽하면 쇼펜하우어가 "돈은 바닷물과 같아 많이 마시면 마실수록 목마르게 된다"고 했을까. 모든 불행은 비교에서 시작된다. 인간이 서로 비교하는 상대적 욕구를 지나치게 탐닉할 때 개인도 사회도 불행해질 수 있다.

정당한 노력의 대가로 누리는 부자들을 손가락질 하는 것은 보상의 원리가 작동하는 자본주의 체제에서 옳지 못하다. 서로 차이가 난다는 사실을 시원하게 인정하는 것이 정신건강에도 이롭다. 대부분의 사람들이 돈에 울고, 돈에 웃는다. 지난 70년간 미국인들의 개인 소득이 늘어났지만 행복은 정체되거나 심지어 낮아졌다고 한다. 소득이 증가함에 따라 절대적 욕구에 의해 갖고 싶은 품목이 늘어났을 수도 있고, 남들보다 더 잘 살고 싶어 하는 상대적 욕구가 늘어났을 수도 있다. 그런데 소득이 늘어 기본욕구가 충족되면 더 이상 소득이 행복을 좌우하는 중요변수가 될 수 없다. 행복은 마음먹기에 달렸다거나 자기만족에 있다는 말이 그래서 나온다.

독일의 문호 괴테는 지갑이 가벼우면 마음이 무겁다고 말하고, 맹자는 항산(恒産)이 없으면 항심(恒心)이 없다고 말했다. 즉 일정한 재산이나 생업이 없는 사람은 도덕적 양심도 없다고 했다. 돈이 없는 서민들에게 얼마나 공감이 가는 말인가. 안정된 재산보다는 안정적인 일을, 안정적인 일보다 안정적인 잠자리를 만들어 편히 쉬고 싶은 게 돈 없는 서민들의 가장 큰 소원이다. 아주 가끔은 커다란 집에서 화려한 가재도구에 그럴듯한 옷을 걸치고 있는 풍요롭고 안락한 환경을 그려보지만 항상 소원하는 것은 그저 내 한 몸 편히 뉘어 잘 곳을 만들고, 먹고 살만한 필수적인 해결을 할 수만 있으면 그걸로 충분이 족하다.

그렇지 못할 경우 마음조차 삐뚤어진다. 사흘 굶으면 담 안 넘어가는 놈 없다는 우리 속담도 있다. 있다가도 없고, 없다가도 있는 것이 돈이다. 그러나 막상 없으면 불편한 것이 돈이고, 우리 생활에서 빼놓을 수 없는 게 돈이다. <탈무드>에서는 사람에게 상처를 입히는 세 가지가 있다고 얘기한다. 고민과 말다툼 그리고 빈 지갑이다. 그 중에서도 사람에게 가장 크게 상처를 주는 것은 빈 지갑이라고 한다.

늘 지갑이 비어 있는 사람들의 문제는 소득의 많고 적음이 아니라 빚을 줄이지 못하는 소비습관에서 비롯된다. 버는 것 이상으로 소비하면 부자가 되는 길은 점점 더 멀어지고 삶은 고달파질 수밖에 없다. 모래사장에서 모래알들을 손으로 한 움큼 잡아 보자. 손가락 사이로 스르르 빠져나가는 모래알들을 보면 좋았던 순간들이 다 이렇지 않을까 싶어진다. 한 알 한 알 모두 꼭 쥐어 잡고 싶은데 막상 손바닥 안에 남아 있는 건 별로 없으니까. 내가 좋아하는 왕가위의 영화 <화양연화>에는 어느 누구에게나 인생의 가장 아름다웠던 순간이 있다는 다음과 같은 대사가 나온다. "그 시절은 지나갔고 이제 거기 남은 건 아무것도 없다." 이 시절이 지나고 나면 우리에게 정말 아무것도 남는 것이 없을까? 지갑을 지키기 위해 우리가 새겨야 할 삶의 경구가 아닌가 싶다. 결국 기대가 높은 사람이라면 눈높이를 낮추라고 권하고 싶다. 기대를 낮춤으로 불행에서 멀어질 수 있으니까.

05 나는 대타로 시작했다

"물고기가 물의 흐름을 따라 내려오지 않고 거꾸로 거슬러 올라간다. 바람개비가 돌지 않으면 아이들은 막 달린다. 자기가 뛰어서 바람을 만든다."

나는 학원 강사를 시작할 때 보조강사에서 출발했다. 보조강사란 전임강사의 업무를 돕는 사람으로 아주 적은 보수로 살아가야 했다. 이 업무를 언제까지 해야 할 지 막막하고 힘겨운 세월을 보내야 했다. 내가 성경공부를 하던 중에 내 심장을 찌르던 구절이 고달픈 삶을 지탱해 주있다. 로마서 4징에 나오는 말씀을 가슴 속 깊이 새기며 바랄 수 없는 중에도 바라고 믿으며 묵묵히 견뎌낸다면 반드시 기회가 올 것이라고 믿었다. 상황은 늘 변한다. 죽어도 안 올 것만 같았던 대타의 기회가 내게 찾아왔다. 살다 보면 주연이 아프거나 바빠 스케줄을 감당할 수 없어서 펑크를 내기도 한다. 그래서 간간이 내가 이걸 해도 되나 싶은 대타의 기회가 찾아온다. 나에게도 기회는 그렇게 찾아왔다.

　인생은 처음부터 나에게 주연의 자리를 주지 않는다. 그러나 그 기회를 잡을 수 있을 만큼의 내공이 쌓여있는지가 관건이다. 어쩔 수 없이 나를 쓰게 되어 불안해하던 담당자가 나중에 흐뭇한 미소를 짓고 "헉! 어쩌다 대박인 대어를 낚았네"라고 독백하게 만드는 것이 진짜 매력 아닌가. 여기서 중요한 진실이 있다. 바로 이러한 결과 뒤에는 절대량을 전제로 한 삽질이 있었다는 사실이다. 나는 수능대비 고등학교 3년 과정 사회 교과서를 토시 하나 빼지 않고 달달 외었다. 남들은 10번에 되는 일을 백 번, 천 번 밤낮을 가리지 않았다. 그 결과 보조 강사에서 전임 강사로, 그리고 대한민국 입시학원 정상에 있던 두 학원에서 스카우트 제의가 왔을 때 나는 을이 아니라 갑의 자리에서 노량진에 있는 대성학원을 선택했었다.

철학자 스피노자는 이렇게 말했다. "누구나 삽질로 시작하지만 삽질로 끝내지 않으려면 깊고, 넓게 삽질을 해라." 그러니 핵심은 기회를 얻든지 얻지 못하든지 간에 내공을 쌓아두는 것이다. 대단하다는 남의 타이틀에 쫄지 말고 절대량을 채우는 내공을 쌓아두어야 한다. 유튜브의 창업자 스티브 첸은 "모두 다 갖춰서 시작한다는 것은 이미 시작이 아니다"라고 말한다. 당신도, 당신의 친구에게도, 당신의 자녀에게도 이 말을 전해야 한다. 스피노자와 스티브 첸의 교훈을 가벼이 하지 말라고. 삽질을 깊게 하려면 먼저 넓게 파가야 한다. 늘 내공을 쌓는데 멈추지 마라. 묵묵히 또 묵묵히, 오늘도 멈추지 않는다. 할만 해서가 아니라 그냥 한다. 그래서 결국 하게 되는 것이다.

하늘이 나를 성장시키려고 마음먹으면 라이벌 한 사람을 보내준다. 나보다 더 능력 있어 보이고, 배경도 좋고, 심지어 성격까지 좋은 라이벌을… 왜 그럴까? 내 안의 잠재력과 노력의 열정을 불태우도록 종용하기 위해서다. 경쟁할 때는 그 사람이 참으로 밉고 싫었지만, 세월이 지나 내가 이만큼 성장한 것을 돌아보니 그 라이벌 덕분이었다는 생각이 들 때가 온다. 천둥치고 장대같은 비가 한참 내리고 난 다음 날, 파란 하늘과 푸른 산을 바라보면 그 빛깔이 그 전보다 훨씬 선명해진다. 이처럼 우리 인생에도 천둥과 장대비 같은 시련의 시간이 지나고 나면 삶에서 소중한 것이 무엇인지 비로소 선명하게 보이기 시작하는 것이다. 지금의 힘든 상황은 지나가는 구름이다.

시인 오세영은 피는 꽃이 지는 꽃을 만나고 가는 파도가 오는 파도를 만나듯, 인생이란 가는 것이 또 오는 것이라고 말한다. 인생 전체를 두고 봤을 때 고난은 잠시 지나가는 구름인 것이다. 그러니 기죽지 마라. "지혜로운 사람은 이로움과 해로움을 동시에 고려하기 때문에 이로움에도 해로움이 섞여있음을 안다"고 손자병법에 쓰여 있다. 누군가 나타나서 힘든 내 문제를 해결해 주었으면 좋겠다는 생각이 들 때 꼭 기억할 게 있다. 이 세상 절대로 공짜가 없다는 사실을…. 문제가 해결되고 나면 이번엔 공짜로 문제를 해결해준 그 사람이 문제가 되는 것이다. 내 앞가림을 내 스스로 못하면 어느 순간 절친했던 친구들도 나를 부담스러워 하는 것이다. 내 일로 다른 사람에게 관심을 구걸하지 마라. 내 실력이 쌓이면 저절로 관심을 받게 되어있다. 절대로 존귀한 나를 거지처럼 대하지 마라.

서울에 왕십리라는 지명이 있다. 이성계가 등극하여 대신들과 천도를 하기로 결정하고 왕사인 무학대사에게 도읍지를 찾아달라고 간청했다. 무학대사는 계룡산으로 내려가 산세와 지세를 살폈으나 도읍지로는 적합 하지 않아 발길을 북쪽으로 옮겼다. 한양에 도착하여 봉은사에서 하룻밤을 쉬고 이튿날 일찍 뚝섬나루에서 배를 타고 한강을 건너니 넓은 들판이 한 눈에 들어온다. 옳다, 이곳이 땅이 넓고 강이 흐르니 과연 새 왕조의 도읍지로 적합하다 생각되어 흐뭇한 마음으로 잠시 쉬고 있을 때였다.

"이 놈의 소는 미련하기가 무학 같구나. 왜 바른 길로 가야지 굳이 굽은 길로 들어서느냐"하며 한 노인이 몰고 가던 소를 꾸짖고 있지 않은가. 무학 대사는 얼른 노인 앞으로 달려가 소더러 미련하기가 꼭 무학 같다 했는데 무슨 뜻으로 하신 말씀인지를 물었다. "요즘 무학이 새 도읍지를 찾아다니는 모양인데, 좋은 곳을 다 놓아두고 엉뚱한 곳만 찾아다니니 어찌 미련하고 한심한 일이 아니겠소." 소를 나무란 이유를 들은 무학대사는 노인이 보통사람이 아니라 생각하여 공손히 합장하고 절을 올리며 말했다. "제가 바로 미련한 무학입니다." 무학은 노인장의 일깨움에 감사하며 도읍지가 될 만한 좋은 자리를 일러달라고 간청한다. "여기서부터 십 리를 더 들어가 주변 지형을 살펴보도록 하시오"라는 대답을 듣고 무학대사가 정중하게 인사를 하는 순간 노인과 소는 온데간데없이 사라졌다. 무학이 걸음을 재촉하여 서북쪽으로 십 리를 걸어 당도한 곳이 북악산 밑 지금의 경복궁터였다.

"과연 명당이로구나." 삼각산, 인왕산, 남산 등 사방이 산으로 둘러싸인 아늑한 땅을 보는 순간 무학은 기쁨을 감출 수가 없었다. 무학은 그 길로 태조에게 알렸고 한양을 새 도읍지로 정하여 도성을 쌓고 궁궐을 짓기로 했다는 것이다. 무학이 노인을 만난 곳이 갈 왕(往)자에 십리(十里)를 붙여 십 리를 더 가라는 뜻의 왕십리가 되었다고 한다. 서울 600년 역사에서 빼놓을 수 없는 왕십리는 서울의 시작과 함께 새로 태어난 마을로 기억되고 있다.

한편 왕십리는 포기하지 않는 꾸준한 노력에 대한 이야기로 해석된다. 십 리의 노력을 더 기울이라는 의미다. 주전자의 물이 끓어 수증기가 오르는 것은 99도의 온도에서 1도의 열이 더해지며 형질전환이 가능했기 때문이다. 최고의 명당에 이르기 전의 십 리, 물이 끓는 비등점까지의 99도 시점이 가장 힘들고 피로를 느끼는 순간이다. 더는 못 가겠다. 안 되는구나 포기하고 싶은 유혹을 받는 시점이다. 왕십리라는 지명을 통해 좌절하거나 포기해서는 안 된다는 지혜를 얻는다.

06
그대는 무엇을 구하는가

"욕심과 사랑은 동시에 존재할 수 없다.
욕심은 더 얻고 싶어하는 마음이고,
사랑은 더 베풀고 싶어 하는 마음이기 때문이다."

어느 날 소림사에 어찌나 눈이 많이 쏟아지는지 밤에도 어둡지 않을 정도였다. 흩날리는 눈 속에서 어느 젊은 사나이가 법당 안을 응시하며 서 있었다. 법당 안에는 스님 한 분이 벽을 마주 보며 참선을 하고 있었다. 눈 속에 서 있는 젊은이와 그를 등지고 참선하고 있는 스님 사이에는 묘한 긴장이 흐르고 있었다. 무엇을 얻으려고 그 젊은이는 반겨주지도 않는 경내에 그렇게 고독하게 서 있었던 것일까. 자비를 품고 있는 스님은 무슨 이유에서 그 젊은이에게 일체의 마음도 허락하지 않는 것일까. 그러는 사이 밤은 깊어만 가고 다음 날 새벽까지 계속 내린 눈은 어느 사이에 젊은이의 무릎까지 차올랐다. 법당 안의 스님은 마침내 젊은이에게 굴복하고 만다. 벽을 향하고 있던 몸을 돌려 바위처럼 눈을 맞고 서 있는 젊은이를 향해 묻는다.

"지금 그대는 눈 속에서 무엇을 구하는 것인가?" 젊은 이는 자신을 자유로운 사람으로 이끌어 달라고 부탁한다. 그렇지만 스님은 매몰차게 대한다. 자유를 얻는다는 것, 그러니까 깨달음을 얻는다는 것은 그렇게 쉽게 되는 일이 아니라고 말한다. 그러자 젊은이는 칼을 뽑아 들고 자신의 왼쪽 팔을 잘라서 스님에게 바친다. 눈발에 흩날리는 핏자국처럼 깨달음을 얻으려는 젊은이의 의지는 그만큼 애절하고 절실했다. 마침내 스님은 그 젊은이를 제자로 받아들이게 된다.

그 정도의 의지면 깨달음에 이르는 노력을 중도에 포기하지 않으리라 확신했기 때문이다. 선불교의 역사상 가장 극적인 장면이다. 바로 선종의 첫 번째 스님과 두 번째 스님이 탄생하는 순간인 것이다. 이제 짐작이 가는가. 법당 안에서 벽을 향해 참선하고 있던 스님이 바로 페르시아 왕자 출신으로 남인도에서 활동하다 중국으로 건너와 깨달음을 전하려고 했던 보리달마이고, 불퇴전의 기상으로 눈을 맞고 서있던 젊은이는 신광이라는 사람이었다. 신광을 제자로 받아들인 달마는 그에게 혜가(慧可)라는 이름을 내린다. 지혜를 얻을 수 있음을 달마가 인정하였다는 것을 표현한 법명이다.

달마와 혜가! 선불교의 오래된 전통인 이심전심으로 표현

되는 사자상승(師資相承), 스승이 제자에게 무언가를 전해주어 끊이지 않게 하는 전통은 달마와 혜가라는 두 사람이 없었다면 불가능했을 것이다. 하기야 제자가 있어야 스승도 있을 수 있고 두 번째, 세 번째 왕이 있어야 누군가는 태조라는 지위도 얻을 수 있는 법이다. 선종의 역사는 깨달음이 깨달음을 촉발하고, 등불이 다른 등불을 켜지도록 만드는 아름다운 과정이라 할 수 있다. 그렇지만 깨달은 스승이 깨닫지 않은 제자를 강제로 깨달음에 이끌 수는 없다. 제자 스스로 깨닫도록 도울 수밖에 없다. 깨달음이란 스승의 말대로 살아가는 것이 아니라 스스로 주인이 되어 알아가는 것이니까. 즉 선종에서는 가르치기는 하지만 가르치는 것이 없으니 스승이라 하기도 뭐하고, 배우기는 하지만 배운 것이 없으니 제자라 하기도 뭐한 아이러니가 존재한다.

이러한 사제 관계에서 마침내 제자는 스승과 다른 스타일의 깨달음, 그러니까 자신만의 깨달음에 이르는 것이다. 달마와 혜가 사이에 일어났던 드라마틱한 일화는 지금도 보리 달마전으로 전해져 1500여 년 전 소림사 경내의 선홍빛 핏자국을 우리에게 기억하게 한다. 혜가가 자유로운 사람으로 이끌어달라고 한 것은 깨달음을 달라는, 고통으로부터 불행한 자신을 구해달라는 것이다.

제자가 되자마자 기다렸다는 듯이 혜가는 스승 달마에게 자신의 속병을 털어놓았다. 마음이 편하지 않으니 마음을 편하게 해달라고, 조금만 일러주면 자신도 깨달음을 얻을 수 있으리라는 희망을 품고 깨달음의 길로 인도해 달라 요구하는 제자에게 달마는 이렇게 말한다. "괴로워하는 네 마음을 가져와라. 그리하면 그 마음을 편하게 해주겠다." 얼마나 고마운 일인가. 이제 마음만 가져오면 스승은 자신의 마음이 겪고 있는 고통을 깨끗하게 치유해줄 수 있을 테니까 말이다. 그렇지만 희망은 잠시뿐 혜가는 다시 깊은 수렁에 빠지고 만다. 마음을 찾으려고 했으나 찾을 수가 없다. 바로 이 대목이 중요하다. 처음으로 혜가는 진지하게 자신의 마음을 응시했던 것이다.

우리도 고통으로 일그러진 마음을 찾으려는 혜가가 되어봐야 한다. 그럴 때에 표면적으로는 절망에 빠진 절규로 들렸던 혜가의 말이 사실은 고통에서 벗어난 희열의 표현이기도 하다는 사실을 이해하게 된다. 시인 이성복의 〈네 고통은 나뭇잎 하나 푸르게 하지 못한다〉는 책에 "말할 수 있는 불행은 불행이 아니다. 행복의 설 자리가 생긴 것이다"라는 글귀가 있다. 친구나 스승에게 자신의 고통을 이야기 하는 순간 그는 아마 불행에서 벗어나 편안함을 느끼게 될 것이다.

누구에겐가 말할 수 있음으로 우리는 불행과 거리를 두게 된다. 마치 아름다운 꽃을 그리려면 그 꽃으로부터 일정한 거리를 두어야 하는 것처럼, 적어도 불행한 자신의 모습에 거리를 두고 직면하는 순간 우리는 더 이상 불행하지 않을 수도 있다는 사실이다.

그렇다. 혜가처럼 고통스런 마음을 찾으려고 했던 시도가 중요한 것이다. 고통스런 마음은 괴로움이지만, 그것을 찾으려는 마음 자체는 결코 고통스런 마음이 아니다. 고통스런 자신의 모습을 객관화하는 순간 우리는 고통을 초월하게 된다. 어떻게 고통에 빠진 마음을 찾을 수가 있단 말인가. 불가능한 일이다. 결국 모든 부자유와 고통은 자신의 부자유와 고통에 직면하지 않는 비겁함 때문에 발생한다고 할 수 있다. 아무리 징그럽고 무서워도 우리는 고름이 철철 흐르는 상처를 응시해야 한다. 오직 그럴 때에만 작으나마 치료의 전망이 보일 테니까.

07
스스로 부족하다고 생각 마라

"어제와 똑 같은 삶을 살면서 다른 미래를 기대하는 것은
정신병 초기증세다. 사람은 경험 때문에 현명해지는 것이 아니라
경험을 받아들일 수 있는 능력에 따라 현명해지는 것이다."
〈아인슈타인〉

세계 최고의 자기계발 전문가이자 경영 컨설트인 브라이언은 1회 강연료가 8억 원에 이른다. 그간 세계 1000여 개 기업을 상대로 강연회를 진행했고, 연초가 되면 100회 이상의 세미나와 워크숍으로 1년 치 스케줄이 가득 찬다고 한다. 그런데 브라이언은 프로필로만 따지면 이 분야에서 낙제점이다. 브라이언과 쌍벽을 이루는 〈성공하는 사람들의 7가지 습관〉의 저자인 스티븐 코비는 하버드대 경영학 석사출신이며 종교역사학 박사 학위를 갖고 있다. 또 경영 사상가인 피터스는 스탠퍼드대 경영학 석사와 맥킨지 컨설턴트 경력을 갖고 있다. 〈좋은 기업을 넘어 위대한 기업으로〉의 저자 짐 콜린스도 마찬가지로 스탠퍼드대 경영학을 졸업하고 맥킨지 컨설턴트로 일했다. 한마디로 어지간한 프로필의 소유자가 아니면 명함을 내밀기 어려운 분야임이 틀림없다 여기에 비해 브라이언은 불우한 이민자 가정에서 태어나 겨우 고등

학교를 중퇴(성공한 후 앨버타대 경영학을 받기는 했지만)했다.

그는 불우한 가정형편 때문에 음식점에서 접시 닦기, 호텔 주방장 보조원, 목재소, 주유소, 화물선 일용직 노동자로도 일했다. 그런 그가 이 분야에서 빛을 보는 이유는 자신의 밑바닥 인생을 오히려 자산으로 삼았기 때문이다. 그는 강연장에서 자신의 어려웠던 시절을 적극적으로 드러낸다. 이런 방식의 강연 내용은 고학력의 다른 경영 컨설턴트들로부터는 접할 수 없는 것들로 청중들의 공감을 불러일으킨 것이다. 2012년 우리나라에 와서 강연을 할 때 들어본 사람이면 참으로 파워풀하게 들렸을 것이다. 만약 그가 고학력 경영 컨설턴트처럼 판에 박힌 내용을 전달하려 했다면 지금의 자리에 도달하지 못했을 것이다.

그는 화려한 프로필을 갖고 있는 것도, 뛰어난 재능을 갖고 있는 것도 아니다. 다만 대중이 필요로 하는 것을 제공하는 데 집중했던 그것이 통했다. 국내든 해외든 모바일과 소셜 미디어 시대에는 뛰어난 프로필과 화려한 경력을 가진 사람만이 성공하는 것이 아니라는 사실을 증명하고 보여준 셈이다. 배고픔과 부족함이 강점이 된 것이다. 용기와 희망을 잃지 마라. 당신에게도 기회는 주어져 있다. 체념하거나 포기하지 말고 서두르지 말라.

84세에 손자들과 킬리만자로 정상에 등반한 리처드 바이어리, 108세에 블로그 포스팅에 열정을 불태운 올리브 라일리 할머니가 있다. 스웨덴 작가 요나스 요나손의 <창문 넘어 도망친 100세 노인>이란 소설은 600만부나 팔려 화제를 불러일으켰다. 나이는 숫자에 불과하다는 말을 실감하게 된다. 못한다고 포기하지 말고, 생각을 고쳐라. 98세에 <백년을 살아보니>라는 책을 펴낸 김형석 교수는 아직까지 하루도 쉴 날이 없을 정도로 스케줄이 꽉 차있다. 미국의 전설적인 CEO, 투자의 귀재이자 억만장자인 버크셔 헤서웨이 회장 워런 버핏의 나이는 87세다. 이 노인과 점심 먹기 위한 3시간이 온라인 경매에서 345달러, 약 40억에 낙찰되어 화제를 낳았다. 그런데 더 놀라운 것은 낙찰된 돈은 어려운 계층을 위해 전액 기부한다는 것이다. 사람들은 왜 거액의 돈을 들여 점심 한 끼를 먹고 싶어 할까? 점심 메뉴라야 고작 스테이크와 콜라 정도이지만 함께하는 시간동안 그의 투자 철학과 행동지침, 가치관에 대해 알고 싶은 것이다. 그가 말하는 성공투자의 십계명 중 첫 번째는 멈춰야 할 때를 아는 것이다.

성공하고 있을 때도 실패하고 있을 때도, 스스로 멈춰야 할 때를 알아야 한다고 강조한다. 미국의 방송인, 토크쇼의 여왕 오프라 윈프리는 가난한 흑인가정에서 사생아로 태어났다. 그녀는 아홉 살 때 사촌에게 성폭행을 당하고 마약에 빠지는 등 불우한 어린 시절을 보냈지만, 미국 내 시청자만도 2천 2백만, 세계 105개국에서 방송되었던 토크쇼의 여왕이다. 그녀는 달리기를 통해 105kg이던 몸무게를 68kg으로 줄여 화제가 되기도 했다. 미국인들이 가장 좋아하는 방송인으로 꼽혔고, 경제전문지 포브스에 의하면 연봉 2억 2500달러로 유명인사들 중 연봉서열 2위라고 한다. 진창에서 허덕일 것인가, 꽃처럼 활짝 피어날 것인가는 언제나 당신 손에 달려있다. 당신의 삶에 가장 큰 영향을 끼치는 단 하나의 존재는 바로 당신이기 때문이다. 인간이 환경을 탓하면 패배자가 되고 그것을 적극적으로 이용하면 승리자가 될 수 있으며, 실패를 믿지 않고 그 과정을 즐겼다면 그것은 실패가 아니라고 그녀는 강조했다.

피카소의 말이다. "좋은 예술은 따라 하고, 위대한 예술은 훔친다." 최고를 따라하고 그의 능력을 훔쳐야 새로운 것을 창조할 수 있다. 월마트의 샘 월튼 회장도 내가 한 일은 대부분 다른 누군가로부터 베껴온 것이라고 했다. 무수한 흉내 내기에서 새로운 탁월함도 생긴다. 설악산 백담사 길목인 용대리 에서는 겨울이 오면 너른 덕장에서 황태를 말린다. 흰 눈을 덮어쓴 채 얼고 녹는 일이 수없이 반복된다.

거기에 햇빛과 바람이 더해지면 드디어 황태의 풍미가 완성된다. 개인도 기업도 마찬가지다. 마치 씨줄과 날줄이 교차하면서 비단이 만들어지는 것처럼 얼고 녹는 과정을 반복한다. 저것은 벽, 넘을 수 없는 벽이라고 고개를 떨치고 있을 때 담쟁이 잎 하나는 다른 담쟁이 잎 수천 개를 이끌고 결국 그 벽을 넘는다고 시인 도종환은 말한다.

08
불확실성을 걷어내라

> "나침판이 없던 시절에 뱃사람들은 북극성을 향해 돛을 달았다.
> 북극성까지 가려고 그런 것이 아니었다. 칠흑같은 어둠 속에서도
> 북극성만이 흔들리지 않고 우리를 이끌어 주었기 때문이다.
> 힘들고, 고단하고, 불안할수록 북극성에 눈을 떼지 마라."

불확실성의 그림자는 가면 갈수록 흐려지기만 하고 갈수록 커지고 있다. 21세기만 그런 게 아니다. 수렵시대에도 사냥감은 늘 부족했으며, 농경시대에도 곳간은 아슬아슬했고 하늘이 때맞춰 비를 내려줄지 항상 마음을 졸여야 했다. 산업혁명이 일어나 자본가들에게 기계라는 생산수단이 주어

지면서 노동자들에게는 그 기계가 흉물이 되었다. 수많은 노동자들이 거리로 내몰렸기 때문이다. 기계에 밀려 일자리를 잃은 노동자들이 기계를 없애야 한다고 선동하고 나섰다.

지식정보산업사회로 들어서면서 정보의 과부화가 걸렸다. 정보의 격차가 생기고, 고급정보를 가진 권력이 재벌들과 손을 잡으며 빈부격차가 심각해진다. 그 뿐인가. 인터넷 게임 중독, 음란저질문화 확산으로 사회도덕성은 땅에 떨어진지 오래이다. 눈앞에 닥친 4차 산업혁명에 대한 기대와 우려를 사전에 살펴 이해하는 것이 불확실한 미래에 대비하는 자세다. 카메라, 전자사전, mp3 플레이어, 시계, 지도, 수첩, 손전등, 신문, 게임기, 네비게이션 등. 이 많은 물건과 관련된 산업들이 스마트폰이 등장하면서 사라지거나 위협받고 있다.

새롭게 다가올 세상이 얼마나 변화될지 가히 상상하기 어렵다. 기계와 로봇이 지능을 갖고 학습하면 어떤 일이 벌어질까? 우선 사라지는 일자리가 폭발적으로 늘어나게 될 것이다. 서울 시내에서 무인 자율버스와 택시가 등장하면 그 많은 기사들은 무엇을 해서 먹고 산단 말인가. 이미 뉴욕에서는 자율주행차량 운행을 눈앞에 두고 100만 명에 달하는 택시기사들이 다른 일자리를 구하기 위해 노심초사하고 있다고 한다.

1차 산업혁명은 1784년 증기 기관차를 바탕으로 기계에 의한 생산을 이끌었고 2차 산업혁명은 1870년 전기를 이용한 대량생산이 본격화되면서 시작됐으며, 3차 산업혁명은 1960년 컴퓨터 및 인터넷에 의한 정보화, 자동화 생산시스템이 주도했다. 4차 산업혁명은 3차 산업혁명을 기반으로 디지털, 생물학, 물리학 등의 경계가 없는 융합 기술혁명이다.

다시 말해서 1, 2차 산업혁명은 오프라인에서 일어난 혁명이고 3차 산업혁명은 온라인에서 이뤄졌으며, 4차 산업혁명은 오프라인과 온라인이 결합하는 것을 의미한다. 사물인터넷(IOT)과 인공지능(AI)이 생산의 중요한 축으로 참여하는 시대이다. 시장에서 제품이 필요한 순간 생산을 시작하고, 0%에 가까운 불량률이 나올 정도로 정교한 제조시설 운영이 가능하다. 4차 산업혁명이란 정보통신기술(ICT)이 제조업뿐 아니라 전통 산업에 접목되고 융합되는 차세대 산업혁명을 뜻하는데, 디지털과 물리세계의 결합이기도 하다.

최근에는 인공지능, 머신러닝(기계학습), 로봇기술, 생명과학 등이 생활 전반의 변화를 주도하고 있다. 사람이 운전하는 자동차가 서울 시내를 달리는 풍경을 우리 자녀들은 마치 우마가 끌던 수레처럼 옛날옛적 일로 치부할지 모른다. 매일 아침 자율주행차, 드론, 인공지능, 빅데이터, 사물인터넷 관련 뉴스가 거침없이 쏟아지고 있다. 4차 산업혁명이 시작된 것이다. 새로운 기술이 기존의 산업과 결합해 새로운 제품과 서비스, 비즈니스를 만들어내고 있다.

A씨는 얼마 전 한 통신사와 건설사가 신축한 아파트에 입주했는데 스스로 알아서 A씨의 외출과 귀가를 인식해 조명과 난방을 켜고 꺼주기 때문에 집에 들어와도 적적함을 덜 느낀다. 모든 가전제품이 하나의 스마트홈 앱으로 통합 제어되는 아파트에 살고 있는 A씨가 잠자리에 드는데 움직임이 없자 조명이 알아서 꺼지고, 취침에 적절한 온도와 습도가 유지된다. 이 같은 4차 산업혁명은 지금 미국과 독일이 선도하고 있고 일본, 유럽, 중국이 박차를 가하고 있는데, 선진국 문턱에서 주춤거리는 우리나라 입장에서는 한시라도 빨리 이 물결에 따라가야 한다. 이세돌 9단과 인공지능 로봇 알파고의 대결에서는 인간이 1승4패로 졌다. 자율주행 차는 어떤가. 지난번 사고를 냈지만 테슬라의 자율주행 차는 지금까지의 수행거리를 계산하면 거의 완벽에 가까운 사고율이다.

드론과 로봇을 이용하여 사람이 수행하기에 위험한 지역 곳곳에 로봇을 대처하는 세상이다. 로봇의 생산성이 사람보다 훨씬 뛰어나기 때문에 사람은 매니저 역할만 수행하면 되는 세상이 왔다. 국내에서도 4차 산업혁명의 물결을 인지하고, 여기서 기회를 찾으려는 시도들이 적지 않다. 대기업부터 스타트업까지 인공지능, 머신러닝, 나노기술, 로보틱스, 3D 프린팅, 유전학, 생명공학 등 4차 산업혁명에 필요한 새로운 기술과 서비스들을 연구 개발하고 있다. 테슬라 수준에는 못 미치지만 현대자동차도 자율주행자동차 연구개발에 뛰어든 상태며, SK텔레콤과 KT 등 국내 대표 통신사들은 사물인터넷 시대를 맞아 5G 네트워크 기술력과 표준화 확보에 힘쓰고 있다.

KT는 2018년 평창 동계올림픽 시범서비스를 시작으로, 5G 세계 최초 상용화를 목표로 하고 있다. 또 이들은 원격 검침이나 어린이 안전 서비스와 같은 전국 단위의 사물인터넷 서비스를 위해 전국에 IOT 전용망을 구축하는 등의 노력을 기울이고 있다. 아울러 지능형 빅데이터 분석기술을 활용한 스마트에너지 사업을 추진함으로써 에너지 사용을 효율화하고, 비용을 절감시키는 사업도 추진하고 있다. 4차 산업혁명은 한국 절호의 혁신의 기회다. 배부르고 등 따신 평화로운 시절에 스스로 하는 혁신은 없다. 위기가 왔을 때 대응하는 것이 혁신이다. 실패하면 고령화 사회라는 부담을 안고 가야 한다.

나무를 심는 마음

"한 사람이 씨앗을 심었다. 싹트는 것이 궁금하고 걱정이 된 그 사람은
흙을 파내고 계속 씨앗을 지켜본다. 스스로 알아서 자라도록 두어야 하는 것들,
차분하게 기다려 주어야 하는 것들인데 인간 마음으로
조절 하겠다고 개입했다가 결국 죽고 만다."

　해마다 식목일이 되면 곽탁타라는 나무 달인을 생각하게 된다. 아주 오래 전 중국에 나무심기 달인이 있었다. 성은 곽, 이름은 등이 낙타처럼 굽었다 하여 탁타라고 불렀다. 어떤 나무건 그가 심기만 하면 잎이 무성해지고 튼실한 열매를 맺었다. 다른 사람이 그 비법을 훔쳐내고자 갖은 노력을 다 했으나 도무지 알아낼 수가 없었다. 결국 그들은 탁타에게 그 비결을 묻는다. 탁타는 이렇게 대답한다. "저는 나무를 오래 살게 하거나 잘 자라게 할 수는 없습니다. 단지 나무의 섭리에 따라 그 본성에 이르게 할 뿐입니다. 본성이란, 뿌리는 펼쳐지려 하고 흙은 단단하게 되고자 하는 것입니다. 그렇게 해준 뒤에는 건드리지도 않고, 걱정하지도 않고, 다시 돌아보지도 않습니다."

하지만 탁타가 보기엔 다른 사람들은 그렇게 하지 않았다. 뿌리를 뭉치게 할 뿐 아니라 흙을 돋아 줄 때도 지나치게 하지 않으면 모자라게 한다. 그렇게 하고도 마음이 놓이지 않아 아침에 들려다보고, 저녁때에 어루만진다. 심지어는 나무의 껍질을 손톱으로 벗겨보고, 살았는지 죽었는지 시험하고, 뿌리를 흔들어서 흙이 단단한지 부실한지 관찰하기까지 한다. 그러니 나무가 자신의 본능을 잃어버려 제대로 자랄 수가 없는 것이다.

희망을 심는 것도 자식을 키우는 것도 사업을 하는 것도 다 같은 것 아닌가 싶다. 기다리고 서두르지 않고 길게 보는 지혜와 인내가 필요하다. 모든 사물에는 생로병사가 있는데 그 흐름을 깡그리 무시하는 것은 욕망이요 죽음이다. 장자의 〈지략편〉에 새를 죽인 노나라 제후의 이야기가 있다 제후가 마을에 날아든 바닷새를 데려와 진수성찬으로 대접했으나 바닷새는 어리둥절할 뿐 아무것도 먹지 않고 몇 일만에 죽고 말았다는 이야기다. 새를 기르는 방법으로 새를 기르지 않았기 때문이라는 말로 사물의 본성을 따라야 한다는 의미다. 많은 경험이 많은 가르침을 주는 것은 사실이다. 그러나 고생을 한다고 해서 누구나 현명해지는 것은 아니다. 고생을 할수록 성질만 고약해지는 사람도 허다하다.

평북 정주에 있는 오산학교에 전해지는 이야기가 있다. 당시 그 동네에 아주 똑똑한 청년이 살고 있었는데 그 청년은 남의 집 머슴살이를 하고 있었다. 비록 집안 형편이 어려워 머슴살이를 하고는 있었지만 그는 자신의 처지를 비관하거나 부끄러워하지 않고 열심히 일했다. 그는 날마다 아침이면 주인의 요강을 깨끗이 닦는 일로 하루를 시작했다. 주인은 항상 마음이 흡족할 만큼 요강을 깨끗하게 닦아 놓는 이 머슴을 눈여겨보기 시작한다. 모든 일을 성실하게 감당하는 이 청년이 머슴살이를 하기에는 너무 아깝다고 생각해 평양에 있는 숭실 중학교에 보내 공부를 시킨다. 마침내 청년은 우수한 성적으로 학교를 졸업하고 일본 유학까지 다녀온다. 그 뒤에 고향으로 내려와 오산학교 선생이 된다. 이 청년이 바로 조선의 간디로 알려진 독립운동가 조만식 선생이다. 독립운동을 하면서 도산 안창호 선생의 오른팔 역할을 수행한 독립 운동가였다.

그는 1919년 3·1운동을 위해 교장직을 사임할 때까지 무보수로 민족 교육에 혼신의 힘을 기울인 진정한 교육가요 종교인이었다. 훗날 그에게 사람들이 묻는다. 머슴살이 하던 막일꾼이 선생이 되고 독립운동가가 된 비결이 무엇이냐고 물으면 언제나 이렇게 일러주었다고 한다. "주인의 요강을 정성

들여 닦는 성의를 보여라." 여기서 우리는 자칫 놓치기 쉬운 대목이 있다. 선생도 훌륭하지만 그 사람됨을 알아본 주인의 안목이다. 주인의 인격적 성숙과 사람 알아보는 혜안이 없었더라면 그와 같은 후원이 어려웠을 터이다.

홀어머니를 모시고 사는 한 청년이 취직을 하려고 했지만 면접 때마다 번번이 낙방한다. 마지막 기회라고 생각했던 면접에서조차도 떨어지게 되자 청년은 회장님을 붙잡고 읍소한다. "늙으신 홀어머니를 모시고 삽니다. 한 번만 기회를 주십시오." 뜻밖에도 회장님은 관심을 보이면서 이렇게 대답한다. "노모가 계시다고? 그러면 발을 씻겨 드리고 내일 다시 오게." 집으로 돌아온 청년은 회장님의 요구대로 생전 처음 어머님의 발을 손으로 만져보고 씻겨드린다. 그 순간, 어머님의 발에 박힌 굳은살을 본다. 그것은 사람의 발이라고 할 수 없었다. 거북이 등처럼 굳어진 발은 여기저기 갈라지고 발톱은 닳아 검게 오그라져 있었다. 어머니가 나를 위해 가셨던 길들은 천 걸음인가, 만 걸음인가. 아들을 위해 발바닥이 닳고 피멍이 들도록 걸어온 사랑과 슬픔의 흔적들이었다. 청년은 펑펑 쏟아지는 눈물을 감출 수가 없었다. 어머니의 발을 만져 보고서야 비로소 어머니의 마음을 만져볼 수 있었다.

다음 날, 회사로 다시 찾아간 청년은 회장님에게 인사를 했다. "회장님 감사합니다. 회장님은 저에게 어머니의 사랑이 어떤 것인지 몸으로 깨닫게 해주셨습니다." 면접도 마다하고 돌아서 나오려는 청년에게 회장님은 말한다. "되었네. 내일부터 출근하게나." 이 이야기는 실화다.

일본의 한 기업체의 면접시험장에서 있었던 일이라고 한다. 회장님은 왜 이 청년을 채용했을까? 꼭 효자여서 그랬던 것만은 아닐 것이다. 몸으로 어머니의 사랑을 느낄 수 있는 사원은 고객에게도 똑같이 생각 아닌 가슴으로 대할 수 있기 때문일 것이다.

갑자기 소나기가 내리던 어느 날 오후 한 노인이 쏟아지는 비를 피하기 위해 필라델피아 백화점으로 들어선다. 노부인은 비를 피하는 대가로 머리핀이라도 하나 사려고 한다. 그러자 22세의 젊은 점원이 다가와 아무 걱정 마시고 비가 멈출 때까지 편히 쉬시라고 의자까지 내준다. 이 백화점에서 비를 피하던 노부인은 바로 U.S steel의 창업주 철강왕 앤드루 카네기의 모친이었다. 젊은 점원 페리는 노부인과의 만남을 계기로 훗날 카네기의 오른팔이 되었고, 카네기 사후에도 철강업을 이끌어간다. 항상 배려심 깊은 한 청년의 세심함이 그의 인생을 바꿔놓은 것이다. 1994년 500여 명이 넘는 사상자를 낸 성수대교 참사의 원인도 사소한 문제에서 비롯되었다. 트러스식 공법으로 시공되는 다리의 안전과 수명에 대한 관리가 허술했다. 트러스간의 이음새가 제대로 마무리되지 않았고, 이음새에 대한 정기적인 점검도 이루어지지 않았기 때문이었다. 세심해야 할 작은 실수가 실패의 원인이 된다. 큰 바위에 걸려 넘어진 사람은 없다. 작은 돌에 걸려 넘어진 사람이 또 다시 넘어지면 루저다.

⑩ 생각을 멈추지 마라

"똑똑한 것보다 친절한 것이 더 어렵다는 원칙을 배웠다."
〈아마존의 최고경영자 제프 베조스〉
"울타리 하나를 세우는데 말뚝 세 개가 필요하고,
영웅 한 명이 탄생하는데 3명의 필요하다."〈중국 속담〉

"나는 생각한다. 고로 나는 존재한다. 인간이 현명해지는 것은 경험에 의한 것이 아니고, 그 경험에 대처하는 능력 때문이다"라고 철학자 데카르트는 말했다. 우리는 종종 실수를 한다. 그리고 실수를 수습하는 과정에서 많은 것을 배운다.

왜 실수를 했을까 의심해보는 깊고 깊은 성찰이 있어야 한다. 의심하고 또 의심해보는 깊은 성찰이 있었기에 데카르트는 이런 명언을 남긴다. 나는 생각한다. 고로 나는 존재한다. think(생각)로 일관해 IBM을 창업한 왓슨, think week(생각주간)으로 마이크로 소프트를 창업한 게이츠, think different(다른 생각)로 애플을 창업한 잡스, 이들의 생각이 21세기를 살아가는 우리에게 어떤 영향을 끼치는가. 평범한 사람에게는 조급해서 내면의 진중함이 부족하다. 생각이 부족해 내면이 얕으면 조급해지기 마련이고 조급하면 실패하게 된다. 나라와 나라 사이도 물론이지만 사람과 사람사이에도 조급한 쪽이 주도권을 잃고 바보가 되어 끌려 다니게 된다. 지금 당장의 이익이냐, 10년 뒤, 30년 뒤, 100년 뒤, 아니 5000년 뒤 이익이냐? 이 물음에 대한 답이다.

1397년 5월 15일 한 아이가 태어났다. 그로부터 약 150년 뒤인 1545년 4월 28일 또 한 아이가 태어난다. 이 두 아이가 21세기를 살아가고 있는 우리와 무슨 상관이 있을까? 첫 번째 아이는 자라서 오늘날로 치면 공무원이 되었고, 두 번째 아이는 자라서 군인이 된다. 첫 번째 아이는 세종대왕, 두 번째 아이는 충무공 이순신이다. 만일 우리 역사에 이 두 아이가 없었다면 지금의 우리는 어떤 삶을 살고 있을까?

이처럼 탁월한 사람들 중에는 장인들도 있다. 탁월함을 추구하는 장인 중 일본 도쿄의 초밥 집 '스키야바시 지로'의 사장인 오노지로를 소개한다. 오노지로는 미슐랭 가이드에 2008년 별 세 개를 획득한 이후 지금까지 계속 그 영광을 유지하고 있다. 전 세계에서 별 세 개를 받은 식당은 당시에 60여 곳이었으며 최근에 많이 늘었다고 해도 100여 곳에 불과하다. 세계 곳곳에서 비행기를 타고 가서라도 먹고 싶은 식당은 스페인의 '엘 불리'와 도쿄의 '스키야바시 지로'뿐이라고 할 정도다. 어떻게 카운터 앞자리 10석과 테이블 3개밖에 없는 작은 식당이 전 세계적으로 유명해졌을까.

결론부터 말하면 탁월함을 추구하는 장인정신 때문이다. "나는 꿈에도 초밥을 만듭니다"라는 그의 말은 한평생 업에 집중하는 장인정신을 잘 보여준다. 지금 나이 92세로 요리 경력 무려 80년에 이르지만 지금도 식당 문을 열기 전에 반드시 30분 이상 예행연습을 할 정도로 완벽을 추구한다. 초밥 쥐는 손을 보호하기 위해 40대 이후 지금까지 사시사철 장갑을 끼고 무거운 물건은 들지 않으며, 미각에 나쁜 영향을 미칠까하여 커피도 마시지 않는다고 한다. 이렇게 유명해지고 나서도 식당 규모를 늘리지 않는 이유는 모든 좌석이 자신의 시야에 들어올 수 있어야 손님을 최고로 모실 수 있기 때문이라고 한다. 그는 초밥을 쥘 때도 식사 속도와 손님의 성별에 따라 크기를 달리할 정도로 세심하게 배려한다. 2014년 미국 대통령 오바마가 일본을 방문했을 때 아베와 함께 이곳에서 스시를 먹은 것은 너무나 당연한 선택이었다. 이처럼 탁월함을 얻으려는 일관된 자세가 명품을 명품답게 만든다.

미슐랭 선정 레스토랑 50위 안에 든 식당은 파리 9곳, 런던 6곳, 뉴욕 3곳 등인데, 그 중 최고 레스토랑의 영예는 스페인 북동부 해안가에 위치한 '엘 불리'라는 작은 레스토랑이 안았다. 스페인 바르셀로나에서 북으로 160㎞쯤 산자락의 고즈넉한 지중해 연안 마을에 위치한 '엘 불리'는 전 세계 미식가들이 탐하는 레스토랑으로 명성이 나 있지만 정작 테이블은 10개, 하루에 50명 남짓한 손님만을 받는 작은 식당이다. 영업도 4월에서 9월말까지 6개월 동안만 한다. 그래서 예약경쟁률이 자그마치 1000대 1, 웬만한 미식가들도 몇 년씩 기다려야 한다. 실제로 예약 대기자만 20만 명이 넘어간 해도 있다.

뉴욕타임지가 '엘 불리'를 대대적으로 소개해줄 터이니 자리를 1주일 내에 만들어 달라고 요청하자, 뉴욕타임지이니 2년만 기다리게 해주겠다고 대답했다는 얘기가 전해질 만큼 콧대 높은 레스토랑으로도 유명하다. 그 이유는 순전히 주방장 아드리아의 가히 창조적이고 혁신적인 요리솜씨 때문이다. 6개월만 영업을 하고 6개월은 문을 닫는다. 그는 세계 곳곳을 여행하며 새로운 재료와 요리 아이디어를 찾아낸 후 독특한 맛과 질감, 향, 모양을 새롭게 얻기 위해 5000번 이상의 연습을 거친 후 새로운 메뉴판을 짠다. '엘 불리'에서의 식사는 평균 4시간 이상이 걸리는 맛의 향연 그 자체다. 20~30개의 접시가 나오는 코스메뉴는 마치 한 편의 영화와도 같다. 평균 네다섯 시간 걸리는 코스요리 가격은 1인당 160유로, 우리 돈으로 25만 원 안팎이다. 새 메뉴 아니 새 요리방법을 위해 6개월간 문을 닫고 5000번의 요리 실험을 하는 사람이 또 어디 있겠는가? 그는 안주하고 자만하면 거기가 무덤이 될 수밖에 없음을 알고, 오늘도 스스로를 혁신하는 놀라운 요리 혁명가이다.

피드백이 생명이다

"칫솔질을 하는 순간, 구두끈을 매는 시간, 엘리베이터 앞에서 기다리는 잠깐의 순간, 짧은 시간을 가지고도 인생을 결정 짓는 생각과 행동을 할 수 있다."

공부의 왕도는 '복습'이고, 바둑의 왕도는 '복기'다. 피드백이란 어떤 일을 진행하는 과정에서 잘한 점, 부족한 점, 고쳐야할 점 등을 되돌려 받는다는 의미다. 바둑에서 복기는 대국이 끝난 판국을 처음부터 차근차근 다시 놓아봄으로써 개선할 점을 찾는 데에 그 목적이 있다. 실력이 단 정도면 100수 언저리까지는 복기가 가능하다지만 무수한 반복과 연습, 노력에 의해서만 할 수 있는 일이다. 그래서 노력을 이기는 재능은 없고, 노력을 외면하는 결과는 없다는 것이다. 대한민국 바둑의 신 이창호 9단의 명언이다. "승리한 대국의 복기는 이기는 습관을 만들어 주고, 패배한 대국의 복기는 이기는 준비를 만들어준다." 결국 더 많이 집중하고, 더 많이 생각할 수밖에 없다 재능을 가진 상대를 넘어서는 방법은 노력뿐이다. 몰라서 한 실수는 발전의 계기가 되지만, 피드백이 없는 경솔한 실수는 어려운 타격이 되는 셈이다.

나는 지난 33년 동안 매일 아침 거울을 보며 스스로에게 물었다. "오늘이 인생 마지막 날이라면 과연 오늘 이 일을 하고 싶을까?" 거울에 자신의 얼굴뿐 아니라 마음을 비춰보며 정말로 중요한 것은 무엇인가라는 스스로의 다짐을 들여다 본 것이다. "다른 사람의 인생을 살면서 삶을 허비하지 말라, 도그마(맹목적인 신념)에 갇히지 말라, 당신의 마음과 직관을 따라 용기를 가져라." 이렇게 스티브 잡스는 아침마다 거울을 보며 흔들리고 가려진 마음을 다잡았다고 말했다. 이처럼 거울을 보는 것이 곧 피드백이다. 단순히 자신의 모습을 비춰보는 도구를 넘어 마음을 바로잡는 수양의 의미를 갖는다.

한때는 독보적인 1위 자리를 차지했지만 채 10년도 안 되는 세월 동안 몰락의 길을 걷는 기업들이 수두룩하다. <부는 어디에서 오는가>란 책에서 에릭 바인하커는 말한다. 야후는 한때 인터넷사업의 표준을 이끌 정도로 시대를 풍미했지만 구글에 밀려 휘청거리고 있지 않은가. 세계를 호령했던 기업들이 몰락하는 이유는 무엇인가, 왜 위대한 기업들조차 실패하는가? 답은 파괴적 혁신이 부족하기 때문이다. 기업이 성장하여 완전한 궤도에 오르면 좀처럼 혁신을 시도하려 하지 않는다. 파괴적 혁신기업들이 기존기업을 추격하는데 그들이 반응

하기엔 이미 타이밍이 한참 늦는다.

기존기업에 큰 위협은 현존하는 경쟁사가 아니라 파괴적인 기술혁신이다. 계산기는 주판을, 자동차는 마차를 대체하듯이 말이다. 정면 승부에서 운을 바꿀 길이 없을 때는 내가 강자인지, 약자인지 판단해 본다. 다윗이 골리앗과의 대결에서 조약돌 대신 긴 창과 칼, 갑옷으로 무장했다면 어떤 결과를 얻었을까? 대답해보라. 파괴적 혁신이론은 <손자병법> 모공편에서도 볼 수 있다. 적과 아군을 잘 비교, 검토한 후 승산이 있을 때만 싸운다면 백 번을 싸워도 결코 위태롭지 아니하다. 적의 실정을 모른 채 아군의 전략만 알고 싸운다면 승패의 확률은 반반이다. 적의 실정은 물론 아군의 전략까지 모르고 싸운다면 싸울 때마다 반드시 패한다. "무엇 때문에 다윗이 거대한 골리앗에 도전해야 한단 말인가"라고 묻는다면 파괴적 혁신을 기피하는 기업이고 사람들이다. 지금은 다윗의 시대다. 개혁하고 혁신하지 않으면 몰락할 수밖에 없다.

하나의 생각만이 절대적이라는 생각을 버려야 한다. "만물은 변화 속에 머문다"라는 헤라클레스토스의 말처럼 세상의 모든 것은 끊임없이 변화한다. 변하지 않는 것은 변한다는 사실뿐이다. 한 번 배운 테크닉이 절대적이지도 않고 전부도 아니다. 얼마든지 나 자신에게 더 적합한 방법을 개발할 수 있어야 한다. 어떤 방식이 나에게 맞는지 지속적으로 모니터링하고 피드백시켜 창의력을 키워갈 수 있는 것이다. 이것만이 자기혁신이요, 자신의 한계를 뛰어넘는 전략이다.

바둑판에서도 한쪽 입장에서만 바라보는 것을 경계하라는 뜻의 '반외팔목(盤外八目)'이라는 말이 있다. 바둑판 밖에서 바라보면 8집이 유리해 보인다는 뜻이다. 직접 바둑을 두는 사람보다 옆에서 구경하는 사람이 더 정확하게 사태를 바라본다는 것을 뜻한다. 왜 구경꾼의 눈이 더 정확할까? 바둑을 두는 당사자들은 자기 입장에서만 보고 자기 식으로 해석하기 때문에 바둑의 형세를 객관적으로 보기 어렵다. 특히 큰 상금이 왔다 갔다 하는 이해관계가 걸려있는 승부에서는 냉정한 판단을 내리기가 쉽지 않다. 그래서 옆에서 구경하는 사람의 눈이 더 정확하다고 하는 것이다. 예전에 일본에서 활약하는 조치훈 9단이 시합을 하고나서 복기할 때 옆에서 바둑을 기록하던 연구생이 바둑수를 지적한 적이 있다. 이때 조 9단은 갑자기 자신의 머리를 치며 "아니, 그런 수를 못 보다니!" 하고 탄식을 했다. 프로들이지만 때로는 구경하는 연습생보다 못 볼 때도 있다는 것이다. 바둑을 두다가 구경꾼처럼 옆자리에 서서 바라보는 프로들이 많다. 구경꾼의 시각으로 보면 바둑판의 상황이 어떻게 보이는지를 알려는 것이다. 돌다리도 두들겨보라는 우리 속담이 생각난다. 바둑을 처음 시작하는 초심자를 9급, 최고의 경지에 오른 9단은 신의 경지에 이르렀다고 입신(入神)이라 부른다.

이세돌 9단은 첫 손가락에 꼽히는 고수다. 입신 중의 입신이다. 그런데 구글이 100만 달러의 상금을 건 알파고와의 대국에서 입신이라는 9단 이세돌은 내리 3판을 졌다. 알파고가 입신을 이길 수 있는 원동력은 무엇이었을까? 첫 번째는 학습이었다. 학습은 사람만 하는 게 아니다. 기계도 학습한다. 무수히 많은 수의 경우를 학습하면서 알파고는 입신을 뛰어넘는 경지에 도달했다. 10의 170승, 거의 무한에 가까운 바둑기사들의 수를 관찰하고 분석하며 익혀, 실수를 최대한 줄이고 승률이 높은 곳에 돌을 놓는 방법을 스스로 모색하는 인공지능이 된 것이다. 프로그램 개발 초기 단계에서 알파고는 학(學)과 습(習)의 단계를 거쳐 지금의 실력을 갖추게 된 것이다. 학습은 이처럼 무서운 결과를 낳는다.

'여조삭비(如鳥數飛)'라는 말이 여기에 해당한다. 갓 태어난 어린 새가 날개 짓을 수없이 반복해서 하늘을 자유롭게 날 수 있게 된다는 말이니 그렇다. 두 번째는 〈논어〉 자장편에 나오는 '절문근사(切問近思)'다. 절실하게 묻고 깊게 생각한다는 말이다. 상대는 왜 저기에 돌을 두었을까? 중앙에 대마가 위험한데 그걸 살릴 수 있는 최선의 수는 뭘까? 반상에 놓여 있는 돌들을 바라보면서 절실하게 질문을 던지고 깊게 생각해야 기력(棋力)이 성장하는 것이다. 그래서 바둑을 심담(心談)이라고도 한다. 바둑을 두는 것은 손이지만 판의 형세를 읽고 수를 분석하고 돌을 어디에 놓을 것인지를 결정하는 것은 마음이기 때문이다. 알파고를 개발한 구글 계열사의 이름이 딥마인드인데, 이는 논리를 넘어 상상의 세계를 지향한다는 의미다. 인공지능이란 다양한 데이터나 복잡한 자료들 속에서 핵심적 내용을 요약하는 작업을 사람처럼 스스로 할 수 있는 인공신경망을 기반으로 한 학습된 기계를 말하는 것이다. 마지막으로 꼭 지켜야 할 것이 또 하나 있다.

논어 자한편에 '자절사(子絶四)'에 대한 글이 나오는데 공자가 끊었다고 하는 4가지는 無意(무의), 無必(무필), 無固(무고), 無我(무아)라는 것이다. 확실하지도 않는 것을 자기 멋대로 생각하며 억지를 부리지 않았고, 반드시 이렇게 해야 한다고 상황을 못 박으려 하지도 않았고, 자신의 생각만 고집하지도 않았으며, 자신만을 챙기는 욕심을 부리지도 않았다고 했다. 우리가 세상을 살아가면서 이런 것들을 지켜간다는 게 어디 쉬운 일인가. 잘 알고 있으면서도, 하지 말아야 한다고 다짐을 하면서도 그러기가 쉽지 않다. 아니 어쩌면 그런 의식조차도 하지 못한 채 살아가는지 모른다. 이게 어디 바둑판이 아닌 인생살이에도 적용되어야 할 것이다.

70%의 자리를 지켜라

"고요한 바다에서 선장의 가치는 미미하다. 하지만 바람이 휘몰아치는 풍랑을 만나면 비로소 제대로 된 선장의 항해술이 빛을 발하는 법이다."

시경, 서경, 역경을 삼경(三經)이라 한다. 이 중 역경인 주역은 점서로서 상(相), 명(命), 점(占)으로 구분된다. 상은 관상, 족상, 수상으로 이미 정해진 운명을 엿보는 것이다. 명은 타고난 사주팔자로 이미 정해진 운명을 읽으려는 것이다. 점은 운명을 결정하기 어려운 상황에서의 판단을 돕기 위한 최후의 행위다. 이 점서 주역이 지금 생각으로는 미신이지만 그 당시는 과학이었다. 지금도 점을 보는 사람이 많다. 인간의 인식이 완전하지 않다고 생각하기 때문이다. 우리의 생각이 미치지 못하는 세계가 있을 수 있다는 생각에서이다. 현대과학이 발견한 것은 우주구성의 4%에 불과하다. 인간의 이성과 과학이 미치는 범위는 아직도 약소한 것이다. 주역에는 64괘가 있는데 그 하나하나가 오랜 경험에서 나온 것이다. 사계의 변화가 뚜렷했던 농본사회에서 오랫동안 축적되어 온 경험을 바탕으로 한 귀납적 사고가 주역인 것이다. 공자는 제본한 끈이 세 번 끊어질 때까지 주역을 읽었다고 한다. 당시 책은 죽간(竹簡), 대쪽에 글씨를 새긴 것을 가죽 끈으로 묶어서 만들었다. 세 번이나 끈이 끊어지도록 많이 읽었다는 것은 아마 당시에는 주역이 보편적인 사유의 틀이었음을 짐작케 한다.

주역의 독법 중에 위(位)에 대해서만 간략하게 풀어본다. 위는 자리를 말하는데 자리는 70%의 자리가 비결이니 70%의 자리에 가라고 한다. 자기 능력이 100이면 70의 역량을 요구하는 곳에 가는 게 위다. 70의 능력자가 100의 역량을 요구하는 자리에 가면 자리를 잃게 된다는 것이다. 결국 자기도 파괴되고 맡은 소임도 실패한다. 30%의 여유, 이 30%의 여유가 바로 예술이다. 히말라야 높은 설산에 사는 토끼가 가장 조심해야 할 것은 무엇인가? 동상이 아니다. 평지에 사는 코끼리보다 키가 크다고 착각하지 않는 것이다. 동네 이장이나 골목대장 자리를 가진 자가 국회의원이나 장관자리 넘보는 형상을 요즘 많이도 보게 되기에 하는 말이다.

신비의 술잔인 계영배는 70을 채워야 마실 수 있는 잔이다. 가득 차면 하나도 남지 않는다는 술잔이다. 공자는 이 계영배를 책상 위에 놓아두고 욕심을 조절했다고 한다. 그렇다. 가득 채우려고 하지 마라. 30의 여백을 즐겨라. 생명의 본질은 안정감이다. 노인들이 충고하기를 더도 말고 중간만 가라고 한다. 또 모나면 정 맞는다고도 한다. 3천 년 전에 만들어졌다는 주역이 오늘날 우리에게 친숙하게 다가온다. 조금 내려놓고 비우는 겸손이야말로 군자의 완성이다. 그러니 주역은 과거가 아니라 오래된 미래다.

"빼는 것이 플러스다"라는 역설적인 카피로 브랜드 이미지를 쇄신하겠다는 홈플러스의 광고를 보고 생각해 봤다. 논농사를 잘 모르는 사람들은 논에 물이 가득 차있어야 벼가 잘 자라는 줄 아는데 그렇지 않다. 오히려 병충해에 시달리고 줄기가 부실해져 작은 태풍에도 견뎌내지 못하고 넘어진다. 그래서 농군들은 가끔 물을 빼고 논바닥을 말려준다. 그래야 벼가 튼튼하게 자란다. 삶의 그릇에도 꽉 채우려만 히지 말고, 빼고 내려놓을 줄도 알아야 한다. 누군가 인생은 흘러가는 것이 아니라 채우고 비우는 과정의 연속이라고 했다. 짐이 무거워진다 싶을 땐 빨리 빼는 게 플러스란 말이다.

제주도 돌담은 여간한 태풍에도 무너지지 않는다. 돌담을 살펴보면 돌과 돌 사이에 메워지지 않은 틈새가 있다. 그 틈새로 바람이 새나가기 때문이란다. 조선시대 민담에 이런 장면이 있다. 고래에게 먹혀 뱃속에 들어간 사람들이 그 안에서 도박판을 벌이고 옹기장수는 담배를 피우며 훈수를 둔다. 어떤 상황에서도 사람들이 모이면 내기를 걸거나 놀음을 한다는 것을 비유한 이야기다. 도박과 관련한 우스개가 있다. 확률에 밝은 통계학자, 도박에 관해 오랫동안 연구를 거듭한 사람, 그리고 아무 생각 없이 처음 도박을 한 사람 가운데 카지노에서 돈을 딸 사람은 누굴까? 결국은 모두 빈털터리가 된다.

도박은 확률이 아니라 요행에 좌우되기 때문이다. 일확천금을 통한 인생역전의 꿈은 도박이 일으키는 환상이며, 그 환상의 기초는 지극히 불확실한 가능성에 대한 막연한 기대다. 하지 않으면 잃는 것도 없지만, 하면 딸 수도 있다고 기대한다. 도박꾼들은 이성을 신뢰하는 법이 없고 우연에 모든 것을 건다. 일확천금은 우연에 결부된 행운이자 결국은 우연에 복종하는 것으로, 우연을 필연으로 만들기 위한 일체의 시도는 부질없는 짓이다. 도박은 현실에 좌절한 인간이 우연에 기대어 환상을 만들려는 본능일지 모른다.

러시아의 문호 도스토예프스키는 평생 여자, 술, 도박의 수렁에 빠져 살았고, 특히 도박에 대한 쾌감은 어떤 의지로도 대체할 수 없었다고 고백했다. 그는 평생 도박 빚에 시달렸으며 감옥까지 들락거려야 했다. 〈카라마조프의 형제들〉이라는 대작의 원고료를 받아 도박 빚을 갚기도 했다. "도박은 돈을 딸 때뿐 아니라 돈을 잃을 때도 쾌감을 주었다"고 하며, 단 한 시간 안에 운명을 완전히 바꿀 수도 있다 믿고 도박에 미래를 걸었다. 내일, 내일이면 모든 것이 끝난다! 도스토예프스키는 16세 때 우연히 마차정거장에서 즉석복권 한 장을 산 것이 당첨되면서 도박의 세계로 끌려들어가게 되었다고 말한다.

　최근 연구에 따르면 도박의 중독현상이란 어떤 강력한 쾌감의 기억이 뇌에 각인되면서 네 가지 단계를 거친다고 한다. 처음 돈을 딴다. 계속적으로 잃는다. 잃은 돈을 찾으려 한다. 그리고 모든 희망을 잃고 몰락하는 단계를 거친다고 한다. 결국 도박은 실패한 인생의 축소판과도 같다. 복권 한 장 때문에 인생 전부가 도박으로 얼룩진 도스토예프스키를 생각하면서 도박꾼으로서가 아니라 합리적인 투자자로서 시장에 참여하는 올바른 자세가 요구된다. 성경(야고보서)에 "욕심이 잉태한즉 죄를 낳고 죄가 성장한즉 사망을 낳는다"고

했다. 죄란 경계선을 벗어나 탈선하는 것이다. 욕심이 커지면 크게 탈선하고, 그 결과는 자신뿐 아니라 주변을 힘들게 할 뿐이다. 우리의 삶을 도박처럼 살아서야 되겠는가.

두 번째 이야기

여름,
열정(熱情)으로 살아가는 사람들

아리스토텔레스는 자신의 욕망을 극복하는 사람이
강한 적을 물리친 사람보다 위대하다고 했고,
로버트 슐러는 남에게 불가능한 일이란 내게는 시간이
좀 걸리는 일일 뿐이며, 실패한 사실이 부끄러운 것이 아니라
도전하지 못한 비겁함이 더 치욕적이라고 했다.
성공이란, 열정을 잃지 않고 실패를 거듭할 수 있는
능력이라고 처칠은 말했다.
미치지 않고는 미치지 못한다는 '불광불급(不狂不及)'이나
물방울이 돌을 뚫는다는 '수적천석(水滴穿石)'의 의미를 되새겨야 한다.

두 번째 이 야 기

여름, 열정(熱情)으로 살아가는 사람들

01
희망을 뚝심으로 일궈낸다

"나는 그간의 일들을 돌아봤을 때 실수와 실패를 제외하면
아무 것도 한 것이 없었다. 99%가 실패였다.
그러나 한 가지 자랑스러운 것은 연속되는 잘못과 실패들이
지금의 나를 만들었다는 것이다." <혼다 쇼이치로>

내가 가슴에 품고 사는 성경(롬4.17)구절이 있다. "바랄 수 없는 것 중에 바라고 믿었으니." 이 말은 바랄 수 있는 상황에서는 누구나 바라고 믿을 수 있지만 문제는 바랄 수 없는

상황에도 불구하고 바라고 믿는 뚝심, 즉 소원을 가져야 한다는 말이다. 어떤 상황에도 불구하고 끝까지 머릿속에 그림을 그리고, 막막한 문제 앞에서 하던 일을 묵묵히 실행하며, 행여 안 될 것이라는 의심을 품지 않으며, 스스로의 생각과 말을 진심으로 귀하게 여기면 신비하게도 이런 응답이 온다는 것이다. 나는 내가 가진 최고의 것을 당신에게 줄 것이다. 뇌 과학자들의 공통된 의견을 들어보면 사람들은 딱 자기가 바라고 믿는 만큼의 사람이 될 확률이 높다고 한다. 바라고 믿지 않으면 아무 것도 이루어내기 힘든 것이다.

우리가 하는 말이나 생각은 모두 스스로에게 무의식적으로 최면을 걸고 그 방향으로 가도록 유인한다. 말이 씨가 된다는 우리 속담도 있지 않은가. 아무 것도 가진 게 없는 사람이라고 자책하며 포기하지 마라. 바랄 수 없는 중에도 바라고 믿으며 묵묵히 견뎌내는 뚝심을 가진다면 하나님이 당신에게 최고의 것을 주실 것이다. 공자는 "지혜는 물과 같다"고 했다. 우리는 정답이 없는 영역에서 생과 사를 가름하는 일을 하고 있지 않는가. 원하고 바라고 믿는 자에게는 지혜가 물처럼 흘러든다는 것이다. 아무것도 하지 않는 자에게 무슨 지혜가 생기겠는가. 환경이 갖춰지면 누구나 잘 할 수 있다. 그러나 신은 우리에게 항상 부족함을 주신다. 나머지는 스스로 채워갈 수 있도록 하기 위해 다 주시지 않는다. 왜 그런가? 다 채워주면 교만에 빠진다. 시인 문병란은 <희망가>를 이렇게 읊는다.

얼음장 밑에서도 고기는 헤엄을 치고,
눈보라 속에서도 매화는 꽃망울을 튼다.
절망 속에서도 삶의 끈기는 희망을 찾고,
사막의 고통 속에서도 인간은 오아시스의 그늘을 찾는다.

눈 덮인 겨울의 밭고랑에서도 보리는 뿌리를 내리고,
마늘은 빙점에서도 그 매운 맛 향기를 지닌다.
절망은 희망의 어머니 고통은 행복의 스승이다.
시련 없이 성취는 오지 않고,
단련 없이 명검은 날이 서지 않는다.

꿈꾸는 자여 어둠 속에서 멀리 반짝이는 별 빛을 따라,
긴 고행 길 멈추지 마라.
인생 항로 파도는 높고 폭풍우 몰아쳐 배는 흔들려도,
한 고비 지나면 구름 뒤 태양은 다시 뜨고,
고요한 뱃길 순항의 내일이 꼭 찾아온다.

희망의 반대말은 절망이다. 절망이란 무엇인가. 더 이상 바라보지 않는 것이다. 꿈을 꾸지 않는 것이 절망이다. 눈을 감아버리는 것이 절망이다. 그러나 역사의 많은 사례를 보듯이 꿈은 반드시 이루어진다. '우공이산(愚公移山)'이라는 고사가 있다. 우공이라는 아흔 살 된 노인이 살고 있었는데 노인의 집 앞에는 넓이가 700리 만길 높이의 태행산과 당옥산이 길을 막고 있어 생활하는데 몹시 불편했다. 어느 날 노인은 가족들에게 이렇게 말한다. "우리 가족이 힘을 합쳐 두 산을 옮겼으면 한다." 당연히 가족들은 반대한다. 가당치도 않는 일이라는 것이다. 그러나 노인은 자신의 뜻을 굽히지 않고 다음 날부터 작업을 시작한다. 우공과 아들, 손자가 지게에 흙을 담아 발해 바다에 버리고 돌아오기까지는 꼬박 일 년이 걸린다. 이 모습을 본 이웃 사람들이 "이제 멀지 않아 죽을 당신인데 어찌 그런 무모한 짓을 합니까?" 하고 비웃자, "내가 죽으면 아들이, 그가 죽으면 손자가 계속할 것이요"라고 답한다.

　　바랄 수 없는 것을 바라고 믿는 노인의 소원은 기필코 해내겠다는 뚝심을 말한다. 뚝심을 세운 사람은 힘들다고 낙담하거나 괴로워하지 않는다. 실망하거나 좌절하지 않는다. 실패하더라도 포기하지 않는다. 그래서 바라는 게 이루어질 가능성이 높아진다. 두 산을 지키던 산신이 노인의 말을 듣고는 큰일이 났다고 여겨 즉시 천제에게 달려가 산을 구해달라고 호소한다. 이 말을 들은 천제는 두 산을 각각 멀리 삭 땅 동쪽과 옹땅 남쪽으로 옮겨주었다. 그렇다. 세상을 바꾸는 것은 머리가 좋은 사람이 아니라, 바랄 수 없는 것을 바라며 결코 포기하지 않고 끝까지 노력하는 사람임을 알려주는 고사다. 당신은 우공처럼 뚝심을 가져 보았는가. 우공의 뚝심은 욕심이 아니다. 원하면 언젠가는 채워주신다. 포기하지 않는다면 말이다.

흙 수저의 운명을 깨고 나와라

석가는 "이 세상에 변하지 않는 것은 없다"고 했다.
헤라클레이토스는 "같은 강물에 두 번 발을 담글 수는 없다"고 했다.
우리들의 고정관념만 변하지 않고 있는 것이다.

"새는 알에서 나오려고 투쟁한다. 새는 알을 깨고 나온다. 알은 곧 세계다." 헤르만 헤세의 소설 〈데미안〉에 나오는 유명한 구절이다. 태어나려고 하는 자는 하나의 세계를 파괴하지 않으면 안 된다. 기존의 고정관념을 깨뜨리지 않고는 새로운 세상에 나올 수 없음을 강조하는 말이다. 알의 껍질 그것은 어린 생명을 위해서 깨져서는 안 되는 것이다. 알 속에 영양분이 있고 추위와 목마름을 막아주는 어머니의 자궁과 같은 포근한 안식처다. 하지만 알 속의 어린 생명이 언제까지나 그 안에 머물 수는 없다. 성숙한 새가 되기 위해서 알을 깨고 나오지 않으면 안 된다. 알 속에 그대로 머물면 우선은 편하다. 그러나 계속 머물다가는 죽고 말 것이다.

  엄마와 아기를 연결한 탯줄을 자르지 않으면 아기도 엄마도 생명을 잃는다. 물론 알을 깨고 나오는 과정은 실로 고통을 수반한다. 헤르만 헤세는 이 책을 통해 고정관념의 알을 깨고 나오는 과정을 그리고 있는데, 그 과정에서 도움을 주는 주인공이 바로 데미안이다. 성숙한 인격체로 성장하기 위해서는 고통을 감수하고 현실의 안일함에서 벗어나 날마다 새롭고 새로워져야 한다. 익숙하고 편안한 것에 안주하면 성숙한 발전이 없다. 나를 먼저 생각하고 남을 배려할 줄 모르는 소아병에서 벗어나야 더 높고 넓은 세상을 볼 수 있다. 나를 싸고 있는 껍질을 깨뜨리는 고통을 맛보아야 성숙한 인격체로 설 수 있다. 익숙한 세계에 그대로 안주할 것인가, 깨고 나올 것인가? 인생의 변곡점에서 주저앉을 것인가,

일어설 것인가? 여기서 영웅과 범인이 갈린다. 시쳇말로 흙 수저와 금 수저로 갈려 태어나는 것은 운명이지만, 평생 한결같은 숟가락만으로 살아서야 되겠는가. 흙 수저의 운명을 깨고 금 수저를 창조한 인물들의 결연한 스토리를 들어보자.

기적이란 하늘과 땅이 맞닿아야 이루어진다고 한다. 간절함이 모여야 하늘에 닿는 법이다. 성경(마가복음)에 귀신들린 딸을 둔 여인이 예수를 찾아와 자기 딸을 고쳐달라고 애원한다. 그녀는 이방인이었다. 예수는 "내 자녀들을 먼저 먹게 하자. 내 자녀의 음식을 개들에게 주는 것은 옳지 않다"고 말한다. 여기서 자녀란 유대인을, 개란 이방인인 하층천민을 가리킨다. 당시 유대인들은 이방인을 무시하고 경멸하였다. 개라는 말을 들은 여인은 심히 분노할 법도 한데 이렇게 말한다. "그 말은 맞습니다. 다만, 개들도 제 주인의 상에서 떨어지는 부스러기는 먹지 않습니까?"라며 딸에게서 귀신을 쫓아줄 것을 요청한다. 예수는 이 여인의 간절한 애원에 감동하여 "여자여 네 믿음이 크도다. 네 소원대로 되리라"고 했다. 절대 포기하지 않고 간절히 소원했던 여인은 목적을 이루었다.

최명희가 쓴 소설 <혼불>에 흡월정(吸月精)에 대한 얘기가 나온다. 흡월정이란 음력 초열흘부터 보름까지 닷새 동안 만삭처럼 둥글게 떠오르는 달을 바라보고 서서 숨을 크게 들이마시는 일로, 우주의 음기를 생성해 주는 달의 기운을 몸속으로 빨아들이는 행위이다. 보름달 밤의 공기에는 달빛이 녹아있다고 믿어, 아이를 못 낳는 부녀자나 신부가 이 날의 밤공기를 33번 흡입했다고 한다. 그저 큰 숨이나 들이쉬고 내뱉는 것으로 생각하기 쉽지만, 그게 어디 쉬운 일인가. 전주 한옥마을에는 <혼불>의 작가 '최명희 문학관'이 있다. 최작가의 50세 인생이 남긴 것들을 거의 빼놓지 않고 모아놓았다. 문학관 내부에 들어서면 중앙에 전시된 원고지 더미에 눈길이 간다. <혼불> 원고의 3분의 1인 4000장만을 쌓아 놓았는데도 높이가 어른 허리에 이른다. 모든 원고지를 다 쌓으면 높이가 3m에 달한다고 한다. 작가의 말이다. "나는 일필휘지(一筆揮之)를 믿지 않는다. 원고지 칸마다 나 자신을 조금씩 밀어 넣듯이 글을 써 내려갔다." 최 작가의 모든 것을 밀어 넣은 <혼불> 10권, 4만 6천여 장의 원고지를 묶어낸 17년간의 몸부림이 기적을 만들었다. 기적은 이렇게 만들어지는 것이다. 괜한 요행을 바라지 말라. 기적이란 하늘과 땅이 맞닿아야 이루지는 법이라고 하지 않던가. 상대가 강해 보이거나 목표에 대한 의지가 흔들릴 때 대개는 승부수를 던진다.

이때 쓰이는 사자성어를 '파부침주(破釜沈舟)'라 한다. 중국 초나라 항우는 솥을 부수고, 배를 가라앉히는 배수진을 침으로써 불멸의 역전승을 거뒀다. 당시 초나라 군대는 진나라 군대에 비해 여러모로 열세였다. 이때 항우는 "우리가 타고 왔던 배를 부숴 침몰시켜라. 삼일분의 음식을 만든 후 모든 밥솥을 깨뜨려라!"고 명령한다. 다시 타고 갈 배도 없고, 사흘 후부터는 먹을 것도 없는 상태에서 살아 돌아갈 방법은 오직 싸워 이기는 것뿐이다.

살려고 하면 죽을 것이요, 죽기를 각오하면 살 것이라는 승부수가 전쟁을 역전시킨 것이다. 깨고 나온다는 것은 깨치는 각성이 있어야 한다. 변화와 실패를 두려워 말라. 돌을 아끼면 돌팔매질을 할 수 없다. 과거를 떨쳐내고 미래를 향해 돌조각을 쪼는 석수가 되라. 모두가 원하지만, 아무도 하지 않는 일에 도전해야 한다. 미국 최연소 백만장자, 페이스북 CEO 마크 주커버그는 최근 딸의 출생과 동시에 52조 가량의 페이스북 주식 99%를 사회에 기부하겠다고 밝혔다. 모두가 원하지만 아무도 하지 않는 일임이 분명하다.

③ 하늘 아래 새로운 것은 없다

"그리스 로마 사람들은 진실의 반대말은 거짓이 아니라 망각이라고 했다.
거짓은 금세 잊히지만, 진실한 것은 오래오래 마음속에서 지워지지 않는다.
첫사랑은 누구에게나 진실하고 순수한 것이기에
죽을 때까지 그 사람의 이름을 기억하게 된다."

성경(전도서)에 "해 아래 새것이 없나니"라고 한다. 하늘아래 새로운 것이 없다면 오직 발상의 대전환이 새로움을 낳는다. 옛날 어느 만석꾼이 며느리를 시험 보아 뽑겠다는 광고를 냈다. 그 광고 내용인즉 쌀 한 말을 가지고 노비와 둘이서 한 달을 살면 신분이나 미추, 지방색을 따지지 않고 며느리로 삼겠다는 것이다. 예나 지금이나 규수들의 꿈은 큰 부자 집 며느리가 되는 것 아닌가. 전국 방방곡곡에서 규수들이 구름같이 모여들고, 가는 곳마다 수군거리는 것은 신데렐라 탄생에 대한 기대와 선망이었다. 그러나 몇 달이 지나도 만석꾼 며느리가 뽑혔다는 소식이 없자 사람들은 만석꾼을 씹기 시작한다. 밥 많이 먹는 며느리가 들어올까 봐 그런 시험문제를 낸 게 아니겠느냐며 그의 인색함을 탓했다.

시험을 치르는 규수들은 하루 두 끼씩 죽으로 연명할 요량으로 쌀 한 말을 60개의 봉지에 나눠 담아두고 멀건 죽을 쑤어 노비와 끼니를 때운다. 처음 며칠은 견딜 수 있었으리라. 그러나 너나없이 움직이면 배가 꺼질세라 손끝 하나 까딱 않고 있자니 떠오르는 것은 먹을 것뿐, 아귀지옥이 따로 없다. 시험을 치르는 규수들 대부분은 보름을 넘기지 못하고 초죽음이 되어 나가거나 업혀 나간다. 금강산도 식후경이라 하지 않던가. 세월이 지나자 시험 치려는 규수들의 발길이 끊어지고, 안방마님은 삼대독자 총각귀신 만들게 되었다고 머리 싸매고 눕지만 만석꾼은 그의 고집을 굽히지 않는다.

그럭저럭 3년이라는 세월이 지난 어느 날, 이웃 마을 가난한 대장간 집 딸이 며느리 뽑기에 응시한다. 쌀 한 말을 들고 나타난 노비에게 쌀 반말은 시장에 가서 소고기로 바꿔오라 하여 쌀밥에 고깃국으로 포식하고 나서는 하는 말이 "너는 시장에 나가 일감 좀 얻어오너라. 배불리 먹었겠다, 놀면 뭐하느냐. 젊은 것들 둘이서 열심히 일하면 설마 배곯겠느냐" 한다. 어느 날 만석꾼은 이 규수도 벌써 업혀나갔을 것으로 알고 찾아가 본다. 그런데 어쩐지 집안에 온기가 흐르고 부엌을 들여다보니 크고 작은 항아리마다 곡식이 소복하게 담겨 있지 않은가. 어디 그뿐인가. 도란도란 애기소리가 흘러나오는 방안에는 뽀얗게 살이 오른 노비와 열심히 삯바느질을 하고 있는 의젓한 자태의 대장간 집 딸이 담소를 나누고 있는 것이다. 만석꾼의 며느리가 되고도 남을 규수! 쌀 반말을 밑천으로 살 길을 열 줄 아는 지혜롭고 사려 깊은 며느리를 원했던 만석꾼은 이런 규수라면 만석재물을 맡겨도 된다는 확신을 가지고 며느리로 삼았다고 한다. 발상의 전환이란 대개 이런 것이다. 하늘아래 새로운 것은 없다 했으나 시각의 변화, 발상의 대전환에서 새로움이 태어나는 것이다. 성경(마태복음)에 달란트에 대한 비유가 나온다. 달란트란 당시 통화단위이기도 하지만 하나님께서 각 개인에게 부여한 재능이나 능력을 표현하는 말로 사용된다. 예수는 이르길 "무릇 있는 자는 받아 풍족하게 되고, 없는 자는 그 있는 것까지 빼앗기리라"했다. 누구나 할 수 있는 일이지만 실행으로 옮기는 사람은 드물다. 물고기를 주지 말고 물고기 잡는 법을 알려주라는 유대인들의 속담이 있다. 당연한 말인 것 같지만 우리들은 늘 눈에 보이는 물고기에만 연연하며 살고 있다. 달은 어디에나 있지만 보려는 사람에게만 뜬다. 그렇다. 달이 안 보인다. 안 보려고 하니까, 이 세상 어느 것도 '있어 온' 것은 없다. 사랑도, 행복도, 저절로 생겨나지 않았다. 노력으로 탄생되고 키워진 것이다. 헛된 것에 한눈팔지 않아야 성숙한 결실을 맺는다. 모든 사물을 바라볼 때 긍정적으로 보느냐, 부정적으로 보느냐는 전적으로 그 사물을 바라보는 자신에게 달려있다는 의미다.

04
희망을 세상에 심어라

"강남의 귤이 강북으로 가면 탱자가 된다"는 말은
환경에 따라 종(種)이 바뀐다가 아니라, 종의 기(氣)가 달라진다는 말이다.
사람도 환경이나 누구와 어떤 관계를 맺느냐에 따라
그 사람의 기질이 달라진다.

고객중심의 사회를 만들어 가장 싸게, 가장 많은 제품과 서비스를, 가장 편리하게 제공한다는 철학을 가지고 1955년에 창업한 아마존의 CEO 제프 베조스는 창업선언문에서 다음과 같이 밝혔다. "사람들이 온라인에서 원하는 것은 무엇이든지 제공한다. 우리의 전략목표는 전자상거래 최종 종착지가 되는 것이다. 누군가가 온라인에서 무언가를 구매하려고 할 때 먼저 떠올리는 곳이 바로 아마존이었으면 한다." 이런 베조스의 꿈이 실현될 수밖에 없는 이유가 있다.

<아마존은 왜 자포스를 인수했나>라는 책을 읽다가 너무나 감동을 받은 이야기를 전한다. 한 여성이 몸이 아픈 어머니를 위해 인터넷 쇼핑몰에서 신발을 구입힌다. 그런데 그녀의 어머니는 그만 병세가 악화되어 세상을 떠나고 만다. 한참 뒤에 그녀에게 한 통의 이메일이 날아왔다. 구입한

신발이 잘 맞는지, 마음에 드는지 묻기 위해 쇼핑몰에서 보낸 이메일이었다. 어머니를 떠나보내고 상실감에 빠졌던 그녀는 겨우 정신을 차리고 이메일에 답장을 보낸다. 병든 어머니께 드리기 위해 구두를 샀던 것인데 어머니가 그만 세상을 떠나셨습니다. 너무 갑작스런 일이어서 구두를 반품할 시기를 놓쳤습니다. 이제라도 반품처리를 받고 싶은데 안 될까요? 이 여성은 쇼핑몰로부터 어떤 답장을 받았을까요? "저희가 택배직원을 댁으로 보내 반품처리를 해드리겠습니다. 걱정하지 마십시오." 이 회사는 반품처리와 함께 한 다발의 꽃까지 선물하면서, 카드에는 어머니를 잃고 슬픔에 빠진 그녀를 위로하는 글까지 첨부했다.

  이 여성은 꽃다발을 받고 감동하면서 눈물을 흘린다. 그리고는 그 감동을 블로그에 올린다. "감동 때문에 눈물이 멈추지 않았습니다. 내가 지금까지 받아본 친절 중에서 가장 감동적이었습니다. 혹시 인터넷 쇼핑몰에서 신발을 구매하실 기회가 생긴다면 '자포스'를 적극 추천합니다." 이 같은 사연을 보고 감동을 받은 수많은 네티즌들이 SNS를 통해 이 감동적인 소식을 퍼 나르기 시작한다. 자포스라는 작은 인터넷 쇼핑몰이 화제의 기업으로 주목받게 되는 순간이었다. 그 다음 해인 2008년 자포스는 무려 1300%의 놀라운 성장률을 기록하며 매출 10억 달러를 돌파했고, 2009년에는 전자상거래 회사인 아마존에 12억 달러에 인수되었다. 자포스에 이메일을 보낸 여성은 힘들지 않게 반품을 성공시켰을 뿐만 아니라 그녀의 반품요청에 귀를 기울인 자포스를 모든 사람들이 좋아하는 기업으로 만드는 결정적인 계기를 제공한 것이다 이같이 고객에게 감동을 주지 않고는 성공할 수 없다. 성공은 나 혼자 하는 게 아니라는 말이 새삼 떠오른다.

육아용품을 구매하려는 우리나라 주부 가운데 한국에서 출시하지 않는 신제품을 구매하려는 얼리어답터는 이미 아마존의 단골고객이 되었다. 아마존이 우리도 모르는 사이에 우리 생활에 깊숙이 침투한 것이다. 해외직구 열풍을 타고 아마존을 이용하는 한국인들이 꾸준히 늘고 있다. 방대한 상품종류와 싼 가격, 빠른 배송은 아마존 구매를 멈출 수 없게 만든다. 냄비 속에 든 개구리는 물이 뜨거워지는 줄 모르고 밖으로 뛰쳐나가지 않는다. 우리는 아마존이라는 뜨거운 냄비 속의 개구리가 되어가고 있는 셈이다. 이렇게 아마존은 세계 온라인 유통망을 장악했다. 그들은 물건만을 파는 게 아니다. 전자책과 음악, 영화, 소프트웨어 등 막강한 콘텐츠를 갖춘 현재 세계 최대의 서점이자 네가 쇼핑몰이 되었다.

05
가장 큰 실수

*"같은 일을 같은 방법으로 계속하면서
변화가 일어나기를 기대하는 사람은 정신병자다."* 〈피터 드러커〉

"이미 난 늦었다. 난 끝났다." 그런데 잠시 후 나보다 더 늦게 헐떡이면서 열심히 고지를 향하는 수많은 사람을 보고서야, 늦을 때가 가장 빠르다는 말을 실감한다. 우리가 살면서 저지를 수 있는 가장 큰 실수는 넘어질까 봐 끊임없이 걱정만 하는 것이다. 만일 당신이 하던 일을 망치고 나서 아무것도 배우지 못했다면 당신은 크게 실수한 것이다. 그러나 그 일을 통해 무언가를 배웠다면 당신은 경험한 것이다. 성공한 사람들의 스토리는 모두 다 고난과 시련, 패배에서 시작된다. 그들은 절망에 머물러있지 않고 그 안에서의 많은 경험들을 자기 것으로 만들어 도전한다. 힘겨운 상황에 처해서 더는 단 1분도 버틸 수 없다고 느껴질 때 그야말로 포기해서는 안 된다. 바로 그 시점에서 상황은 바뀌기 시작하기 때문이다.

용기를 내라. 좌절과 실패도 삶의 일부분이다. 도망가지 말고 조용히 받아들이면 그 다음이 보인다. 사마천의 <사기>에 중국 한나라 개국공신인 한신의 불우했던 젊은 시절 이야기가 나온다. 사타구니 밑을 기어가라는 '수과지욕(受跨之辱)' 글이 있다. 동네 건달이 한신에게 "네가 용기 있으면 나를 찌르고, 그렇지 않으면 내 가랑이 밑으로 기어가라"고 시비를 건다. 물끄러미 건달을 바라보던 한신은 머리를 숙이고 그의 가랑이 밑을 기어가는 치욕적인 모욕을 참으면서 후일을 도모했다는 일화이다. 큰 뜻을 품은 사람은 작은 일로 시비를 벌이지 않는다. 시인 도종환은 흔들리지 않고 피는 꽃은 없다고 했다. 무수한 고난과 시련, 역경을 극복하고 나서야 우뚝 선다. 그렇다. 흔들리지 않고 피어나는 인생 있던가. 누구나 몇 번쯤 넘어지고 상처를 받는다. 그것이 바로 인생이다. 하지만 이때 사람들의 선택은 둘로 나뉜다. 다시 일어서서 달리는 사람과 그대로 주저앉는 사람이다. 자신을 일으켜 세우는 것은 자기 자신밖에 없다. 고통과 고난은 삶에 대한 의지를 더욱 강하게 북돋아주는 역할을 한다. 많이 넘어진 사람일수록 쉽게 일어나는 법이다. 넘어지지 않는 방법만 배운 사람은 일어서는 법을 모른다. 다시 일어설 수만 있다면 몇 번쯤 넘어져도 무슨 대수인가. 그것이 끝이 아니라 새로운 시작이기 때문이다.

무일푼으로 시작해서 전 세계 1위 도시락 회사를 만들어 연매출 3천억 원의 글로벌 종합식품회사를 경영하고 있는 슈퍼리치 CEO 김승호씨의 말이다. "나는 간절한 목표가 세워지면 매일 백 번씩, 100일 동안 생각하고 쓰고 외쳤다. 나는 늘 그렇게 해서 내가 가진 모든 것을 이루었다."

"새로운 것을 발견하고 싶다면, 어제 걸었던 길을 다시 걸어보라"는 말이 있다. 같은 길도 다른 사람들과 함께 산책함으로써 전혀 다른 풍경을 발견하게 된다. 똑같은 산책로를 어린 아이들과 걷는 것부터 지질학자, 곤충박사, 야생동물연구가, 시각장애인, 반려견과 함께 걸으면서 대상을 바라보는 시선은 실로 엄청난 차이를 드러내게 된다. 우리는 보면서도 보지 못한다. 우리는 보지만 제대로 보지 못한다. 세상은 명백한 사실로 가득하지만 아무도 세심하게 관찰 할 생각을 하지 않는다.

명의로 이름난 어떤 의학박사는 환자를 찬찬히 바라보는 것만으로도 환자의 병명은 물론 직업까지도 귀신처럼 알아 맞힌다고 한다. 인간 지성의 발달은 인간이 아닌 존재들을 관찰하고 이해하는 행위에서도 우러 나온다고 한다. 집안의 반려동물이 지진이나 이상기후를 미리 알아차리고 주인을 구한다든지 강아지가 주인이 암에 걸렸다는 사실을 제일 먼저 알게 되는 것은 우리와는 뭔가 다른 것을 관찰하는 존재의 소중함을 일깨워준다. 그래서 더 오래, 더 깊이, 더 사려 깊게 사물을 관찰하는 삶이 우리에게 세상을 향한 깊은 애정을 가져다 줄 것이다. "꽃이 꿀을 품고 있으면 소리쳐 부리지 않아도 벌들이 저절로 찾아온다. 내 속에 꿀을 만들자. 제품이 좋으면 고객이 알아보고 입소문까지 내준다. 팔려고만 하지말고 팔리게 만들어라."

간절해야 당신의 때가 온다

"참는 것은 지는 것이 아니다. 더 큰 것을 위해 침묵하는 것이고
더 큰 자신을 위해 수련하는 것이다."

코엘료의 소설 <오 자히르>에서 길이 보이지 않거든 '산티아고 길'을 순례하라고 한다. 그 길 위에 당신이 그토록 찾아 헤매던 그 진리가 있을 거라고. 그러나 700㎞라는 끝 간 데 없이 펼쳐있는 먼 길! 이 길을 온전히 걸어서 가야 한다. 인간은 두 가지 문제를 안고 있다. 하나는 언제 시작할지를 아는 것이고, 다른 하나는 언제 멈출지를 아는 것이다. 간절

하다는 말은 몇 날을 굶주린 배를 움켜쥐고 기다리는 먹이가 내가 선택한 길목을 지나칠 때까지 언제가 될지 모르지만 기다리고 기다릴 수 있는 마음이며, 기회가 오면 사력을 다해 그 기회를 놓치지 않겠다는 각오가 서린 마음이다.

영화 <벤허>를 다시 관람했다. 15분여에 달하는 전차경주 장면! 배경 음악도 없이 오직 관중의 함성과 말발굽 소리만으로 긴장과 박진감을 표현한 초호화 액션 스펙터클 명장면, 그걸 다시 보기 위해서였다. 실로 대작이다. 22000평 규모에 달하는 전차경기장만도 제작비 백만 달러를 투입해서 수작업으로 직접 지은 세트장이라니. 간절하지 않고는 절실한 심정이 아니고는 이런 명장면을 어찌 찍겠는가. 감독이 한 말이 화제가 되었다고 한다. "오! 신이시여 과연 이게 제가 만든 작품입니까"라고 간절히 원하고 원하면, 그러므로 이루어지나 보다.

일본에서 가장 존경받는 기업가 중 한 사람으로 추앙받는 이나모리 가즈오 회장은 "높은 목표를 달성하려면 간절한 바람이 곧고 강해야 한다. 주위의 시선에 우왕좌왕하지 말아야 한다. 하고 싶다면, 하고자 한다면 무슨 일이 있어도 그 길을 가겠다고 굳게 다짐하라. 그리고 굳게 이룰 수 있다고 굳게 믿어라. 그런 간절함이 없다면 처음부터 꿈도 꾸지 마라"고 했다.

'인백기천(人百己千)' 이라는 말이 있지 않은가. "다른 사람이 백 번을 노력하면 나는 천 번을 노력한다"는 의미로 한계에 이르고 경지에 이를 때까지 노력하라는 뜻으로 신라시대 최고의 천재였던 최치원이 12세에 당나라로 유학을 떠날 때, 아버지가 10년 안에 과거에 급제하지 않으면 부자의 연을 끊겠다며 써준 글귀라고 한다.

'불광불급(不狂不及)' 이라는 말이 있다. "미쳐야 미칠 수 있다"는 뜻이다. 철강 왕 카네기도 "자기 일에 미치지 않은 사람이 성공한 예를 나는 보지 못했다"는 말로 미치지 않고 얻을 수 있는 것이 없음을 강조했다. 지금 우리들에게 꼭 필요한 소중한 교훈으로 울림이 자못 크다. 어머니들의 마음에서도 간절함을 찾을 수 있다.

내 어머니는 새벽 동틀 무렵 집안 뒤뜰 장독대에 정한 수를 떠놓고 나의 건강과 성공을 기원하는 간절한 기도를 올리는 것을 수없이 목격했었다. 이것을 미신적이라 터부시하거나 치부하지 말았으면 한다. 지성이면 감천이라 하지 않던가.

좋은 결과일수록 그것을 성취하는 데는 긴 시간과 간절한 노력이 필요하다는 것이 인생의 이치이다. 간절함은 없이 잔머리만 굴리고 얕은 꾀를 써서 수단만 부리려 들면, 성취에 가까울수록 파멸의 재앙이 그만큼 빨리 다가설 따름이다. 평균적인 사람은 자신의 일에 자기가 가진 에너지와 능력의 25%를 쏟는다. 하지만 세상은 능력의 50%를 쏟는 사람에게 경의를 표하고, 능력의 100%를 쏟는 극히 드문 사람에게는 머리를 조아린다"고 철광 왕 카네기가 한 말이다. 벌은 1g의 꿀을 얻기 위해 3300송이의 꽃을 찾아다닌다고 한다. 우연한 행운은 다시 반복되지 않는다. 믿어야 할 것은 행운이 아니라 땀방울이다.

위대한 예술가 미켈란젤로는 타고난 천재가 아니었다. 그가 이탈리아 시스티나성당의 천장화 '천지창조'를 그릴 때에 4년 6개월간을 누운 채로 대롱대롱 매달린 불편한 자세로 하루도 쉬지 않고 작업에 열중했다. 최고의 삶은 그냥 주어지지 않는다. 무슨 일이든지 꾸준히 계속해야 열매를 맺을 수 있다.

소크라테스가 아테네 학당의 제자들에게 성공의 비결을 가르쳐주기 위해 개학 첫 날 이렇게 말했다. "오늘 아주 간단한 운동 한 가지를 배우도록 하겠다. 모두 두 팔을 최대한 앞으로 뻗은 다음 다시 최대한 뒤로 뻗어라." 이 운동을 매일 300번씩 반복하라. 한 달이 지난 즈음 매일 300번씩 운동한 사람이 있는지 물었더니 90%학생이 손을 들었고, 다시 한 달이 지난 후에는 40%만 손을 들었다. 1년 뒤 이 운동을 계속한 사람이 있는지를 조사하자 손을 든 사람은 단 한 명 뿐이었다. 훗날 위대한 철학자가 된 플라톤으로, 소크라테스의 사상을 이어받은 제자가 되었다.

추사 김정희는 벼루 10개를 구멍 내고, 붓 1천 자루를 닳아 없앤 후에야 추사체를 완성할 수 있었다. 글자 하나를 1천 번씩 쓰는 '일자천련(一字千鍊)'을 신조로 삼았다. 천하제일의 명필은 이런 노력이 있었기에 탄생할 수 있었다. 한 가지 동작을 1천 번 반복하면 그 행동은 당신의 일부가 될 것이다. '한 일(一)자도 10년을 쓰면 붓 끝에서 강물이 흐른다.'고 하지 않던가.

큰 스님 성철스님이 나를 만나려거든 3천배를 먼저 하라는 말씀이 생각난다. 3천배를 하는 동안 먼저 참다운 자신을 만나게 된다는 것이다. 새뮤얼 존슨은 "하루에 3시간씩을 걸으면 7년 후에 지구를 한 바퀴 돌 수 있다"고 했다. 재능과 기술은 어떤 분야에 두각을 나타내려고 노력하는 사람, 꿈이 있는 사람, 무언가를 꼭 해내고 싶은 사람들에게 필요한 개념이지만 오해해서는 안 되는 개념이기도 하다 재능은 선천적으로 타고나지만 기술은 많은 시간 동안 다듬을 때만 향상된다. 재능이 기량으로 발전할 수도 있지만 노력 없이는 불가능하다. 노력은 재능을 기량으로 발전시켜주는 동시에 기량이 결실로 이어지게 한다.

많은 사람들이 시작했던 일을 너무 빨리 너무 자주 그만둔다. 어느 날 하루 기울이는 노력보다는 다음 날도, 그 다음 날도, 눈을 뜨면 그 일에 매달리는 지독해 보일 정도의 부지런함이 있어야 결실을 이룬다. 성공은 죽거나 아니면 끝까지 해내는데 따르는 것 아닌가. 존 어빙의 〈가아프가 본 세상〉이라는 소설은 수백만 독자들에게 감동을 준 베스트셀러 작품이다. 어빙은 현재 미국 문학계에서 가장 뛰어난 이야기꾼으로 칭송 받는 인물이 되었지만 재능형 소설가가 아니었다. 그가 자신의 습작에 대해 이렇게 묘사했다. "내가 남보다 특별한 재능이 있다고 생각해 본적이 없다. 내가 남보다 나은 점이 있다면 어리석고 지독해 보일 정도의 부지런함으로 실패와 역경과 슬럼프를 이겨냈을 뿐이다. 내가 작가로서 잘 한 일은 초고를 완성한 시간보다도 더 많은 시간을 들여 고쳐 쓰고 거듭거듭 고치기를 반복했다. 나는 고치기를 반복한 '이야기를 짓는 목수' 일 뿐이다"라고 말한다.

하던 일이 잘 풀리지 않을 때가 온다. 매일 반복되는 일을 하다 보면 피로가 쌓이고 타성에 젖어 일의 능률이 현저히 떨어지며 심한 스트레스를 받게 된다. 이럴 때 생각해 볼 게 있다.

첫째로 해현경장(解弦更張)이다. 느슨해진 거문고 줄을 풀어 다시 팽팽하게 조여 매야 한다는 말입니다. 거문고를 연주할 때 소리가 조화를 이루지 못할 때는 반드시 줄을 풀어서 고쳐 매어야만 제대로 연주할 수 있는 것처럼 느슨해진 몸과 마음을 다시 한 번 가다듬고 초심으로 돌아가야 한다는 말이다. 신발 끈을 다시 매고 시장의 움직임을 냉철하게 돌아봐야 한다. 느슨해진 몸과 마음을 고치고 고쳐 새롭고 새롭게 되어야 한다.

둘째로는 구맹주산(狗猛酒酸)이다. "개가 사나우면 술이 쉰다"는 말이다. 중국 송나라에 '술을 잘 빚어 파는 장씨'라는 사람이 있었다. 그런데 언제부터인가 찾는 손님이 뜸해 파리를 날리게 되었습니다. 장씨는 마을의 현자(賢者)를 찾아가 자초지종을 이야기 하고 조언을 구했다. 현자가 대답하기를 "요즘처럼 농번기에는 사람들이 아이들에게 술심부름을 시키는데 자네 가게 입구에 사나운 개가 무서워 딴 가게로 가고 있는 게지. 사나운 개가 있으면 술이 쉬는 법일세"라고 했다. 행여, 당신의 거문고 줄이 느슨해 졌는지. 사나운 개가 당신 곁에 있다면 고치고 바꾸는 지혜가 필요하다는 말이다.

07
고난당하는 것이 유익이다

"어떤 일을 해야 할 이유보다 하지 말아야 할 이유가 찾아보면 더 많습니다."

이탈리아 시인 단테는 원래 정치가였다. 그가 외교관으로 외국에 머무는 동안 정권이 바뀌어 추방을 당하게 되었고, 고향으로 돌아올 수 없는 신세가 된다. 추방의 시간은 단테에게 창조의 수련기간이 되어주었다. 이 기간 동안 그는 새롭게 태어난다. 어둡고 고통스런 시간 속에서 자신의 바닥을 응시함으로써 새롭고 위대한 자신을 발견하게 된다. 1308년부터 그가 죽은 1321년 사이 단테는 <신곡>을 저술한다.

이 책을 통해 이탈리아 정신을 통일하는 위대한 문필가로 거듭난다. <신곡>은 추방과 소외라는 혼돈이 낳은 밤하늘의 춤추는 별이 되었다. <신곡>의 첫 부분인 '지옥편'은 이렇게 시작한다. "우리 인생 여정의 한 가운데서 나는 어두운 숲 속에서 헤매고 있는 자신을 발견했다. 그곳에는 반드시 길이 숨겨져 있다"라고. 단테는 <신곡>을 쓰기 전 길을 잃고 방황을 하고 있었다. 어두운 숲속 미로를 헤매고 있었다.

정처 없이 헤매고 있는 자신을 발견한다. 자신 속에 자신이 생각했던 것보다 더 강력한 의지가 숨어있으며, 그것을 관철시킬 수 있는 끈기 또한 있음을 깨닫는다. 바로 그때 어두운 터널에서 자신이 가야할 길과 해야 할 일을 찾아냈다.

밑바닥으로 한없이 추락했었으나 그 바닥은 오히려 더 단단한 바닥이 되어 스스로 딛고 일어설 수 있도록 해주었다. 어두웠던 터널은 단테의 내면에 잠재해 있던 위대한 DNA를 끄집어내는 혹독하고도 필연적인 과정이었다. 어두운 숲 속에서 누구나 길을 잃을 수밖에 없다. 그래서 사람들은 그 실패가 두려워 아예 숲 속으로 들어가려는 시도조차 하지 않는다. 그러나 아무것도 시도하지 않는 것 그것은 인생의 더 큰 실패다. 훗날 숲 속으로의 여행을 감행하지 않은 자신을 후회하게 될 뿐이다. 인간은 저마다 어두운 숲 속에서도 살아남을 수 있는 생존 장비를 가지고 있다. 그것은 바로 열정을 발휘하게 하는 나만의 고유한 임무다. 누구나 때가 되면 죽는다는 이 불변의 진리를 깨닫는다면 자신에게 진실로 의미 있고 아름다운 일에 집중할 수 있다. 단테뿐 아니다.

조선의 신지식인이었던 다산 정약용도 18년이라는 긴 유배의 암흑 속에서 목민심서를 비롯한 수십 권의 저서를 남겼다.

성경⁽시편⁾에도 고난당하는 것이 유익이라 했다. 고난의 때에 인간은 성숙하고 깊이 반성하게 된다. 고난을 당함으로 더 큰 유익을 얻게 되는 것이다. 넘지 못할 벽인 것 같은 힘든 순간을 겪는 분들이 있다면, 먼 훗날 나를 돌아봤을 때 "장하다, 잘 견뎠구나. 그 일을 통해 한 단계 더 성숙해질 수 있었지"라고 고백하는 좀 더 큰 내가 존재함을 깨닫게 될 것이다.

'바닥짐'이란 선박의 전복을 막고 무게 중심을 유지하기 위해 배의 밑바닥과 좌우에 싣는 쇠붙이나 모래 따위의 중량물을 설치한 짐을 말한다. 거친 바다를 항해하는 배가 균형을 유지할 수 있는 것은 배 밑에 채운 이런 바닥짐 때문이다. 우리 인생도 이처럼 무겁게 느껴지는 바닥짐이 있어야 고난을 극복하고 무너지지 않는다. 바닥짐이란 버려야 할 짐이 아니라 함께 해야 할 짐인 것이다.

평생을 아프리카인들의 삶과 노예제도 폐지를 위해 살아온 데이비드 리빙스턴은 어느 모임에서 남들에게 말할 수 없는 고통을 어렵게 털어놓았다. 집을 나가버린 방탕한 아들이 있었기에 그 아들을 생각하며 남들 앞에서 더욱 겸손한 마음을 가지고, 어려움을 당하거나 도움을 필요로 하는 사람을 만나면 외면하지 않았다고 고백했다. 그의 그런 마음이 노예

제도 폐지 운동으로 승화된 것 아닌가. 우리들에게도 이런 근심거리들이 삶의 발목을 잡을 수 있다. 리빙스턴처럼 장애물이라고 생각했던 근심거리가 우리 인생을 지탱하는 바닥짐일 수 있다. 바닥짐은 우리 안에 배려와 겸손을 채워 우리를 무너지지 않게 한다. 그래서 바닥짐은 버려서는 안 되는 짐이다. 인생을 지탱하는 버팀목이 아닌가. 리빙스턴은 버림받은 검은 대륙의 구석구석을 누비면서 34년 동안 선교활동을 폈던 탐험가이다. 약 2만 9천 마일이나 되는 칼라하리사막을 세 번이나 횡단하는 고난을 이겼다. 사자에게 물리기도 하고, 때로는 수렁에 빠져 죽을 뻔 했고, 밀림에서 길을 잃고 헤매기도 했다. 그러나 그는 이 모든 고난을 바닥짐으로 삼는 동시에 당연히 짊어져야 할 짐으로 생각하고 이겨냈다. 우리 인생 역시 마찬가지다.

인생항로에 풍파가 없는 사람이 어디 있겠는가. 시련과 고통을 겪어보지 않은 사람은 조그만 풍랑에도 쉽게 좌초될 수밖에 없다. 시련과 고통을 이겨내면 이를 바닥짐 삼아 어지간한 풍랑도 헤쳐 나갈 수 있을 것이다.

⑧ 좁은 문으로 들어가라

"어떤 사람은 젊어도 이미 늙었고, 어떤 사람은 늙어도 젊다." 〈탈무드〉

히말라야 고산족들이 양을 사고 팔 때는 양의 크기나 털의 윤기 등에 따라 값을 매기지 않고 가파른 산비탈에 양을 풀어놓아 유심히 관찰한다고 한다. 이때 양떼들이 산 위로 올라가면서 풀을 뜯으면 값을 후하게 쳐주고, 산 아래로 내려가며 풀을 뜯으면 사정없이 값을 깎아 내린다. 힘들더라도 산 위로 올라가는 양은 산허리의 넓은 초원에 다다르지만 아래로 내려가는 양은 계곡에 이르러 결국 굶어 죽을 것이기 때문이다. 즉 양의 현재가 아니라 양의 미래를 보고 가격을 결정한다고 한다.

당신도 지금 올라가야 할지, 내려가야 할지를 고민 중인가. 역경을 극복하려는 강한 의지를 지녀야 성공의 고지에 오를 수 있다. 인생의 고지는 양들이 오르는 산비탈보다 몇 곱절이나 험하고 힘든 경사를 보인다. 당장 쉽고 편한 계곡 쪽으로 발걸음을 옮기는 나약한 의지로는 안 된다. 성경(마태복음)에 예수는 좁은 문으로 들어가라고 한다. 그 길이 좁고 협착하여 찾는 이가 적다고 말함과 동시에 이 길만이 생명으로 인도하는 길이라고 한다.

　　연은 뒤에서 부는 순풍보다 앞에서 몰아치는 역풍일 때가 더 높이 오르지 않던가. 역풍이 거셀수록 더 높이 올라간다. 물고기도 물이 흐르는 반대 방향으로 거슬러 올라가지 않던가. 그 빠른 유속을 뚫고 헤엄친다. 양처럼 비탈진 경사를, 연처럼 거센 역풍을, 물고기처럼 빠른 유속을 두려워하지 않아야 한다. 생명으로 인도하는 길은 순탄한 길이 아니다. 지하철 환승역 계단을 올라가기에는 너무 길고 높아서 에스컬레이터의 유혹을 받는다. 참 편리한 도구다. 일단 발을 들여놓기만 하면 가만히 서 있어도 저 높은 목적지까지 데려다 준다. 하지만 인생에는 에스컬레이터가 없으니 그걸 타려고 헤매지 말아야 한다. 그렇다면 에스컬레이터를 타려고 늘어선 인파에서 빠져나와 어디로 가야 한단 말인가? 나 스스로 발을 내딛는 만큼 올려다주는 계단으로 가야 한다. 계단 형 인재가 되어야 하는 게 맞다.

　　세계직으로 유명한 슈두트가르트 발레난의 수석발레리나로 활약하다 우리나라 국립발레단의 예술 감독을 맡았던 강수진씨는 다른 친구들보다 10년 늦게 발레를 시작했고 처음에는 실력이 많이 뒤처졌다고 한다. 그래서 그녀는 세계적인 인류 발레단의 입단티켓을 위해 춤추지 않았다. 그저 내일 조금만 더 몸이 가벼워지고 아주 조금만 더 춤을 잘 출 수 있기를 바랐다. 남과 비교하며 부족한 실력을 탓하지 않고 그저 주어진 하루에 충실했다. 아마 처음부터 세계적인 발레단에 들어가겠다는 목표를 잡았다면 중도에 지쳐서 좌절하고 말았을 것이다. 목표를 너무 크게 정해서 그에 도달하지 못하면 좌절하기 쉽다. 오늘 하루, 지금 이 순간에 최선을 다해 그날의 목표를 달성한 사람은 다음날 자신감이 생기고 다시 도전할 힘을 얻는다.

'지족구락(知足久樂)'이라 했다. 만족할 줄 모르고 계속 욕심을 부리다가는 큰 욕을 볼 것이 빤하니 적당한 선에서 만족할 줄 알아야 오래 즐길 수 있다는 뜻이다. 한 번에 뛰어오르려 하지 말고 조금씩 매일 성장해가야 한다. 우리는 끝없이 배우고 또 배워야 한다. 그리고 끝없는 전진을 위해서는 잠깐씩 멈춰 서서 내 위치를 짚어볼 줄 알아야 한다. 계단을 오르는 삶은 이렇듯 계속해서 돌아보고, 배우고, 노력하는 삶을 뜻한다.

마르셀 프루스트는 진정한 여행이란 새로운 땅을 찾는 것이 아니라 새로운 눈을 찾는 것이라고 했다. 우리의 삶도 마찬가지다. 목적지에 도달했는지가 아니라 거기까지 가는 동안 내가 더 성장했는지의 여부가 훨씬 중요하다. 욕심과 조바심은 성장의 계단을 차근차근 밟아나가는 것을 참지 못하고 에스컬레이터를 찾아 헤매게 만든다. 그리고 남에게 눈부시게 보이고 싶다는 욕망과 조바심을 버려라. 광이불요(光而不耀), 빛나되 남을 눈부시게 하지 말라는 말을 무심코 듣지 마라. 한 순간에 추락할 수도 있으니까.

달리는 말에 채찍을 가하는 기수는 스스로 달리는 속도나 방향을 조절할 수 있지만, 호랑이 등에 올라탄 사람은 주도성을 잃고 스스로 멈추고 싶어도 내릴 수 없다. 스스로 멈추고, 방향을 틀고, 내릴 수 없다면 빠른 게 무슨 소용이란 말인가. 링컨 대통령의 위대한 결단은 바쁜 일정 속에서 만들어진 게 아니라 혼자 있는 골방에서 나왔음은 누구나 아는 사실이다. 링컨은 전장에 나가서도 홀로 기도하는 시간을 거르지 않았다고 한다. 그가 기도하는 시간에는 막사 입구에 하얀 손수건이 내걸렸다. 비서는 방해받지 않도록 기도가 끝날 때까지 누구도 접견을 할 수 없도록 금지시켰다.

조급하게 수면 위를 떠다니지 않고, 수면 아래 깊숙한 심연에서 깊은 생각을 하려면 혼자만의 시간이 필수적이다.

제대로 된 경영자들은 오히려 일정을 비우느라 애쓴다고 한다. 어느 대기업의 CEO는 탁자 위에 놓인 거북조형물을 쓰다듬으며 '천천히, 천천히' 라는 주문을 외운다고 한다. 여백의 시간이 오히려 업무에 더 큰 도움이 된다고 실토한다. 이런 시간을 통해서 자신을 객관적으로 평가하고, 일의 의미와 삶의 목적에 대해 성찰할 뿐 아니라 해야 할 것과 하지 말아야 할 것을 선택할 수 있다. 이처럼 충전 타임을 가진 사람과 방전만 한 사람과는 큰 차이가 날 수 밖에 없다. 비즈니스 플랜은 번거로운 검색이 아니라 고독한 사색에서 탄생한다는 사실을 받아들여야 한다.

작은 징후

"보고, 듣기를 바라는 사람이라면 서둘러서는 안 된다.
서두르면 아무것도 보지 못하고 듣지 못할 것이다.
자동차가 달릴 때 보이는 장면, 자전거로 달릴 때 보이는 장면,
걸을 때 보이는 장면, 서 있을 때 보이는 장면이 다 다르다.
성급함과 초조함, 서두름을 극복해야 한다."

하나의 대형사고가 터지기까지는 29건의 경미한 사고와 300건의 이상의 미세한 징후가 감지된다는 게 1 : 29 : 300 이라는 하인리히 법칙이다. 우리는 이 법칙을 통해서 자신의 건강뿐 아니라 부부관계, 기업도산, 교통사고, 국가시스템에 이르기까지 전조현상의 필연성과 중요성을 깨닫게 된다. 27년 동안 임상활동을 한 일본의 한의사에 의하면 현재의 악화된 환자의 건강상태는 3개월 전의 무리한 생활이 원인이 되어 발병된 것이라고 한다. 3개월 전의 폭음, 폭식, 수면부족, 과도한 스트레스가 질병의 원인으로 작용했기 때문이다. 3개월 후에 드러나는 병은 생명을 위협할 수준은 아니다. 그렇다면 생사를 가늠하는 중병은 얼마간의 잠복기를 거쳐 덮치는 것일까?

일본의 경우 중병은 10년 주기설이 정설처럼 받아들여진다고 한다. 즉 10년 전에 질병의 씨앗이 뿌려졌다는 것이다. 심리학에서는 원인불명의 갑작스런 허리통증은 3개월 전의 정신적 충격 때문이라고 주장한다. 마음의 고통이 육체의 중추기관인 허리에까지 미친다는 이론이다. 쇼크나 낙담 같은 마음의 상처를 제때 치유하지 못하고 방치했을 때, 3개월 전후로 육신에 통증이 몰려온다는 것이다. 갑자기 살이 찌는 것도 3개월 전에 겪은 상실감이 그 원인이라는 것이다. 상실감을 잊기 위해 무턱대고 먹어댄 바람에 살이 불어난 것이다.

처음에는 자기 몸의 변화를 감지하지 못하다가 3개월쯤 지나서야 예상치 못한 몸무게에 깜짝 놀라는 것이다.

자연계의 변화를 살펴보면 1년 중 낮이 가장 긴 하지는 6월 21일 경이다. 일년 중 태양이 우리와 가장 가까워지고 그 때문에 일조시간도 길다. 그런데 가장 무더운 계절은 7, 8월이다. 겨울도 마찬가지여서 12월 22일경이 동지, 이때가 태양이 우리와 가장 멀다. 당연히 일조시간도 가장 짧다. 그런데 가장 추울 때는 동지가 지나고 한참 뒤인 1, 2월이다. 계절의 법칙처럼 인간도 같은 법칙 아래 움직인다.

한 사람의 소운(小運)은 3개월 단위로 바뀐다는 것이다. 중운(中運)은 3년쯤으로, 그렇다면 한 사람의 대운(大運)은 10년으로 봐야 할 것이다. 즉 10년 전의 노력과 준비가, 또는 10년 전의 나태함과 안일이 지금의 내 모습을 결정짓는다. 로마제국도 이 법칙에 예외가 아니었다. 로마가 하루아침에 세워지지 않았듯이 로마의 멸망도 수많은 징후의 누적 속에서 진행되었다. 여기서 우리는 어떤 교훈을 찾을 수 있을까? 결론부터 이야기하자면 늘 깨어있으라는 것이다. 언제 나타날지 모르는 멸망의 징후를 포착할 수 있도록 항상 눈을 크게 뜨고 긴장을 늦추지 말아야 한다. 위기는 매 순간 존재한다. 로마의 역사만

봐도 평화로운 시기는 위기와 위기 사이의 휴식 정도였을 뿐 몇 백년 동안 태평성대가 지속된 시기는 없었다. 건강한 위대함도 일정한 때가 오면 결국 무너지게 되어있다. 그러므로 겸손해야 한다. 겸허한 눈을 가져야 한다. 그래야 위기와 쇠망의 징후를 포착할 수 있다. 흥미로운 것은 전성기와 쇠퇴기는 항상 겹친다는 사실이다.

하루 중 가장 더운 시간은 12시 정오가 아닌 오후 2시인 것처럼 역사상 가장 뜨거운 시간인 최전성기는 쇠퇴기의 그늘을 안고 있다. 로마의 쇠망기는 결코 무너지지 않을 것 같던 웅장한 건축물이 와르르 무너져버린 느낌으로 다가왔다. 그래서 우리는 왜 로마가 멸망했는가 묻기보다는 번영은 쇠퇴의 원리를 성숙시켰다는 것을 알아야 한다. 융성의 극점과 쇠망의 개시는 공교롭게도 겹친다. 융성이 절정에 도달할 때 동시에 쇠망의 징조도 나타난다. 융성의 이유가 쇠망의 원인이기도 한다. 우리는 융성과 쇠망이 마주치는 고비를 지혜롭게 넘겨야 한다. 역 하인리히 법칙이라는 것도 있다. 하나의 큰 성공을 이루기 위해서는 29개, 300개의 작은 징후들이 나타난다는 것이다. 단번에 큰 성공이 성취되는 법은 없다. 오늘 아주 작은 징후라도 소홀이 여기지 말고, 이것이 큰 성공을 위한 징후들 중 하나라고 여겨야 할 것이다.

프랑스의 유명한 시인 폴 발레리는 "생각하는 대로 살지 않으면 사는 대로 생각하게 된다"고 했다. 그렇다면 우리는 과연 생각대로 살고 있는가? 우리가 생각한 게 얼마나 지켜지고 있는가? 생각하는 대로 살지 않는다는 것은 계획하며 살지 않는다는 것이고, 사는 대로 생각하게 된다는 것은 그때그때에 맞춰 임기응변적인 대응을 하며 살게 된다는 말이다. 계획이 없는 상태에서 위급한 상황을 맞으면 사람은 당장 머리에 떠오르는 생각을 행동으로 옮기게 된다. 다급한 상황에서 냉철하게 생각하는 것이 어려워지고, 그만큼 순간적으로 한 생각에는 빈틈이 많아진다.

결국 같은 상황을 맞더라도 계획을 세워 철저한 분석과 생각을 해둔 사람이 가장 이성적인 판단을 내릴 수 있다는 것이다. 의외로 생각 없이 살아가는 사람들이 많다. 동물이나 노예는 생각하지 않는다. 생각을 버리면 노예가 되고 동물이 되고 만다. 인간스러움을 잃게 되는 것이다. 기억해야 한다. 우린 남의 눈치나 보고 남의 인생이나 살려고 태어난 것이 아니지 않은가. 이래도 한 세상 저래도 한 세상, 그렇게 살 수는 없다. 내가 내 삶의 주인이 되어야 한다. 그러려면 탐욕으로부터 벗어나야 자유롭다.

20세에 왕위에 오른 알렉산더 대왕은 거칠 것이 없었고, 세상은 그를 향해 고개를 숙였다. 정치가, 학자, 예술가들이 하루가 멀다 하고 그에게 문안 인사를 하러 왔는데 가르침을 받고 싶은 철학자 디오게네스만 문안인사를 오지 않는 것이다. 신하에게 그가 찾아오지 않는 이유를 묻자, 디오게네스는 사치스럽고 욕심 많은 사람을 비판하며 큰 통나무 속에서 두더지 같이 지내고 있다고 전한다. 대왕은 신하를 시켜 디오게네스를 초청하려 했지만, 대왕이 나를 찾아올 이유가 없듯이 나 또한 대왕을 찾아갈 이유가 없다고 거절한다. 그마저도 실패하자 알렉산더는 아무 것도 가진 것이 없는 그를 직접 찾아가 말했다.

"내가 당신을 위해 해줄 수 있는 일이 없을까하여 왔소이다. 갖고 싶은 것이 있으면 뭐든지 말해 보시오." 그러자 디오게네스가 말했다. "딱 한 가지 청이 있다면, 그 자리에서 비켜주시는 것입니다. 대왕께서 거기에 계시니 그늘이 지는군요. 나에게는 지금 금싸라기 같은 저 햇볕이 제일 중요할 뿐입니다." 권력과 명예에 관심 없는 디오게네스에게 알렉산더 대왕의 방문은 전혀 중요한 게 아니었다. 그에게 중요한 건 오로지 따뜻한 햇볕뿐이었다. 우리나라 청와대에서 한 번 뵙고 싶다 하면, 하던 일을 작파하고 달려가지 않을 사람 몇

이나 있을까 싶다. 내가 내 주인으로 산다는 게 쉬운 일은 아니다.

헬렌 켈러는 듣지도 보지도 말하지도 못하는 3중 장애자였다. 도대체 그녀가 어떻게 박사학위까지 받을 수 있었을까? 그녀는 물이라는 단어 하나를 이해하는데 7년이 걸렸다고 한다. 그녀의 스승 설리반은 그녀를 데리고 수돗가에 간다. 수돗물에 손을 대보게 한다. 처음에는 찬물, 다음에는 미지근한 물, 뜨거운 물, 흐르는 물, 고여 있는 물. 이 각각의 물들을 만지고 맛보게 하여 이것이 물이구나 하는 것을 인식시킨다. 오로지 후각과 촉각에만 의지해서 보는 것과 듣는 것을 뛰어넘는 세계를 배울 수 있었다. 그녀는 오감 중에 후각과 촉각 외에는 가진 것이 없었다. 그러나 그녀는 오감을 다 가진 비장애인들보다 세상을 훨씬 더 깊이 있게, 넓게, 충만하게 느끼는데 성공했다. 그리고 우리가 보지 못하는 것까지 보았다. 여기 그녀가 쓴 <사흘만 볼 수 있다면>의 한 구절을 소개한다. "만일 내게 유일한 소원이 하나 있다면 그것은 죽기 전에 사흘 동안만 눈을 뜨고 세상을 보는 것이다. 만약 내가 눈을 뜰 수 있다면 나는 내 눈을 뜨는 순간 나를 이만큼 가르쳐준 내 스승 설리반을 찾아갈 것이다." 지금까지 손끝으로 만져 익숙해진 그 인자한 얼굴, 그리고 그 아름다운 몸매를 몇 시간이고 물끄러미 바라보며 그 모습을 내 마음 깊숙이 간직해 둘 것이라는 글을 보면 그녀는 보고 듣고 말할 수 있는 우리보다 더 풍부하고 많은 느낌을 가슴에 품고 있었음을 알 수 있다. 우리가 눈을 뜨고도 보지 못하는 것을 그녀는 눈을 감고도 느꼈던 것이다. 인류 역사상 가장 탁월한 감각의 달인이다. 모차르트는 손과 입을 움직이며 곡을 썼다. 피아니스트들은 손가락의 근육으로 음표를 기억한다고 한다. 역시 거인들은 우리와 인식의 차이가 크다는 것을 느낀다.

10
실패보다 무서운 게 포기다

"위대한 역사적 진보와 발전은 극단적인 고통 속에서 나오며
언제나 역사적 혁명은 비주류에서 시작되었다."

금 수저, 흙 수저 얘기를 하자면 이스라엘이 떠오른다. 태어날 때 차별 없는 나라는 지구상 어디에도 없다. 다만 이스라엘은 그 차별의 정도가 가장 적은 나라다. 그 비밀은 창업국가에 있다. 전 세계에 흩어져 사는 유대인을 모두 합쳐도

세계인구의 0.2%인 1400만 명 정도다. 그런데 놀랍게도 유대인은 전체 노벨상 수상자의 22.3%를 차지하며, 매년 수상자 명단에 포함되지 않는 해가 없었다. 창업국가로 유명한 이스라엘의 면적은 20770㎢로 우리나라 강원도 크기의 작은 나라다. 최근에 방영한 〈청년 후츠파로 일어서라〉는 프로그램에 의하면 남자든 여자든 군대에 가야하고 고등학교를 졸업하면 남자는 3년, 여자는 2년 군인생활을 한다. 군대를 기피한다는 것은 상상도 할 수 없다. 군 제대를 하고 나면 두 가지 선택에 직면한다. 대학을 가느냐? 창업을 하느냐로 고교 졸업생 중 약 65%는 창업자의 길을 걷는다.

인구 1만 명 당 창업자수가 10명으로 세계 1위인 까닭이 여기에 있다. 이 나라에도 금 수저, 흙 수저는 물론 존재한다. 우리와 차이점은 대체로 출발선이 같다는 것이다. 창업 이후 인생은 각자 능력을 꽃피우느냐, 그렇지 못하느냐에 따라 갈릴 뿐이다. 가장 중요한 것은 이 나라에선 실패를 두려워하지 말라고 가르친다. 실패를 해도 재기 관련 프로그램이 얼마든지 있으며, 오히려 실패를 맛본 이후에도 창업에 성공할 수 있다는 확신을 갖도록 계속해서 정부가 지원한다. 〈창업국가〉의 저자인 사울 싱어는 실패보다 더 무서운 것은 아무 것도 하지 않거나 포기하는 것이라고 말한다. 인구 750만여 명인데 1년에 만들어지는 기업의 수는 유럽 전체보다 많고, 미국 나스닥에 상장한 숫자는 유럽 전체의 2배에 달한다. 이 나라는 세계적인 경기침체 속에서도 단 한 개의 은행도 망하지 않은 유일한 나라이며, 경제거품이 끼어 있지 않는 나라다. 이스라엘은 정말 볼품이 없는 나라다. 기름이 펑펑 쏟아지는 주변의 아랍국가들과는 달리 기름 한 방울 나지 않는 광야지역이다. 물마저도 부족한 자원이 없는 나라다. 이런 척박한 땅에서 이룬 경제발전의 기적을 어떻게 설명할 것인가? 한 번 실패하면 재기를 기약하기는 커녕 계속해서 루저로 살아갈 확률이 큰 우리나라와는 다른 점이 너무 많다.

⑪ 세상에 정답은 없다

"누구라도 좋은 기회가 없었던 것은 아니다.
다만 그것을 포착할 수 없었을 뿐이다."

세상에 없는 것 3가지. 공짜, 비밀, 정답은 없다는 말이 인터넷상에 떠돌고 있다. 정말 세상에 공짜는 없다. 수년간 소식 한 번 없던 지인의 전화를 받고 밥을 먹자기에 만났다. 식사가 끝나갈 무렵 자기 딸 결혼식 청첩장을 내민다. 흔히 있는 일이긴 하지만, 개운찮고 씁쓸하고 애처롭다는 생각이 지워지지 않는다. 세상에 공짜 점심 없다는 말을 잊고 살았나 보다. 세상에 비밀은 없다. 이건 비밀인데, 정말 너만 알아야 한다는 비밀일수록 순식간에 더 빨리 퍼져나가는 법이다. 신라시대 경문왕은 귀가 남달리 컸다고 한다. 이 사실을 숨기고, 외부에 알려지는 것을 철저하게 단속하며 살았다. 왕의 의관을 만드는 사람이 이 비밀을 알고 입이 근질거렸지만 목숨을 부지하려 평생 참고 살다가 죽음이 가까워서야 대나무 밭에 들어가 임금님 귀는 당나귀 귀라고 소리 질렀다. 그 후 바람이 불 때마다 대나무 밭에서 임금님 귀는 당나귀 귀라는 소리가 나면서 비밀은 순식간에 전국으로 퍼져나간다. 비밀은 언젠가는 밝혀지기 마련이다.

〈후한서〉에 나오는 말이다. "하늘이 알고 땅이 알고, 그대가 알고 내가 아는데, 어찌 아는 사람이 없다 하는가?" 무덤까지 가지고 가는 비밀이 있을까 싶다. 세상에 정답은 없다. 자연과학이나 수학 같은 논리적 이성을 빼고는 이 세상에 정답은 없다. 특히 인생을 살아가는 방법, 가치관, 윤리 같은 것들 말이다. 연말모임이 있어 참석했는데, 마치 자기가 세상일을 다 아는 것처럼 쉴 틈 없이 열변을 토하는 꼴불견을 보는 경우는 누구나 경험했을 것이다. 세상을 사는 방법이나 도덕적 가치판단 기준은 상대적이어서 무수한 해답이 있을 뿐, 옳은 것도 틀린 것도 없다. 그 때, 그 시절에는 옳았지만 지금은 옳지 않을 수 있다. 시간이 가고 세월이 가면 모든 것이 변하기 때문이다. 있다가도 없어지고, 없다가도 생겨나는 법이다. 옳고 그름이란 시대와 장소에 따라 달라지는 게 답이다. 그래서 자신의 경험을 보편화하지 말라고 하지 않던가. 만약 누군가가 세상은 이런 거고 세상을 이렇게 살아야 한다고 한다면, 그건 그 사람의 방식일 뿐이다. 이런 경우에는 "예, 예." 해주고 넘겨버리면 된다.

세상에는 우리가 모르는 게 너무도 많다. 제발 아는 척하지 말라. 모임이 있을 땐 남의 말을 경청하고 이해해주는 배려가 기본이다. 그러면 될 것을 토를 달면서 아니라고 덤벼드는 친구가 있다. 그렇게 되면 모처럼의 만남이 엉망이 되고 만다. 친일파로 변절한 최남선이 길을 가다 한용운 선생을 보고 알은 척하자, 한용운은 "나는 당신이 누군지 모르오. 내가 알던 최남선은 죽어서 상례를 치른 지 오래요"라고 했다는 일화가 있다. 얼마나 재치 있는 소통인가. 신을 모독하고 젊은이들을 타락시켰다는 죄목으로 사형 법정에

선 소크라테스가 이런 말을 했다고 한다. "죽음의 회피가 어려운 것이 아니라 불의를 피하는 것이 어렵다." 일신의 영달만을 위해 자신의 신념까지 버리고 불의와 영합하는 요즘 사태를 보면서 우리 사회는 왜 진정 의로운 스승이 없는지 안타깝다. 난세에 영웅이 탄생 한다고 했다. 세상에 정답은 있다고 소리치며 등장하는 영웅을 보고 싶다.

세상을 옳은 방향으로 바꿔온 것은 타협이 아니라 우직한 신념이다. 자전거 가게를 운영하던 라이트 형제는 어느 날 하늘을 나는 기계를 만들기로 한다. 당연히 주위에선 하늘을 나는 기계를 어떻게 만드느냐며 말린다. 그렇다고 라이트 형제가 주변 사람들의 충고를 받아들여 다시 자전거 가게를 했었다면 이 세상에 비행기가 존재할 수 있었을까? 이렇듯 세상을 이끈 사람들은 우직하게 자신의 신념을 믿고 불의와 타협하지 않은 사람들이다. 연휴에 영화 <암살>을 관람하면서 선택과 결단의 순간에 욕망과 타협해서는 안 된다는 것을 다시 확인한다. 춘원 이광수의 첫 소설이자 출세작인 <무정>은 1917년 일본 총독부의 기관지인 매일신보에 연재되었다. 이광수에게 매일신보와의 인연은 신분상승을 위한 개인적인 야망을 실현하기 위한 수단이었던 것인데, 그것이 그만 친일이란 족쇄가 되고 만다. 그 어떤 변명과 합리화에도 불구하고 그의 정치적 타협은 현실에서 살아남기에는 성공했지만 역사에서 살아남기에는 실패한 선택이었다.

그의 후손들은 지금까지도 독립운동가와 반 민족주의자 사이에서 벗어나지 못하고 있다. 미국에서 살고 있는 이광수의 막내딸 이정화 박사는 2014년 아버지로 인해 피해를 입은 분에게 사죄한다는 인터뷰를 하기도 했다. "연좌제 비슷한 게 있으니 제 팔자는 민족 앞에 사과할 수밖에 없는 것이죠. 제 아버지를 사랑하는 분들에게는 감사를, 미워하는 분들에게는 사죄를 드리고 싶어요." 이광수의 1남 2녀는 미국에서 사회적으로 성공했지만 아직도 아버지에게 드리워진 친일이라는 연좌제에서 자유롭지 못한 모양이다. 이광수는 1917년 새해 벽두 총독부 기관지인 매일신보에 첫 소설 <무정>을 의욕적으로 연재했지만 그게 지울 수 없는 역사의 주홍 글씨가 되었던 것이다. <무정>은 욕망과 의무 사이에서 결단과 선택이 얼마나 중요한지를 교훈적으로 깨닫게 해준다. 즉 냉혹한 현실에서 살아남기 위해 자신에게 주어진 의무를 저버리고 욕망을 쫓는다면 설혹 욕망을 이루었다 해도 그 대가로 자책감이 동반된다는 점이다.

흔히 현실에서 살아남기 위해 욕망과 타협하는 경우가

있다. 정도가 아닌 줄 알면서도 정도가 아닌 길을 선택하기도 한다. 욕망과 의무 사이에서 혼란스럽다면 욕망의 요소를 최대한 배제하고 접근할 필요가 있다. 일시적으로 살아남기 위해 욕망에 따른 선택을 한다면 끝내 자신도 죽이고 조직까지 죽이는 선택이 될 수도 있다는 것이다. 이광수는 식민지 시대에 자신의 야심을 이루기 위해 또는 살아남기 위해 총독부와 타협하는 쪽을 선택했을 테지만 그것은 결코 최선의 선택이 아니었던 것이다. 말하자면 타협하면서 살아남을 수는 있지만 역사에서는 죽은 선택이었다.

살아가면서 욕망과 의무 사이에서 결단과 선택을 강요당한다면 당신은 어떤 선택을 하겠는가. 안중근 의사의 어머니 조마리아 여사는 아들에게 이렇게 말한다. "너의 죽음은 한 사람의 것이 아니라 조선인 전체의 공분을 짊어지고 있는 것이다. 옳은 일을 하고 받는 형이니 비겁하게 삶을 구하지 말고 대의에 죽는 것이 어미에 대한 효도라"하며 당당하게 목숨을 바치라고 했다.

김구선생의 어머니는 "나의 아들이 되기 보다는 나라의 아들이 되라"고 했고, 윤봉길 의사의 어머니는 "우리 봉길이는 당연한 일을 했을 뿐"이라고 하셨다. 영화 <암살>을 관람한다면 당신도 어떤 선택이 옳은지 사색을 하게 될 것이다. 남녀노소를 불문하고 검색만 할 뿐 사색이 사라졌다. 요즘 스마트폰이 일상화된 디지털 세상을 빗대어 하는 말이다. 우리는 시시때때로 욕망과 의무 사이에서 선택을 강요받는다. 자칫 욕망으로 무게가 쏠리면 의무로 무게 중심을 바로잡아야 한다. 그게 내가 살고 가족이 살고 모두가 사는 길이 된다.

12

빙산의 일각

"돈의 가치는 그것을 소유하는데 있는 것이 아니라 그것을 사용하는데 있다."
〈영국 속담〉

빙산의 대부분인 91%는 바다에 가라앉아 보이지 않는다. 바닷물 위로 드러나 우리가 볼 수 있는 빙산은 그 일부분인 9% 정도에 불과하다고 한다. 빙산의 일각이란 보이는 것이 다가 아니라는 말이다. 수면 아래 보이지 않는 부분까지를 볼 수 있어야 전체를 파악할 수 있는 것인데, 우리는 지극히 일부만을 보고 산다. 보이지 않는 부분까지를 볼 수 있는 혜안이 필요하다. 만년초는 생명력이 그 어떤 식물보다 강해서 영하 30~40도의 혹한과 영상 30~40도의 더위에도 죽는 법이 없다. 너무 춥거나 너무 더울 때면 잎을 떨어뜨려 줄기를 살리는 대신 잎사귀를 도르르 말아 수분증발을 막는다. 태백산 오대산 등 이북지역 고산에서 자생하는 토종이다. 겨울을 푸른 잎으로 견디어 내니 그 생이 얼마나 고단하고 위험한가? 삭풍이 휘몰아치는 차가운 겨울밤에도 만년초 잎은 초록을 유지하여 만병의 약재가 된다. 사람이나 식물이나 한 세상 살아간다는 것은 이같이 노력과 무한한 인내가 따라야 한다. 간혹 우리들은 천재들이 특별한 노력 없이 성공한 것으로 오해한다. 천리를 달린다는 적토마는 그 타고난 재능 때문에 평범한 말보다 더 많이 달려야 했고, 재능이 많은 천재들은 일반인보다 더 많은 일에 시달려야 했다. 재능 때문에 남보다 쉽게 가는 것이 아니라 더 힘들게 가야 했다. 그 과정에서 겪게 되는 실패와 불안, 장애는 우리가 겪는 것보다 훨씬 심각하다. 천재는 타고난 재능만큼 힘든 노력의 퇴적인 것이다.

맹인의 손가락은 문자판독이 불가능한 지폐의 진위를 구분해 낼 만큼 초감각적이다. 그런 감각이 우연히 얻어낸 결과물이 아니다. 앞을 볼 수 없는 결함을 보완하기 위한 노력의 결과로 손가락 끝의 신경 세포가 치밀해졌기에 가능한 것이다. 다시 말하면 손가락 감각이 다른 사람보다 조금 월등해진 정도가 아니라 눈의 결함을 손가락으로 만회하는 수준의 발전이다. 손가락의 기능이 탁월해진 것이 아니라 그 사람의 기질이 바뀐 셈이다. 많은 사람들이 노력 없이도 얻어지는 성과를 부러워한다. 하지만 인생에서 노력 없이 주변의 작은 것들에 매몰되어 거대한 물결을 보지 못하는 것을 '시야협착증세'라 한다. 한 때 철도업 종사자들이 가장 빠른 운송수단은 자신들뿐이라고 생각하고 오직 레일을 깔고 기차를 달리게 하는 일에만 몰두했다가 비행기라는 엄청나게 빠른 운송대체재가 나타나자 순식간에 고객들을 빼앗기고 말았다. 아침에 일어나서 잠자리에 들 때까지 한 가지 일에만 집중하는 것을 몰입의 한 형태로 볼 수 있지만, 부분이 아닌 전체로 시야를 넓히지 못하면 시장에서 도태될 수밖에 없다. 잠수함에서 보내는 잠수병은 잠망경으로 밖을 살피지 않으면 적으로부터 공격을 받아 잠수함이 흔들리기 전까지 무슨 일이 일어나고 있는지 알아차리지 못하고, 혼자만의 세계에 갇혀 위기에 빠지게 된다.

한꺼번에 여러 개의 공이 날아올 때는 하나씩 방어하기보다는 한 걸음 뒤로 물러나 그 공들이 어디를 향하고 있는지를 살펴야 한다. 그러기 위해서는 고개를 쳐들고 밖을 살펴야 한다. 요즘처럼 시시각각 변화하는 세상에서는 하나의 생각에 집중하더라도 자주 고개를 들어 전체 상황을 살필 줄 아는 여유와 안목이 필요하다. 시야가 좁아지면 잘못된 방향으로 가면서도 문제조차 파악하지 못하게 되는 것이다. 그래서 성공한 많은 사람들이 넓은 안목을 키우기 위해서 추천하는 방법이 바로 휴식이다. 그래야 보는 눈이 새로워지고 상황파악이 확실해지는 법이다. 나무에서 멀리 떨어져야 숲을 볼 수 있고, 섬을 떠나야 섬이 보인다. 등잔 밑이 어둡다 하지 않던가.

13
창업보다 수성

"믿음이 없다면 그 사람은 아무것도 할 수 없다.
그것만 있다면 모든 것이 가능하다."

일전에 전주 '화심 원조순두부' 집에 가서 아침을 한 적이 있다. 꽤 유명한 맛집이다. 벽에 붙어있는 메뉴판 밑에 "맛을 내기보다 맛을 지키기가 어렵다"고 적혀 있다. 주인장이 맛을 지키기 위해 수성에 몰두하는 모습을 보고 "창업(創業)보다 수성(守成)이 어렵다"는 글이 생각이 났다. 중국에 당나라를 어렵게 세운 이세민이 당태종이 되고나서 사치를 경계하고 영토를 넓히는 한편, 제도를 개혁하며 민생을 챙기는데 심혈을 기울이고, 널리 인재를 등용하여 학문과 문화진흥에 힘썼다. 그리하여 유례없는 태평성대를 이루었는데, 이를 '정관지치(貞觀之治)'라 하여 후세의 군왕들이 나라를 다스리는데 본보기로 삼았다. 이렇게 성세를 이룬 것은 태종 이세민을 보필한 어진 충신이 있었기 때문인데, 그 대표적인 인물로 복야와 위징이 있었다.

어느 날 태종이 이들과 함께한 자리에서 묻는다. "창업과 수성 중에 어느 것이 더 어렵다고 생각하시오?" 그러자 복야는 이렇게 대답한다. "천하가 어려울 때 다투어 일어나는 군웅 중에 최후의 승자만이 창업을 할 수 있으니 당연히 창업이 어렵습니다." 그러나 위징은 생각이 달랐다. 물론 제왕의 자리가 쉽게 얻어지는 것은 아니지만 그처럼 힘겹게 차지한 권자도 그 자리에 앉고 나면 지난 일들을 망각하고 안일에 빠져 쉽게 잃는 법, 따라서 수성이 더 어렵다고 아뢴다. 두 사람의 말을 들은 태종이 입을 연다. "복야는 짐과 함께 숱한 고비를 넘기면서 힘겹게 천하를 얻었기 때문에 창업이 어렵다고 한 것이지만, 위징은 사람이 부귀해지면 교만과 사치를 따르기 마련이고, 마음도 헤이해지는 것이 인간의 본성임을 잘 알고 있음으로 수성이 어렵다고 한 것이다. 그러나 이제 창업의 어려움은 끝이 났으니 짐은 경들과 함께 수성에 힘쓸 것이다." 당태종의 말대로 누구나 부귀해지면 지난 일들을 망각하고 안일에 빠져 교만과 사치에 젖는 것이 인간의 본능이다. 성공한 사람이 교만과 사치에 빠지면 힘겹게 이룬 모든 것을 한 순간에 잃게 되는 것은 당연한 일, 늘 초심을 잃지 말아야 할 것이다.

에디슨이 전구를 발명하기까지 22년 동안 147번의 실패를 했고, 라이트 형제가 805번의 실패를 했다는 것에서 유래한 147,805법칙이라는 게 있다. 인류 역사를 바꾼 발명품들은 이같이 고난과 실패를 거쳐 탄생한 결과물이다. 아마 세상에서 실패를 가장 많이 한 사람이 에디슨일 것이다. 그는 발명왕이 되기 이전에 실패 왕이었다. 그는 전구발명 과정에서 실제로 2399번의 실패를 겪으며 거듭했다고 한다. 평생 동안 실패한 횟수를 모두 합치면 11만 번에 이른다고 한다. 실패를 대하는 에디슨의 철학은 확고하다.

"나는 한 번도 실패한 적이 없다. 단지 2천 번의 단계를 거치면서 실험을 했을 뿐이다"라고 했다. 그가 실험하는 중에 불이 나서 평생의 과업이 몽땅 타버린 적이 있었다. 그의 나이 67세, 다시 시작하기에는 어려운 나이 아닌가. 그러나 그는 타오르는 불길을 보면서 이렇게 말한다. "재난도 쓸모가 없진 않구나. 그동안 나의 모든 실수를 말끔히 태워버렸으니. 하느님, 제가 다시 시작할 수 있게 해주셔서 감사합니다." 인간은 패배했을 때 끝나는 것이 아니라 포기할 때 끝난다. 비록 실패했더라도 다시 일어선다면 패배로 볼 수 없다.

백수의 제왕인 사자도 사냥에 번번이 실패한다. 성공확률이 20%에 그친다고 한다. 사람이 어디 백수의 제왕인가. 누구나 실패할 수 있다. 혼다를 창업한 혼다 소이치로는 직원들에게 실패하라고 조언한다. 그는 기술이란 99번의 실패 뒤에 오는 성공이라고 간주한다. 실수를 저지르지 않는 사람은 위에서 시키는 대로만 하는 사람으로 회사발전에 도움이 되지 않는다고 생각한다. 소이로치 사장은 '올해의 실패 왕'이란 포상 제도까지 만들어 놓고, 연구자 가운데 가장 큰 실패를 한 연구원에게 100만 엔을 준다고 한다. 아무것도 하지 않는 것이야말로 진짜 실패 아닌가. 창업은 대개 실패라는 디딤돌 위에서 이루어지는 것이다. 아인슈타인이 이렇게 말했다. "나에게는 두 가지 소원이 있다. 첫째는 남은 생애에 더 많은 실패를 거듭할 수 있게 해달라는 것이고,

둘째는 내가 저지르는 모든 실수가 헛되지 않도록 해달라는 것이다."

정말 오래 사는 소나무가 있다. 살아서 5000년 죽어서 7000년을 합쳐 1만 년이 넘는 생애를 간직하고 있는 그 나무가 브리스틀 콘 소나무다. 1년 강수량이 고작 300㎜ 밖에 안 되는 고산지대 사막에서 자란다. 건조한 산비탈의 급사면에 살고 있는 끈기와 강인함의 상징이며, 자기 에너지를 최소로 소비하는 경제적인 식물이다. 놀랍게도 사막과 같은 3000m 능선에서도 수분과 양분을 찾아내고, 강렬한 자외선에도 탄소동화작용을 하며 수천 년의 생명을 유지하고 있다. 이 나무는 크게 자라는 나무가 아니다. 대부분의 브리스틀 콘 소나무는 키가 10m 이하이다. 브리스틀 콘이 오래 살 수 있고, 또 죽어서도 오랫동안 제 몸을 온전히 보전할 수 있는 이유는 단순하다. 수분과 양분을 빼앗기면 빼앗길수록 단단하고 기름성분이 더 많은 몸체를 형성하고, 그로 인해 병충해에 강하다. 또한 나무를 썩게 하는 미생물이 살기 어려운 건조한 고산지대라는 환경조건도 이 나무가 오래 살 수 있도록 돕는다.

건조한 날씨는 나무를 썩게 하는 것이 아니라 반대로 나무조직을 서서히 돌처럼 단단하게 만들어 버린다. 그래서 수명이 다한 뒤에도 수천 년 동안 제 몸뚱이를 고스란히 간직하게 되는 것이다. 그래서 브리스틀 콘 소나무에게 죽음은 드문 현상이다. 이상하게 들리겠지만 생사가 공존하고 있어 이 소나무에겐 살아있는 부분과 죽은 부분을 나누기가 힘들다는 것이다. 유심히 봐야 하는 것은 브리스틀 콘 소나무의 부름켜 조직이다. 이 부름켜가 생명을 지속시키는 역할을 한다. 90%의 몸체가 죽어 단단하게 됐을지라도 살아있는 1%의 부름켜 때문에 그 나무는 죽은 나무가 아니다.

이와 같은 복합적 생명유지현상을 다른 생명체에서는 쉽게 찾아볼 수 없다. 극악의 환경조건에서 수천 년 동안 살아남는 환경 적응의 한 예인 것이다. 브리스틀 콘 소나무를 통해 극심한 환경에서도 핵심 경쟁력과 본질을 유지하는 개인이나 조직은 이 나무처럼 죽지 않고 오래 살아남아 성장할 수 있음을 배운다. 수성도 수성 나름이다. 창업도 수성도 모두 어려운데 우리 인간들은 너무 쉽게 생각하고 쉽게 얻으려고만 생각한다. 점집이나 철학관에 복채 몇 만 원 내고 평생 궁금했던 운명을 들으려고 하니 지나가던 개도 웃을 일 아닌가. 참으로 욕심도 지나치다는 생각이 든다.

ⓘ 늦은 때란 없다

　벽을 마주하거든 뚫고 나갈 문을 만들어라. 제비가 물을 차면 비가 온다는 속담이 있다. 비가 오기 전 공기 중에 습기가 많아지면 잠자리들이 낮게 난다. 따라서 그들을 잡아먹는 제비도 물을 차듯 나지막이 날게 된다. 낚시꾼은 낚싯줄을 타고 전해지는 손맛으로 수면 아래의 고기가 어떤 고기인지를 알아챈다고 한다. 새들은 구멍 난 나뭇잎을 보고 애벌레를 잡는다. 애벌레가 들쭉날쭉 갉아먹은 잎의 형상이 새의 시선에 포착된다. 그 때문에 애벌레는 포식자의 눈을 피하기 위해 잎의 가장자리부터 깐깐하게 갉아먹는다. 구멍을 만들지 않고 잎 전체의 윤곽을 그대로 유지하는 것이다.

　배우자를 보면 상대를 알 수 있고, 부모를 보면 자식이 보인다고 한다. 프랑스의 미식가인 요리사 사바랭은 "당신이 즐겨먹는 음식을 알려주면 당신이 누구인지 말해주겠다"고 말한다. 즉 음식을 통해 사람을 알 수 있다는 것이다. 관상학자는 "모든 것은 얼굴에 있다"고 말한다. 사람의 얼굴을 보고 운명을 점친다. 명품에 밝은 여성은 옷차림과 악세사리만 보고도 대략 그 가격을 뽑아낼 수 있다고 한다. 통찰은 거창한 것이 아니어서 일상에서도 얼마든지 발견할 수 있다. 특정분야에 정통하면 통찰의 눈이 생겨 막힌 것을 뚫게 된다. 하나를 통해 다른 하나를, 나아가 전체를 아는 것이다. 이런 직관은 특정분야에서 단련된 고도의 전문성으로부터 온다. 그러니 뚫고 또 뚫어라! 그리고 이렇게 말하라. "나는 이 분야에서만은 누구에게도 절대 뒤지지 않는다." 뜻이 있으면 길이 있는 법이다.

새로운 것을 발견하고 싶으면 어제 걸었던 길을 다시 걸어보라는 말이 있다. 같은 길을 다른 사람들과 산책함으로써 전혀 다른 풍경을 발견하게 된다. 똑같은 산책로를 어린아이들과 걷는 것부터 시작하여 지질학자, 곤충박사, 시각장애인, 반려견과 함께 걸으면서 대상을 바라보는 시선은 실로 엄청난 차이를 드러내게 된다. 자신이 관심 있는 것만 집중해서 바라보느라 5만 원짜리 지폐가 떨어져 있어도 눈치 채지 못하는 사람이 있는가 하면, 걷는 몸짓을 통해 자신의 세계관을 드러낸다. 우리는 보면서도 보지 못한다. 우리는 보지만 제대로 보지 못한다. 세상은 명백한 사실로 가득하지만 아무도 관찰할 생각을 안 한다. 세상은 아는 만큼 보인다고 한다.

명의로 이름난 어떤 의학박사는 환자를 찬찬히 바라보는 것만으로도 환자의 병명은 물론 환자의 직업까지 귀신처럼 맞췄다고 한다. 아주 사소한 것들에 대한 면밀한 관찰과 자신이 알고 있는 정보의 결합을 통해 지식은 진화되는 것이다. 사람들은 상상력의 중요성을 강조하지만 뛰어난 상상조차도 아주 평범한 관찰에서 나온다는 사실을 자꾸 잊는다. 그리고 집중력의 중요성을 강조하지만 사실 주제와 상관없는 딴 생각을 하다가 더 좋은 아이디어가 튀어나온다는 사실도 잊는다. 지성의 발달은 인간이 아닌 다른 존재들의 행위에서도 나온다. 집안의 반려동물이 지진이나 이상기후를 미리 알아차리고 주인을 구한다든지, 강아지가 주인이 암에 걸렸다는 사실을 제일 먼저 알게 되는 것은 우리와는 뭔가 다른 것을 관찰하는 존재라는 것을 일깨워준다.

더 오래, 더 사려 깊게 대상을 관찰하는 삶은 우리에게 세상을 향한 깊은 애정을 가져다줄 것이다. 당신도 오랜만에 아버지나 어머니의 걷는 뒷모습을 지켜봐라. 언제부터 저분들의 몸짓이 기우뚱거렸던지 억장이 무너질 것이다. 내가 부모님께 얼마나 무심했던가를 깨닫게 될 것이다. 타인과 사물을, 시장을, 그리고 나 자신을 오래오래 더 깊이 관찰해야 한다. 그래야 우리가 어떻게 살아갈 것인가를 성찰하는 혜안을 얻을 수 있다.

⑮ 시작은 미약하나 나중은 창대하리라

성경(욥기)은 "네 시작은 미약하였으나 네 나중은 심히 창대하리라"고 한다. 여기에 시작이란 말과 나중이란 말은 인생사에서 아주 중요하게 취급되는 게 사실이다. 인간이 벌이는 일 가운데 시작과 마침에는 언제나 큰 행사를 치른다. 회사가 업무를 시작할 때 시무식이 있고. 큰 공사를 시작할 때는 기공식이 있다. 어떤 직분을 맡은 자에게는 취임식이 있다. 대통령 취임식, 총장 취임식, 사장 취임식, 올림픽 개막식, 월드컵 개막식이 있다. 예수 믿는 사람들도 무슨 일을 시작할 때마다 의식이 있다. 개업 예배, 창립 예배. 마칠 때도 폐회식, 졸업식, 준공식, 임종 예배 등등. 연말연시는 그런 점에서 아주 의미 있는 시간이다. 12월 31일 자정이 되면 전 세계 사람들이 흥분한다. 뉴욕의 타임 스퀘어에서, 서울의 보신각에서 전 세계 사람들이 마침과 시작에 기대를 걸고 환호한다. 시작과 마침에는 하나님도 중요한 의미를 둔다. 예수님은 자신을 알파와 오메가라 칭한다. "나는 알파와 오메가요. 처음과 나중이요. 시작과 끝이라." 알파는 알파벳의 첫 글자이고, 오메가는 끝 글자다. 알파와 오메가란 말은 시작과 끝을 뜻이다.

성경(욥기)은 우스 땅에 욥이라는 사람이 있었는데, 그 사람은 순전하고 정직하며 하나님을 경외하는 악에서 떠난 자더라. 그의 소생은 남자가 일곱이요 여자가 셋이며, 그의 소유물은 양이 칠천이요 약대가 삼천이요 소가 오백 겨리요 암나귀가 오백이며 종도 많이 있었으니 이 사람은 동방 사람 중에 가장 큰 자라. 신앙도 좋고 자녀도 많고 재산도 많은 최상의 인물이다. 그런 욥에게 엄청난 재난이 닥쳐왔다.

하루아침에 가축이 다 죽어버렸고 자녀들이 다 죽었으며 육체는 병이 들었다. 부인은 하나님을 저주하며 죽어라고 바가지를 긁는다. 이런 욥의 소식을 들은 세 친구가 위로 차 달려왔다. 욥의 형편을 보니 무슨 말을 해야 할지 몰랐다. 그냥 아무 말도 못하고 칠일 칠야를 그와 함께 땅에 앉았으나 욥의 곤고함이 심함을 보고는 그에게 한 말도 하는 자가 없었다. 일주일이 지나자 드디어 욥이 입을 열었다. 자기의 생일을 저주하면서 태어나지 않았으면 더 좋았을 것이라고 탄식한다. 욥의 불평을 듣고 있던 세 친구들은 차례로 입을 열어 욥의 불평은 하나님 앞에서 잘못된 것임을 지적한다. 그러나 욥은 자신의 삶에 비하여 분명히 뭔가 불공평한 재앙임을 주장한다. 이렇게 해서 욥과 세 친구의 논쟁이 시작되었다. 논쟁의 주제는 하나님을 잘 믿는 의인도 고난을 당할 수 있는가 하는 주제다.

욥은 자신이 남들보다 분명히 신실하게 살았음에도 이유를 모르는 재앙을 당하고 있다고 주장하지만, 세 친구는 욥의 재앙은 욥이나 자식들의 죄악에 대한 형벌이라고 주장한다. 그런 가운데 빌닷의 말이 나온 것이다. "네가 만일 하나님을 부지런히 구하며, 전능하신 이에게 빌고 또 청결하고 정직하면 정녕 너를 돌아보시고 네 의로운 집으로 형통하게 하실 것이라. 네 시작은 미약하였으나 네 나중은 심히 창대 하리라." 이 말은 시작은 작아도 무조건 나중은 잘된다는 말이 아니다. 부지런히 하나님을 찾아야 하고 정직하고 청결해야 한다. 무엇을 시작해도 마침내 잘된다는 뜻이다. 이 말을 뒤집으면 현재 욥이 고생하는 것은 뭔가 잘못되었기 때문에 주어진 결과라는 뜻 아닌가. 즉, 욥의 자녀들이 죽은 것은 그들의 죄 때문이고 욥의 재산이 날아간 것은 욥의 숨은 죄악 때문이니, 바르게만 산다면 왜 창대해지지 않겠느냐는 말이다.

욥의 입장에서 생각해 보자. 오늘 만일 여러분이 욥의 형편에 있다면 이런 말을 들을 때 어떤 심정이 되겠는가? 남은 지금 다 죽게 생겼는데 기껏 찾아와서 한다는 말이, 네가 바르게만 살았다면 왜 잘 되지 않았겠느냐고 한다. 이런 말이 위로가 되겠는가? 위로는커녕 기분 잡치는 말이다. 아마 오늘 욥과 비슷한 처지에 계신 분들이 있을 것이다. 나는 그래도 열심히 살았고 노력도 했다. 그런데도 현재의 형편은 어렵다. 그런 분들에게 바른 신앙과 바른 생활만 유지한다면 나중은 창대하리라는 말씀이 위로가 되겠는가? 이 말은 위로의 말도 아니고 축복의 말도 아니다. 욥의 처지를 비판하는 말이다. 오늘 우리가 만일 욥과 같은 처지에 있다면 이 말을 어떻게 받아들여야 할까? 시작과 마침 만큼 과정도 중요하다는 것을 깨달아야 한다.

인생에서 가장 강조되는 것은 한 순간의 결과가 아니라 삶의 전 과정이다. 세상만사에 시작도 중요하고 마침도 중요하다. 그렇지만 더 중요한 것은 삶의 과정이다. 삶의 성취는 결국 과정의 결과이다. 오늘의 처지가 과거의 삶이 가져온 산물이라면, 현재 내가 살아가는 과정은 내일의 결과를 가져오는 기반이다. 시작만 해 놓으면 다 창대해지는 게 아니다. 개업식, 시무식, 다 중요하지만 더 중요한 것은 그 이후의 과정이다. 시작에서 곧바로 결과가 나오지는 않는다. 하나님을 부지런히 구하며 전능하신 이에게 빌라! 신실한 신앙생활을 해야 된다는 말이다. 또한 청결하고 정직하라고 한다. 바른 생각으로 바르게 살아야 된다는 뜻이다. 신앙과 삶이 바르게 진행될 때, 창대한 결과가 나온다는 말이다.

욥은 다른 사람보다 훨씬 정직한 사람이고 신실한 사람이며 하나님을 잘 섬긴 사람이고 양심이 바른 사람이었다. 그런데 이런 욥에게 왜 재앙이 내려졌을까? 이것을 어떻게 해석해야 되겠는가? 오늘 우리 가운데도 그런 사람이 많다. 모두가 좋아하는 사람이고. 모두가 인정하는 사람이다. 신앙도 좋고, 양심도 바르고, 생활도 바르게 하는 사람이다. 그런 사람에게 힘든 일이 생긴다. 몹쓸 병이 들기도 한다. 재산을 잃기도 한다. 자녀에게 어려운 일이 발생하기도 한다. 그럴 때에 우리는 당황한다. 하나님의 법칙은 어떻게 된 걸까? 선한 사람은 복을 받고 악한 사람은 벌을 받는 것이 정상 아닌가? 그런데 왜 일이 거꾸로 되는 걸까? 어떤 사람은 별 노력을 기울이지 않았는데도 일이 잘 풀리고 반대로 어떤 사람은 정말 열심히 땀 흘리고 뛰었는데 결과가 없다. 그러나 그렇지 않다. 과정의 법칙은 여전히 유효하다.

욥이 당한 재앙은 재앙이 아니란 말인가? 그런 말은 아니다. 다만 그 과정을 어디까지 적용하느냐가 중요하다. 과정의 법칙을 단기간에만 적용하지 말고 길게 적용해보자는 말이다. 현재까지 과정만으로는 다 평가할 수 없다. 미래까지 보아야 한다. 욥의 친구들이 잘못한 것이 바로 이 점이다. 욥은 분명히 과거에 선하게 살았다. 그렇다면 그 결과는 오늘까지만 적용되는 것이 아니다. 죽는 날까지 적용되는 것이다. 인생 전체를 보아야 한다. 욥기는 욥의 남은 생애를 이렇게 설명한다. "여호와께서 복을 주사 처음 복보다 더하게 하시니 그가 양 일만 사천과 약대 육천과 소 일천 겨리와 암나귀 일천을 두었고, 또 아들 일곱과 딸 셋을 낳았으며, 욥의 딸들처럼 아리따운 여자가 없었더라."

그 후에 욥은 아들과 손자 사 대를 보았고, 재산은 정확히 두 배로 늘어났다. 잃었던 열 명의 자식들 대신에 다시 열 명의 자식들을 얻었는데 그 자식들 전부가 미남 미녀들이다. 잃었던 건강을 되찾을 뿐만 아니라 장수의 복을 얻어 140년을 더 살았다. 그러므로 오늘의 처지만을 가지고 인생전체를 평가해서는 안 된다. 비록 현재 모든 열매를 다 거두지 못했다 해도 낙심하지 마라. 현재가 전부는 아니다. 아직도 삶이 남아있다. 과정의 법칙은 또 우리 생애에만 적용되는 게 아니다. 자손 대대에 적용된다. 하나님은 우리 삶의 결과를 천 대에까지 적용하고 계신다. 나를 사랑하고 내 계명을 지키는 자에게는 천 대까지 은혜를 베푸신다고 하신다. 결과만이 축복이 아니다. 과정도 축복이다. 내가 얻은 결과만이 축복이 아니라 내가 뭔가 행한 것 자체도 축복이다. 인생에서 중요한 것은 어떤 처지에 있느냐가 아니다. 누구에게 무엇을 얻고, 무엇을 받느냐가 중요하지 않다. 내가 어떤 일을 하는가? 내가 어떻게 살고 있는가? 내가 살아가는 과정 그 자체가 중요하다.

내가 결혼할 때에는 장롱 하나 마련한 것이 가장 큰 살림살이였다. 직장생활을 하면서 가재도구를 하나하나 사들였다. 선풍기 하나 사 놓고 온 가족이 한 달은 좋아했다. 냉장고 하나 사놓고 또 몇 달 동안 좋아했다. 그런데 요즘 사람들은 그 모든 것을 한꺼번에 장만해놓고 시작한다. 과정을 생략하고 결과부터 얻어 놓는다. 삶의 과정은 아름다운 추억이다. 그 중요한 추억거리를 만들 기회를 원천봉쇄 당하고 결혼생활을 시작하니 얼마나 황량한 것인가. 그래서 그런지 요즘 신혼부부들은 살다가 싫으면 그냥 헤어진다. 함께 나눌 추억도 없고 미련도 없다. 삶의 과정은 그 자체로써도 하나의 행복이라는 점을 잊지 마라야 한다. 누구나 시작에 비해 마감 때의 모습이 초라해진다.

시작은 미약하나 나중은 창대하리라는 말은 어디로 간 것인가? 그러나 시야를 조금만 더 넓혀 봐라. 우리 인생은 아직도 진행 중이다. 앞날이 창창하게 남아있다. 하나님은 삶의 결과만 보시지 않고 과정을 보신다. 비록 내 삶의 과정이 제대로 평가받지 못했다 해도 여전히 과정은 중요하다.

목표달성도 중요하지만 목표를 향해 뛰는 과정도 행복이다. 비록 오늘 기대한 만큼의 성취를 못했다 해도 인내하라. 하나님께서 계속 보고 계신다. 하나님께서 갚아주실 것이라는 믿음을 가져라. "믿음이 없이는 기쁘시게 못하나니 하나님께 나아가는 자는 반드시 그가 계신 것과 또한 그가 자기를 찾는 자들에게 상주시는 이임을 믿어야 할지니라."

나무만 보지 말고 숲을 보라

"자기를 등불로 삼고 자기를 의지할 곳으로 삼아라." 〈붓다〉

애플의 CEO이였을 때 잡스는 체계적인 분석보다는 직관에 의존해 큰 투자 결정을 하는 것으로 정평이 나 있었지만 그도 오판을 한 적이 있었다. 그는 그 이유를 이렇게 고백했다. 첫째 해당 분야에 대한 경험이 부족했고, 둘째 오만했으며, 셋째 흥분해서 들떠 있었다고 고백했다. 그렇다면 직관이란 무엇인가? 직관이란 순간적으로 번갯불처럼 떠오르는 착상, 즉 촉을 말한다. 고수들은 대개 시간이 걸리는 분석보다 순간적으로 번쩍이는 직관에 의해서 투자 결정을 내리는데 이 때 직관은 산전수전(山戰水戰) 다 겪으면서 배양 해온 감을 말한다. 일본의 저명한 경영자들이 자주하는 말이 있다. 사업은 이치만으로 돌아가는 것이 아니다. 노련한 경영자일수록 감이 좋지 않으면 시장에 참여하지 않는다. 경험을 많이 쌓은 분야에서만은 직관이 정확히 맞는다는 에릭 데인교수 일행의 연구 결과를 보면 그 이유를 알 수 있다. 데인교수 일행은 한 실험에서 사람들에게 명품가방 10개를 보여주고 진품인지 모조품인지 맞춰보게 했다. 실험 참가자의 절반에게는 5초밖에 시간이 주어지지 않았기 때문에 직관에 의지해서 판단해야 했다. 나머지 절반의 참가자들에게는 30초의 시간이 주어졌으므로 가방을 살펴보고 분석할 여유가 있었다. 참가자들 중에는 코치나 루이비통 핸드백을 3개 이상 가지고 있는 사람도 있었고, 명품을 만져본 적도 없는 사람도 있었다. 명품을 몇 개씩 갖고 있는 사람들은 가방을 살펴볼 시간이 짧을수록 진품여부를 더 정확히 판단했다. 명품가방을 가져본 경험이 있는 사람들은 주어진 시간이 30초인 경우보다 5초인 경우에 진품여부를 22%나 더 정확히 판단했다. 명품가방을 살펴본 경험이 축적된 사람들은 시간을 갖고 분석했을 때보다 직관적으로 판단했을 때 더욱 정확한 판단을 했다는 말이다. 그러나 명품가방에 대해 문외한인 사람에게 직관은 도움이 되지 않는다.

비전문가는 철저한 분석을 할 경우에 더 적절한 판단을 내린다. 노벨상을 수상한 심리학 전문가들의 설명에 따르면, 경험을 축적했을 때만 직관을 신뢰할만하다고 말한다. 의사가 환자의 증상을 진단하고 소방관이 불이 난 건물에 뛰어들 때, 그들이 그동안 축적한 경험이 있기 때문에 직관의 정확성이 더 높아진다는 말이다. 직관이 중요할까? 분석이 중요할까? 전문가이냐, 아닌가에 따라서 중요도가 달라진다. 에릭 데인 교수의 실험에 따르면 경험이 있는 전문가들은 분석을 했을 때보다 직관적으로 판단했을 때 더욱 정확한 판단을 했고, 비전문가는 철저한 분석을 할 경우에 더 적절한 판단을 내렸다고 한다. 곰곰이 생각할 시간적 여유가 있으면 나무는 보지만 숲을 보지 못하기 때문이다. 남다른 창의성을 발휘하려면 결국 실수를 많이 해봐야 하는데 그 실수에서 무엇을 건졌는지가 문제다. 건진 것이 많을 때 직관 즉 감을 잡는 것이다.

그런데 직관에 의해서 큰 투자결정을 내리는 CEO들은 책을 손에서 놓지 않는 게 특징이다. 한 권의 책이라도 틈틈이 몰두해보라고 권하고 싶다. 서양의 인문고전인 '성경'이나 동양의 인문고전 '논어'면 더 좋을 것 같다. '논어'의 학이편은 다음 세 문장으로 시작되는데, 이걸 '인생삼락(人生三樂)'이라 한다. 배우고 때때로 익히면 기쁘지 아니한가. 벗이 있어 먼 곳에서 찾아오면 이 또한 즐겁지 아니한가. 사람들이 알아주지 않아도 화내지 아니하면 군자답지 아니한가. 인간이 무엇인가를 배우고 실천하면 기쁨을 누릴 수 있다. 또한 삶의 큰 즐거움 중 하나는 진실한 친구를 사귀는 것이다. 나에 대한 세상의 평가는 그리 중요하지 않다. 중요한 것은 내가 군자의 길을 걷고 있느냐의 문제인 것이다.

공자는 14년 동안 이 나라 저 나라 떠돌아다녔고, 정규직 관리로 일한 세월은 얼마 되지 않았다. 고국인 노나라로 다시 돌아왔을 때는 어느덧 나이 70을 바라다보고 있었다. 공자는 정치에는 실패했지만 교육에는 위대한 업적을 남긴다. 인류 역사상 최초로 학습을 매개로 기숙형 배움 공동체를 만들어 후세교육에 몰두한다. 이 배움 공동체에 3000명이 넘는 제자들이 드나들었고 그 중 학문에 통달한 제자만도 80명에 가까웠다. 공자는 제자들을 가르칠 때 추상적인 이론을 앞세우지 않았고 대부분 현실적이고 구체적인 문제를 다루었으며, 일상의 삶에 주목하여 객관적으로 증명하거나 근거에 의한 사실을 통해 진리에 접근시켰다.

2700년 전 춘추전국시대에 공자가 고민했던 삶의 문제가 21세기를 사는 우리가 직면하고 있는 상황과 여러모로 닮아있다는 사실에 주목할 필요가 있다. 논어는 공자가 직접 쓴 책이 아니다. 공자 사후에 제자들이 모여서 스승의 가르침을 한 권의 책으로 묶은 것으로 시대를 초월한 삶의 교과서로 삼아도 모자람이 없기에 권하는 것이다. 성경이 하나님과의 만남을 위해 읽는 책이라면, 논어는 인간세상의 삶을 위해 읽는 책이다. 이 두 책은 읽기를 거듭할수록 깊은 영감과 지혜를 준다. 그런데 이런 책은 1만 번 이상 읽어야 비로소 그 의미를 깨달을 수 있다니 그게 어디 가능한 일인가. 한마디로 불가능한 일이다. 그러나 1만 번을 평생으로 이해하면 누구나 가능하다. 그러니 남은 인생 평생을 읽고 사색할 한 권의 책을 골라라. 아는 만큼 보인다고 하니 읽는 만큼 알게 될 것이다. 나는 알 수 없는 허무감이나 불안감이 몰려오면 되도록 빨리 성경을 펼친다. 그리고 하나님의 말씀 속에서 영혼을 위한 지혜를 얻는다. 한편으로는 현실생활 속에서 어려운 문제를 만나면 논어를 읽으며 해법을 찾기도 한다.

거인들의 어깨를 빌려라

" '고장난명(孤掌難鳴)'이라는 말이 있다.
손바닥 하나로는 소리를 낼 수
없다는 말처럼 소통과 협업으로 이겨나가야 한다."

"내가 더 멀리 볼 수 있었던 것은 거인의 어깨에 서 있었기 때문이다"라고 아이작 뉴턴은 말했다. 경제성장과 관련하여 자원의 저주라는 개념이 있다. 자원이 풍부한 나라일수록 경제성장이 빠를 것이란 기대와는 달리 오히려 국민의 삶의 질이 낮아지는 현상을 말한다. 한국, 일본, 이스라엘은 인구대비 자원부국보다 자원빈국에 가깝다. 중남미의 자원부국인 베네수엘라, 아르헨티나, 브라질은 자원의 저주 국가에 해당한다. 자원이 이득보다는 피와 가난을 가져오는 상황은 비단 아프리카뿐만이 아니다. 자원의 저주는 왜 생겨나는 것일까? 그것은 자원으로 얻은 부가 어느 한 쪽에 집중되어 있기 때문이다. 부가 소수의 손에 집중되면 저주를 이끈다. 석유를 생산하는 중동 대부분의 나라가 군주국이고, 아프리카의 자원부국들이 독재와 내전에 시달리고 있으며, 버마에서는 군부가 여전히 무력지배를 하고 있는 것은 자원이 결정적인 역할을 하고 있기 때문이다. 이쯤 되니 자원이 부족한 한국이 다행스럽기까지 하다.

개인의 삶에서도 마찬가지다. 현실적 제약은 어려움을 돌파할 방법을 떠올리는 힘을 가지고 있다. 어떤 사람이 어려움을 당하거나 가난한 시절을 굳세게 하면 그 사람을 분발하게 하여 위대한 업적을 남긴다. 사마천이 만약 궁형(생식기 제거)이라는 치욕을 당하지 않았다면 우리가 어떻게 <사기>를 볼 수 있겠는가. 역사적으로 역경은 발전을 위한 동인이다. 구글 학습검색 사이트에는 "거인의 어깨 위에 올라서서 더 넓은 세상을 보라"는 문구가 나온다. 거인의 어깨 위에서 앞을 바라보면 더 멀리 볼 수 있다는 것이다.

세상에 순도 100%의 새로운 아이디어는 없기 때문에 우리는 역사를 공부한다. 170㎝ 키로 세상을 보지 말고 거인의 어깨를 빌려야 한다. 분명 고수는 존재한다. 그들의 지혜와 경험을 빌려야 더 멀리 볼 수 있다. 도공은 하나의 명작을 만들어내기까지 수많은 도자기를 빚고 부수기를 반복한다. 행복은 언제나 우리가 가장 두려워하는 곳에 있다. 본래 우연이란 없다. 무엇인가를 간절히 필요로 했던 사람이 그것을 발견한다면 그것은 우연히 이루어진 것이 아니라 자신의 소망과 필연이 가져온 결과이다. 나는 "거인의 어깨위에 서서 앞을 보라"는 이 말을 좋아한다. 오늘은 어떤 거인의 어깨위에 올라설 것인가를 고민한다. 칸트인가, 공자인가, 링컨인가, 도산 안창호인가, 워런 버핏인가? 책을 통해 거인의 어깨위에서 세상 보는 것을 즐긴다. 스승이 따로 없다. 자연과 책이 스승이다.

　　최초의 설형문자는 5천 년 전 유프라테스 강변의 진흙에 남겨진 참새들의 발자국을 본떠 만들어졌다고 한다. 모방이 창조를 만든 것이다. 예술은 자연의 모방으로부터 시작되었다. 창조적 모방을 뒷받침해주는 T.S.엘리엇의 유명한 말이 있다. 미숙한 시인은 모방하고 성숙한 시인은 훔쳐온다. 나쁜 시인은 자기가 가져온 것을 훼손하지만, 좋은 시인은 그것을 융합하여 독특하게 통합함으로 더 나은 것으로 만든다. 나쁜 시인은 도둑질해 온 것을 함부로 쑤셔 넣어 통일성 없게 만든다. 애플의 스마트폰은 스티브 잡스에 의해 기존의 창조물을 융합하여 우아하게 디자인해 놓은 최고의 제품이 되었다.

　　노벨 문학상을 수상한 시인 T.S.엘리엇, 세익스피어, 조나단 등도 표절의 중심에 섰던 인물들이다. 그들은 남의 것을 거의 흡사하게 베꼈지만 창조적으로 개량한 모방이었다. 특정분야에 전문가가 되려면 누구나 모방의 과정을 거치게 된다. 어깨 너머로 배운다, 서당개 3년이면 풍월을 읊는다는 우리 속담은 모방의 개념을 쉽게 풀어낸 말이다. 화가 반 고흐가 동생 테오에게 보낸 편지 중에 다음과 같은 대목이 있다. "내가 밀레의 작품을 모사하려고 애쓰는 데는 그럴만한 이유가 있다. 그것은 단순히 베껴 그리는 작업이 아니라 그보다는 다른 언어로 번역하는 작업이었다. 흑백의 명암에서 느껴지는 인상을 색채의 언어로 풀어내려고 그랬다." 아마추어 시절에는 누구나 베낀다. 그런데 프로가 되면 베끼지 않는다. 혼자서 고독하게 마치 그리스신화 속의 시지프스처럼 창의성이란 산을 힘겹게 올라가야 한다. '인백기천(人百己千)'이라 하지 않던가. 다른 사람이 백(百)을 하면 나는 천(千)을 할 것이요, 남이 천을 하면 나는 만(萬)을 할 것이다. 재주가 남보다 못하다고 한계를 짓지 말라는 말이다.

세 번째 이야기

가을,
거두고 나누는 사람들

추수하는 가을에 생각나는 명화 프랑스의 화가 밀레의 유화 '만종'은 멀리 보이는 작디작은 교회당의 종소리가 울려 퍼지면 하루 일과를 끝낸 한 농부의 부부가 황혼이 지기 시작한 전원을 배경으로 고개를 숙이고 기도하는 모습을 그렸다. 그 그림을 보고 있으면 마음이 나도 모르게 숙연해지고 그림 속의 부부는 주어진 모든 것에 감사하고 있는 모습이 감동을 준다. 이 그림의 원제목은 프랑스어로 '삼종기도'라는 뜻이다.

삼종기도는 가톨릭에서 하루 3번 아침, 정오, 저녁, 정해진 시간에 바치는 기도로써 삼종(三鐘)이란 종을 세 번 친다는 데서 나온 말이다. 종은 세 번씩 세 번, 친 다음 조금 기다렸다 다시 계속한다. 지평선에 지는 황혼의 전원과 부부의 모습이 하나가 된 것처럼 한없이 조용하고 평화스런 전원 풍경에 감탄하게 한다.

신은 시골을 만들고 인간이 도시를 만들었다는 말을 상기하게 된다. 묵묵히 하루 일과를 끝내고 추수한 곡식을 담은 작은 바구니를 사이에 두고 기도하는 부부의 모습에서 신성한 노동의 가치와 기쁨이 삶 속에 숨겨져 있다. 신이 베풀어준 작은 곡식이라도 추수할 수 있는 것에 한 없이 감사하고 있는 듯하다. 그래서 추수하는 노동에도 피곤함이 없다. 독일의 작가 훔볼트는 "사람들 대부분은 운명에 대해 과대한 요구를 하기 때문에 불만스럽게 산다"고 했다. 많은 것을 원하는 사람은 늘 불만을 가지고 산다.

세 번째 이야기

가을, 거두고 나누는 사람들

시(詩)를 읽는 마음

"우린 서로에게 '수고했다'는 말 한 마디를 하기 힘들어한다."

민족시인 윤동주는 <내 인생에 가을이 오면>이라는 시에서 "내 인생에 가을이 오면 어떤 열매를 얼마만큼 맺었느냐고 물을 것이다"라고 했다. 내 인생에 가을이 오면 나는 나에게 열심히 살았느냐고 물을 것이다. 그때 자신 있게 말할 수 있도록 나는 지금 맞이하고 있는 하루하루를 최선을 다하며 살겠다. 내 인생에 가을이 오면 나는 나에게 사람들에게 상처를 준 일이 없었냐고 물을 것이다. 그때 자신 있게 말할 수 있도록 사람들을 상처 주는 말과 행동을 하지 말아야 하겠다. 내 인생에 가을이 오면 나는 나에게 삶이 아름다웠느냐고 물을 것이다 그때 기쁘게 대답할 수 있도록 내 삶의 날들을 기쁨으로 아름답게 가꾸어 가야겠다. 내 인생에 가을이 오면 나는 나에게 어떤 열매를 얼마만큼 맺었느냐고 물을 것이다. 그때 자랑스럽게 말할 수 있도록 내 마음 밭에 좋은 생각과 씨를 뿌려놓아 좋은 말과 좋은 행동의 열매를 부지런히 키워야 하겠다.

누군가의 마음을 온전히 얻는다는 것은 세상에서 가장 어려운 듯하다. 누군가의 마음을 진실로 얻는다는 것은 머리로 계산해서 되는 것도, 얕은꾀로 얻어지는 게 아니다. 성경(요한13:3)에서 최후의 만찬 들던 예수가 친히 제자들의 발을 씻기 시작한다. 제자 중 예수의 발 씻기를 거부하는 베드로에게 "내가 너를 씻어주지 않으면 너는 나와 아무 상관이 없다며 발을 씻긴 후 너희도 서로 발을 씻어주라"고 말한다. 우리의 신체기관 중 가장 더럽고 불결한 것을 상징하는 것이 발이다. 그런데 그 발을 씻기고 그 발에 입을 맞추는 일은 최고 존경의 표시다. 이같이 상대의 마음을 얻고 싶다면 먼저 내 것을 버려야 한다. 내 것을 먼저 던지지 않고서 귀한 것을 얻을 방도는 없다.

중국 전국시대 위나라 '오기'라는 장수는 병사들의 마음을 얻기 위해 열성을 다한 장수로 널리 알려져 있습니다. 그는 가장 서열이 낮은 병사들과 함께 밥을 먹고 같은 옷을 입었다. 행군할 때에도 말을 타지 않고 그들과 생사고락을 같이 했다. 어떤 병사가 몸에 심한 종기가 났는데 '오기'가 입으로 직접 그 종기의 고름을 빨아 낫게 해주었다는 연저지인(吮疽之仁)이란 사자성어가 유래하고 있다. 병사들과 한 몸이 된 오기의 군대는 천하무적이었다고 전해진다.

세계적인 베스트셀러 작가 사이먼 사이넥이 미국 해병대의 한 장군을 찾아갔다. 왜 해병대가 탁월한 성과를 올리고 있는지 그 비결을 물어보았다. 사이넥이 들은 대답은 너무나 뜻밖이었다. 장교들이 마지막에 먹기 때문이라고 말 한다. 말 그대로였다. 미 해병대는 졸병이 제일 먼저 식사를 한다. 최고선임 장교가 가장 나중에 먹는다. 누가 시켜서 그렇게 하는 것이 아니었다. 사이넥은 "리더는 마지막에 먹는다"는 원칙이 해병대가 높은 성과를 내는 진짜 비결이라고 결론을 내린다. 이 원칙에 따라 미 해병대에서는 리더라면 부하의 삶을 돌봐야 한다. 자신보다는 부하의 복지가 먼저라는 책임감을 가져야 한다. 이런 리더 밑에서 부하들은 삶의 안전감을 느낀다. 그래서 리더가 제시하는 미션을 위해 목숨을 던진다. 그 결과 해병대라는 조직은 더욱 강해져 간다. 사이넥은 "부모가 자식을 돌볼 책임을 지듯이 리더는 직원들의 삶에 책임을 져야 한다"라고 말한다. 그렇게 하면 직원들도 리더와 조직을 위해 헌신할 것이라고 강조한다. 부모가 자식을 버리지 않는 것처럼 리더도 직원을 버리지 않아야 한다. 직원들은 삶의 안전감을 느낄 때 리더와 조직을 위해 목숨을 바친다.

이태백은 중국 당나라 시인들 중 검술, 주객, 시 등의 재기가 넘치며 자유분방 하고 해박한 지식을 가진 큰 별로 후세 사람들이 그를 시선(詩仙)이라 칭했지만, 그가 쓴 시 중에 '행로난(行路難 세상살이 어려워라)' 이라는 는 시를 보면 천하의 이백도 세상살이 어렵다는 푸념을 이렇게 글로 풀어내고 있다.

아, 어렵구나 인생 길!
금(金)술통에 맑은 술 한 말에 만금(萬金)이고
옥(玉) 소반에 좋은 안주는 값이 일만(一萬)전.
〈중략〉
황하를 건너려니 얼음이 물길 막고

태행산 오르려니 산엔 눈이 가득하다.

〈중략〉

세상살이 어려워, 세상살이 어렵구나.!
갈림길 많은데 나는 지금 어디 있는가.
큰 바람 높은 물결 때맞춰 나타나면
바로 구름 같이 높은 돛 달고 푸른 바다 헤쳐가리라.

    1200년 전이나, 지금이나 삶이 어렵게 느껴지는 것은 매 마찬가지다. 세상살이 어렵다보니 이백은 술을 벗 삼은 소문대로 애주가였다. 천하의 이백마저도 세상살이 막막해 하는 목소리가 그의 시에서 들리는 것 같다. 하지만 "아무리 어려운 일 앞을 막아도, 큰 바람 물결일어도 그칠 때가 있을 것이니, 그 때는 구름에 돛을 달고 창해를 건너리라"고 희망의 끈을 붙잡는다. 인생길 고단하고 힘들었지만 헤쳐 나가면 반드시 큰 꿈을 이루는 날이 있을 것이라는 희망을 버리지 않았기에 주옥같은 시를 남기고 최고의 시선(詩仙)이 될 수 있었다. 이백의 산중문답(山中問答)에 고중유락(苦中有樂)이라는 글이 있는데 인생은 괴로움 가운데 즐거움이 있다는 말이다.

    예수가 (마태27장) 십자가에 달리기 직전 크게 소리 질러 외친다. "엘리엘리 사박다니!" (하나님 하나님 나의 하나님 어찌하여 저를 버리시

나이까). 이 비탄의 호소가 무엇을 말하는지 아는가. 눈에 보이는 일신의 이익 때문에 '엘리엘리 사박다니' 했을까? 예수는 이백의 인생길과는 또 다르다. 그의 삶의 목표는 높고 크다. 내가 뭣을 해야 하기 때문에 삶이 어려운지를 우리는 스스로에게 물어야 한다. 프랑스의 소설가(어린왕자를 쓴) <생텍쥐페리>는 "배를 만들게 하고 싶다면 배를 만드는 법을 가르치지 말고 큰 바다를 꿈꾸게 하라"고 말 한다. 장자는 "우물 안 개구리에게 바다를 설명할 수 없다"고 한다. 우물이라는 '공간'의 한계에 갇혀 있기 때문이다. 여름 "한 철 살다가는 곤충에게 설산(雪山)을 설명할 수 있겠는가. '시간'이라는 제약이 있기 때문이다. 시공(時空)을 뛰어넘지 못하면 작은 어려움에도 쉽게 좌절하게 되고 현실에 안주하게 된다. 더 좋은 풍경을 보고자 한다면 더 높은 곳으로 올라가야 한다.

세상살이 어렵다고, 알고 덤비는 것과 모르고 덤비는 것은 정말 하늘과 땅 차이. 마구잡이로 덤비면 멘붕이 오고, 내가 지금 뭘 한 것일까 하는 자책에 엄청난 스트레스와 함께 온갖 고민에 휩싸이고 만다. 우리는 2가지 문제를 안고 있다. "하나는 언제 시작 할지를 아는 것이고, 다른 하나는 언제 멈출지를 아는 것이다. 모르고는 덤비지 말라. 어떤 일이나 최선, 차선, 최후 세 가지를 생각해보고 상황이 허락하는 것을 지향하는 것이 인간이 할 수 있는 노력이며 나머지는 운 과 인연에 맡길 뿐이다. 인생의 법칙은 투입량만큼 생산량도 비례하는 법이다. 물론 적게 투입하고 많이 생산하면 좋으련만 그런 경우는 지극히 드문 것 아닌가.

내일은 조금 더 나은 내가 되자

"비관론자들은 기회가 왔을 때 위험을 보고
낙관론자들은 고난이 와도 기회로 본다."

아인슈타인은 "같은 방법을 반복하면서 다른 결과를 기대하는 것은 미친 짓이다"라고 말했다. 이 말은 과학실험뿐만 아니라 우리의 삶에도 고스란히 적용된다. 매일 똑같은 오늘을 반복하면서 내일을 기대한다면 '바보짓'이고 '미친 짓'이다. 새해에 솟아오르는 태양을 바라보며 수많은 사람들은 소망을 빈다. 하지만 그 소원이 이루어지기위해시는 삶의 변화가 일어나야 한다. 아무리 간절하게 기원하더라도 새로운 실천이 동반하지 않는 간절함은 '미친 짓'이다. 공자는 "사람의 천성은 서로 비슷하나 습관에 의해 멀어진다"고 했다. 좋은 습관을 길들이고 나쁜 습관을 고치려는 것이 한 두 번의 실행으로 성공하면 오히려 이상한 일이다. 수차례 실패와 좌절과 자기책망이 따라야 하는 것이다. 중요한 것은 될 때까지 포기하지 말고 새로운 버릇이 몸에 밸 때까지 시도하는 것이다.

헤르만 헤세는 "새는 힘겹게 투쟁하며 알에서 나온다. 태어나려는 자는 한 세계를 깨뜨려야 한다"고 말했다. 애벌레가 나비로 변하려면 고치를 찢고 세상으로 나와야 한다. 필연적으로 자신의 세계를 부정해야 새로운 세계를 만날 수 있는 것이다. <데미안>에 "내일은 좀 더 나은 내가 되자("Better me tomorrow")"라고 한다. 나는 이 말이 너무 좋아 늘 되씹고 살아낸다. 프랑스의 시인이자 사상가인 폴 발레는 이렇게 말한다. "생각대로 살지 못하면 사는 대로 생각한다"고. 우리는 늘 이렇게 말한다. "마음은 있는데 잘 안 돼"라고.

강남 역 뒷골목 음식점에서 미팅이 있었다. 삽 겹 살에 소주를 파는 식당에서조차 '금연' 구역이 되었다. 남의 아파트에서도 담배를 피우기 위해 창문사이로 연기를 뿜어내는 사람을 보면 안타깝다. 그것도 인생 끝자락에… "어제 같은 오늘을 살고 오늘 같은 내일 살면 죽은 삶이다"라고 외치던 전 현대그룹 왕 회장의 우렁찬 목소리가 들리는 것 같다.

우리나라에 세종대왕이 있고 이순신이 있듯이 일본에 오다 노브가나, 도요토미 히데요시, 도쿠가와 이에야스가 있다. '울지 않는 두견새'를 두고 노브가나는 죽여야한다고 생각했습니다. 성격이 매우 급하고 다혈질로 자신의 뜻대로 되지 않으면 못 견디는 폭군 스타일의 지도자였지만 부하의 배신으로 뜻을 이루지 못했다. 도요토미 히데요시는 수단과 방법을 가리지 말고 반드시 두견새를 울도록 만들어야 한다고 자신감을 지나치게 믿지만 뜻을 이루지 못했다. 도쿠가와 이에야스는 두견새가 울 때까지 뚝심으로 몸을 낮추며 버티며 기다렸다. 결국 두쿠가와 이에야스에 의해 전국시대를 마감하고 일본은 통일된 국가를 이뤄냈다.

그가 남긴 유언을 들어보면 인간적인 매력을 느낄 수 있다. "사람의 일생은 무거운 짐을 지고 가는 먼 길과 같다. 그러니 서두르지 마라. 무슨 일이든지 마음대로 되는 일이 없음을 알면, 오히려 불만을 가질 이유도 없다. 마음에 욕심이 차오를 때는 가장 빈궁했던 시절을 떠올려라. 인내는 무사장구(無事長久)의 근본이요, 분노는 적이라고 생각하라. 이기는 것만 알고, 정녕 지는 것을 모르면 반드시 해가 미친다." 인생을 한 방에 역전 시킬 수 있는 기회가 자기에게만 오지 않는다고 한탄하지 말아야 한다. 준비 없는 상태로 맞는 기회는 허망하게 날아가 버리기 십상이다. 왔는지조차 모른 채 그냥 흘려보내지 않으려면 철저히 준비하고 기다려야 한다.

　　미국이 온통 '골드러시(Gold Rush)'로 흥청거릴 때인 19세기말 열심히 금광맥을 찾고 있는 달비(R.V. Darby)라는 사람이 있었다. 그는 금광에 미쳐 언젠가는 광산에서 금맥을 찾아 부자가 되겠다는 신념으로 불타고 있었다. 그래서 일확천금의 꿈을 안고 삼촌과 함께 서부의 금광을 찾아 왔던 것이다. 농토를 판돈을 투자한 그는 몇 년간 철저히 사전조사를 하여 금광이 파묻혀 있다고 판단되는 작은 산을 찾아냈다. 그리고는 몇 주일 뒤 한 200m나 깊이 파들어 갔는데 마침내 빛나는 황금 맥을 발견할 수 있었다. 그는 남의 눈을 피해 흙으로 금맥을 덮고 지상으로 황금을 운반할 기계를 구하기 위해 고향으로 돌아가 성공담을 늘어놓았다. 많은 사람들이 앞을 다투어 그에게 돈을 투자하겠다고 나섰다. 그는 채굴기를 사가지고 금광으로 다시 갔다. 금은 자꾸만 쏟아져 나왔고 거부가 되는 것은 이제 시간 문제였다. 그런데 어느 날 뜻하지 않았던 일이 벌어졌다. 행운의 여신은 더 이상 달비를 받아들이지 않았다. 금광의 맥을 발견할 수가 없어 더 이상의 노다지가 나오지 않았으므로 그의 꿈같은 무지개는 순식간에 사라져 버렸다. 그 동안 캐 놓았던 금마저 투자한 금광에 모두 쏟아 부어야 했다. 이제는 노임 지불 능력마저도 없어져서 광부들은 모두 떠나가고 결국은 폐광이 되고 말았다. 그는 결국 채굴을 단념했다. 광산을 포기하고 채굴기를 고철상에 팔아치우고 난 후 고향인 동부로 다시 돌아왔다.

그런데 달비로부터 채굴기를 산 고철상은 매우 궁금했다. "그 좋은 금맥이 그처럼 허망하게 사라질 수 있단 말인가!"하는 의문을 품었다. 그 고철상은 자기가 직접 금광을 인수하였다. 그는 생각하기를 "금이 나오던 금광이 갑자기 금이 안 나올 이유는 절대 없다"고 확신했던 것이다. 그래서 광산 기술자들을 초청하여 산의 특성을 조사해 본 결과 금맥의 단층을 찾아야 된다는 결론이 나왔다. 금맥의 단층은 달비가 중도에 포기했던 그곳에서 불과 3피트 즉 1m도 채 떨어지지 않는 바로 그 밑에 있었던 것이다. 그 즉시 광부들을 동원하여 작업을 재개하였는데 거기에는 이제까지 발견한 금광보다 풍부한 광맥이 묻혀 있었다. 엄청나게 많은 금이 달비가 파기를 중단했던 곳으로부터 겨우 1m밖에 안 되는 깊이에 묻혀 있었던 것이다. 새 주인인 고철상은 그 광산에서 나온 금으로 마침내 거부가 되었다. 얼마 후 팔아버린 금광에서 노다지가 쏟아져 나온다는 소문이 들었다. 달비는 반신반의 하며 자기가 운영하였던 금광에 찾아갔다. 금광의 새 주인은 바로 자기가 채굴기를 판 고철상이 아닌가? 새 주인은 "당신이 지금까지 파놓은 곳에서 겨우 3피트를 더 판 결과로 얻은 행운이었다"고 하며 고마움을 표시했다. 달비는 땅을 치고 통곡을 했다. "불과 몇 분만 더 파 보았더라면… 내가 한 번만 더 땅을 팠으면 백만장자가 되었을텐데…." 만일 달비가 좌절의 순간에 광산 전문가를 초청하여 새로운 시도를 해보았더라면 행운은 그의 것이 되었을 것이다. 바로 '최후의 1분', '최후의 1m'을 참아내지 못했던 것이다. 모든 실패에는 꼭 한 가지 공통된 원인이 있다. 일시적으로 좌절 했을 때 다시 일어서려고 노력하지 않는다는 점이다. 그만 두려고 할 때 1m만 더 파내려 갈 끈기와 용기만 있으면 성공한다. 불과 1m 앞도 내다보지 못해 자기 자신을 실패자로 만드는 사람은 인생의 근시안이 되지 말아야 한다. 성공하는 사람들은 승부근성이 강한 파이팅(Fighting) 넘치는 소유자들이다. "꿈은 끝까지 도전하는 사람의 몫이다."

성장을 멈추지 않는 사람들

"아무 것도 시도할 용기를 갖지 못한다면 인생은 대체 무엇이겠는가."
〈반 고흐〉

　작가 도스가 다카마사가 쓴 〈세계 최고의 인재들은 왜 기본에 집중할까?〉에서 '평생성장을 멈추지 않는 사람들의 48가지 공통점'으로 기본의 힘을 꼽고 있다. 세계 최고의 인재들은 명문대학이나 우수한 성적보다 기본에 집중한다고 결론짓는다. 세계에서 1, 2위로 꼽히는 조직이나 최고의 팀에서 가장 중요시하는 것은 결코 화려한 스펙이나 경험이 아니라 누구나 알고 있으면서도 쉽게 지나치고 있는 기본임을 다시 한 번 강조한다. 어떠한 상황 속에서도 반드시 기본을 지키고자 하는 그들의 노력이 최고의 성과를 내고 멈추지 않는 성장을 가능케 만든 원동력이라고 말한다. 한학에서는 천자문(千字文)을 떼고 나면 사자소학(四字小學)을 가르친다. 사자소학은 수신제가(修身齊家)의 기본을 가르쳐 충분히 익힌 다음에야 대학(大學)에서 치국평천하(治國平天下)를 배우게 한다. 즉 소학은 인간의 기본이 되는 실천행위로 학문을 하기에 앞서 스스로 쓸고 닦는 청소를 하고, 남의 말에 응대함에 예절에 맞으며 집에 들어오면 부모에게 효도하고 집을 나서면 어른을 공경하며 행동이 조금이라도 도리에 어긋남이 없게 하는 것이다.

옛날 사람들이 "먼저 인간이 되라"고 입버릇처럼 말 한 것은 인간이 지켜야 할 기본을 강조한 것이다. 그리고 나서야 글을 읽고 시를 외우며 노래하고 춤을 추며 정서를 도야해 생각이 바른 도리에 벗어남이 없게 하는 것이다. 우리나라에서 소학을 무려 10년 동안 공부한 '소학의 비조'로 꼽히는 김굉필은 서당을 만들어 후학을 공부시킬 때 제자들에게 소학을 10년씩 공부케 했다. 그에게서 배출된 제자만 해도 정암 조광조, 퇴계 이황, 율곡 이이, 우암 송시열 등으로 이어진다.

옛날이나 지금이나 항상 인간관계나 조직사회, 나아가 국가의 문제는 바로 기본을 소홀이 하고 업신 여긴 데서 비롯되는 것이다. 기업이나 나라 경제에서도 늘 기초를 소홀이 하면 수출을 아무리 많이 해도 늘 남의 주머니만 채워주는 꼴이 될 뿐이다. 대일본 부품수입이 바로 그렇다. 지난해 대일본 소재부품 무역수지는 205억 달러 적자의 무역역조가 지속되고 있다는 것이다. 그것이 모두 응용학문만 발달하고 기초학문을 소홀히 한 탓이다. 기업이나 국가가 당장 밥벌

이에 급급해 기초연구를 소홀히 하면 결국 이기는 게임을 할 수 없다. 당장의 승자가 아니라 멈추지 않는 승자가 되기 위해서는 눈앞의 이익만 탐해서는 안 된다. 우승보다는 인생이라고들 한다.

일본 바둑의 영웅 세고에 겐사쿠의 마지막 제자였던 세계 바둑의 빛나는 별 최고 최초 최다승부사 조훈현 국수(國手)의 인터뷰(2015. 9) 내용이다. 조훈현은 9살 때 일본으로 바둑 유학길에 올랐다. 스승인 세고에 겐사쿠의 나이가 73세, 내 바둑 인생 마지막 내 제자로 조훈현을 받아들여 10년을 집에서 합숙시키며 가르쳐오던 중 조훈현의 군 입대를 막을 수 없어 사제의 인연은 막을 내렸다. "나는 스승에게서 바둑보다 마음가짐을 배웠다. 선생님은 내게 "고수가 되기 전 사람이 되어야 한다"고 하셨다. 사람이 되기 위해선 인격, 인성, 인품을 모두 갖춰야 한다고 말씀하셨다. 바둑을 배우기 시작한 어린 나에게 사람이 되라고 하시길래 속으로 "내가 사람이지 짐승인가"하기도 했지만 나이를 먹고 보니 선생님의 뜻을 알게 되었다. 잔꾀를 쓰는 프로기사들이 추락하는 것을 많이 보았다. 아무리 실력이 좋아도 정상의 무게를 견뎌 낼 만한 인성이 없으면 잠깐 올라섰다가도 곧 추락하고 말았다.

무협영화에서도 비슷한 상황이 자주 등장한다. 최고 고수에게도 무도를 배우러 들어가지만 싸우는 기술은 배우지 못하고 몇 년씩 잡일을 시키면서 먼저 사람이 되라는 말만 듣는다. 정상의 무게를 견딜 수 있는 인성이 없으면 곧 추락하기 마련이다. 조훈현 국수의 말과 같은 맥락이다. 지금은 당장 정상에 오르는 것이 목표겠지만 그것이 전부가 아니라는 것을. 그 뒤에는 엄청난 시간의 인생이 기다리고 있다는 것을 잊지 말자. 우승보다는 인생이기 때문이다.

<지금 알고 있는 걸 그때도 알았더라면>이라는 시인 류시화의 잠언집 책에 작가미상의 시가 있어 포스팅했다.

길을 가다 깊은 구멍에 빠졌다.
내 잘못은 아니었지만, 빠져 나오는데 오랜 시간이 걸렸다.
또 빠졌다. 역시 내 잘못은 아니었다.
또 다시 오랜 시간이 걸렸다.
또 빠졌다. 미리 알아채긴 했지만
이제 습관이 되었다. 이번엔 내 잘못이다.
길 가운데 깊은 구멍이 있었지만
나는 그 둘레를 돌아서 지나갔다.
난, 이제 다른 길로 가고 있다.

이 시의 주인공은 세 번째는 깨달았다. 부러운 일이다. 다섯 번째. 여섯 번째, 열 번째도 맨홀 구멍에 빠지는 사람이 있다. 평생 같은 문제를 반복하는 것이다. 나쁜 남자에게서 벗어나지 못하는 여성들, 하는 일에 실패를 반복하는 사람들에게 사람들은 말한다. "원래 좀 문제가 있는 사람이야" "중독자야 몰랐어?" "평생 못 고쳐" 반복은 문제를 정확히 몰라서가 아니라 개선할 만큼 모르기 때문이다. 인생의 법칙을 지금도 모르고 있다는 것이다. 인생의 법칙이 무언가. 우승보다는 인생, 즉 "기본에 충실 하라"는 말이다.

일등과 일류는 서로 다른 성질이다

"남에게 줄 수 없는 것이 있다면 당신은 그것을 소유하고 있는 것이 아니라 그것이 당신을 소유하고 있는 것이다." <아이번 볼>

한국전쟁(6·25농란)이 불시에 터지면서 순식산에 서울을 쑥대밭으로 만들었다. 피난민들로 난리 통인 이때 은행에서 빌린 사업자금을 갚겠다며 홀로 은행을 찾아온 사람이 있었다.

한국유리공업⁽현, 한글라스⁾창업자인 최태섭 회장이었다. 담당 은행원이 "이 난리 통에 무슨 돈을 갚겠다고 이러십니까? 우리도 서둘러 피난을 가야 하는데, 갚을 필요 없습니다"라고 퉁명스럽게 말한다. "아닙니다. 이 난리 통에 내가 죽으면 돈을 갚지 못할 터인데 빨리 받으십시오"라고 독촉하자 은행직원이 하는 수 없이 돈을 받자 최회장은 홀가분하게 피난길을 떠나게 되었다. 전쟁이 끝이 나고 제주도에서 군부대 생선을 납품하는 원양어업에 뛰어든 최회장은 사업자금 융자신청을 하기 위해 은행을 찾아갔는데 은행장이 전쟁 중에 빌린 돈을 기어이 갚고 간 그를 알아보고 두 말 없이 무담보로 그 때 돈 2억 원을 융자해 주었다. 무슨 대가를 바라고 지킨 신용이 아니었지만 그 덕분에 최회장은 큰 기업을 일으킬 수 있었다고 전하며 "신용은 목숨보다 소중하다"는 말을 남기고 가셨다는 일화가 기업인들 사이에 전해지고 있다.

무신불입(無信不立)이란 믿음이 없으면 서지 못한다는 공자의 말로 서로간의 믿음이 깨지면 그 사람은 죽은 거나 마찬가지라는 뜻이다. 연인 관계라 하더라도 믿음이 깨지면 '사랑의 유통기한'이 짧아지는 법 아닌가. 거두절미하고 자신을 믿어주는 분들을 많이 만들어야 한다. 그 믿음이 건강하고 행복한 삶의 기초가 되고 희망의 출발점이 되는 것이다. 사업은 망해도 다시 일어설 수 있지만, 한 번 신용을 잃으면 그것으로 끝장이다. "신용을 지키고 정직하게 살면 항상 손해만 본다." 그것은 탐욕이다. 믿을 신(信)자를 보면 사람인(人)자에 말씀언(言)을 합쳐진 글자다. 사람의 말을 믿는 것이 믿음이다. 자기가 한 말을 지키는 데서 신뢰가 시작된다. 믿지 못하는 사람을 누가 따르겠는가?

스위스의 상징은 '시계'와 '은행'이다. 지난 해 12월 스위스 제네바 소더비 경매장에서 5년에 걸쳐 제작된 명품 수제 회중시계 하나가 사상 최고가인 263억 원을 기록하며 익명의 수집가에게 넘어갔다. 정확, 약속, 신뢰가 생명인 시계는 스위스의 상징이다. 세계의 신사들이 스위스 명품시계를 차는 이유는 돈 자랑하기 위한 게 아니다 신사의 자격, 즉 신뢰를 차는 것이다. 스위스 '은행' 역시 신뢰가 밑천이다. 세계의 부자들이 이자를 바라보고 스위스 은행에 거액을 맡기는 게 아니다. 신뢰를 고부가가치로 확장시킨 것이다. 스위스는 1인당 국민소득이 9만 달러를 넘는 최상위다. 다음 천 년의 먹거리를 이미 다 준비한 나라다. 신의를 자원화한 나라가 스위스라면 '에티켓'을 자원화시켜 성공시킨 나라는 일본이다. 1인당 국민소득 7만 8천 달러다. 그들은 성실, 청결, 친절을 글로벌 이미지로 구축시킨 나라다. 지진,

화산, 쓰나미, 등 끊임없는 자연 재해에도 협동정신과 높은 질서의식, 집요한 과학정신으로 꿋꿋이 이겨내고 있는 선진국이다.

우리나라는 1인당 국민소득 3만 1천 달러의 중진국에 진입했지만 일본이나 스위스가 중진국일 때 품격을 따라가지 못하고 있다. 우리는 국제사회에서 스위스나 일본이 가진 교양이나 매너가 턱없이 부족하다. 뉴욕의 버스 정류장에서 장애인을 보면 운전기사가 내려와 탑승을 도와 맨 먼저 태운다. 다른 승객들도 교통 약자들이 승차한 뒤에 오르는 것이 그들의 질서다. 줄을 서서 차례대로 승차하는 것이 '에티켓'이라면, 순서를 양보하고 자리를 양보하는 것은 '매너'다. 우리나라 버스 정류장 풍경을 보면 에티켓도 매너도 빵점이다. 중진국 수준에 한참 모자란다.

프랑스에는 나이든 노인들이 아주 깔끔하게 차려 입고 카페에서 차를 마시는 풍경을 흔하게 본다. 그렇게 자신을 존중할 줄 알아야 남도 존중할 줄 아는 것이다. 한국인들처럼 늙었다고, 가난하다고, 에티켓도 매너도 없이 함부로 막 살지 않는다. 옛날 조선시대 선비들은 막 살지 않았다. 동방의 예의지국이란 말을 들었다. 영국의 윈체스터 칼리지를 세운

위컴 주교의 말이다. "타인보다 우수하다고 고귀한 것이 아니라 과거의 자신보다 우수한 것이야말로 진정으로 고귀한 것이다." 헤밍웨이의 명언 집에 이런 말이 있다. "타인을 위해 자신을 희생할 줄 아는 용기가 진정한 '신사의 자격'이다." 어느 나라든 국민소득 1만 불까지는 성실, 2만 불까지는 기술로 가능했다. 그렇지만 3만 불은 문화, 4만 불 이상은 품격이 있어야 가능하다.

고품격 매너가 아니고는 결코 선진국이 될 수 없다. 첨단 기술 확보에만 열을 낼 것이 아니다. 기술, 문화, 품격을 동시에 구축해 나가는 것이 창조 경제이며 진정한 경쟁력인 것이다. 우리나라는 지도층 이라는 분들부터 글로벌 매너로 환골탈태해야 한다. 상품이나 사옥만 번질나게 디자인 할 게 아니라 리더의 품격부터 디자인해야 나라의 품격이 높아져 부가가치를 높일 수 있다. 삶을 디자인하는 것은 돈 드는 것도 아니다. 과연 우리가 중진국다운 매너와 품격을 갖추었는지, 선진국으로 진입하기 위해 체질 개선을 어떻게 해야 할지 깊은 성찰이 필요한 시점이다. '품질과 품격'이 다르듯이 '일등과 일류'는 서로 다른 성질의 것이다. 일류 매너를 지닌 품격 있는 나라 국민으로 거듭나지 않고는 선진국이 될 수 없다.

⑤ 기억에만 맡기지 말고 기록에 힘써라

"인생은 될 대로 되는 것이 아니라
생각대로 되는 것이다.
사람은 생각대로 되는 것이다." 〈조엘 오스틴〉

18년간의 유배지(전남 강진)에서 500여권의 방대한 저서를 남긴 다산 정약용은 "서툰 기록이 총명한 기억보다 낫다"고 했다. 사카토 겐지는 〈메모의 기술〉이라는 책에서 21세기 초강력 무기는 'Memo'라고 단언한다. 메모가 성공의 문을 여는 만능 키다. 잘 정리된 메모는 그 자체가 절반의 책이다. 당신을 개울에서 강으로, 강에서 바다로 나아가게 해준다. 메모가 생각의 물길을 터주기 때문이다. 지금 10년 뒤를 꿈꾼다면 당장 메모를 시작해라. 나는 공부하는 손녀들에게 이런 문자를 날린다. "매일 습관처럼 메모를 하는 사람은 드물다. 하지만 5년을 하고 나면 준 작가요 10년을 하면 멋진 작가도 될 수 있다. 연필과 공책을 가방에 꼭 챙겨라." 기억은 완벽하지 못하다. 두뇌가 아무리 비상해도 세월을 견뎌내는 기억은 없다. 기억이 가물거리면 여기저기 구멍이 뚫린다. 작게는 가족의 생일도 약속도, 크게는 아이디어까지 허점이 생긴다. 번득이는 아이디어도 기억만으로 간직해서는 낭패 보기 십상이다. 문득 스치는 모든 것은 메모를 거쳐야 '내 것'이 된다.

　나는 산행을 하다가도 배낭을 내려놓고 메모를 한다. 운전을 하다가도 아이디어가 떠오르면 휴게소를 찾는다. 실은 일상의 모든 것이 메모의 대상이다. 메모는 기억의 공백을 메워줄 뿐 아니라 삶의 내공을 다져준다. 그러므로 메모는 제2의 두뇌이고 최고 자기관리다. 메모의 달인들이 각 분야에서 최고의 프로가 되는 데는 다 그만한 이유가 있다. 이 나이에 뭐 그런 것까지 하지 말라. 최효찬은 <메모의 달인들>이라는 책에서 "남보다 앞서가는 사람은 머리가 좋은 사람이 아니라 메모를 잘하는 사람이다"라고 단언한다. 다빈치, 링컨, 이순신, 정약용, 잭웰치, 김대중, 이병철, 이들의 공통점은 '메모광'이었다.

　한두 달 메모로 고수가 될 수는 없다. 5년이든 10년이든 꾸준히 해야 '약효'가 난다. 메모도 숙성되고 익혀야 가치가 빛난다. 순간 스치는 아이디어는 전구와 같다. 깜빡 켜졌다 깜빡 꺼진다. 메모하는 도구를 늘 챙겨야 한다. 링컨은 모자 속에 메모지와 연필을 챙기고 다녔다고 한다. 모는 기억은 시간과 함께 흐려진다. 기억이 흐려지면 느낌도 흩어진다. 오죽하면 치매예방에 고도리 치는 게 좋다고 하지 않든가. 메모는 당신을 바꾼다. 스토리가 풍부한 이야기꾼으로, 관찰력과 상상력이 풍부한 시인으로 변신시킨다. 당신이 작가를 꿈꾼다면 이미 준 작가인 셈이다. 책을 읽다가도 감동을 주는 대목을 만나면 메모지에 옮겨 적는다. 그렇게 적은 쪽지들이 상자에 잔뜩 쌓인다. 어느 날 하나하나 검토하고 갈래별로 분류한다. 써먹기 편리하도록 말이다. 83세의 국가대표 지성인 이어령 박사는 컴퓨터 7대를 놓고 책을 쓰고 있다. 지난 해만도 책 5권을 냈고 지금도 <한국인 이야기 시리즈>를 집필 중이다.

1억 부 이상 팔린 <어린왕자>를 쓴 생텍쥐페리는 식당에서 밥을 먹다가도 냅킨에 메모를 하고 스케치를 했다고 한다. 성공의 디딤돌에는 학벌, 인맥 기술 등의 여러 가지가 있겠지만, 메모 하나만큼은 단단히 움켜쥐어라. 10년을 움켜쥐면 당신이 누구보다 앞설 수 있기 때문이다. 성장한 자녀들에게 이걸 한 수라고 가르칠라치면 또 잔소리 한다고 받아들일 터이니 본인이 먼저 습관을 보여주어야 한다.

세상의 명약(名藥)의 이름을 기억한다고 병이 치유되지 않는다. 그 명약도 먹어야 효과가 있지. 당신이 CEO를 꿈꾼다면 메모를 하라. 경영의 지침서가 된다. 당신이 창업을 꿈꾼다면 메모를 해라. 자기 계발서다. 메모는 업무의 매뉴얼이다.

당신의 삶을 기억에만 맡기는 것은 대단한 자만이다. 메모 10년이면 인생이 바뀐다. 내 인생을 돌이켜 볼 때가 있다. 젊은 날에 허송세월하고 왜 메모하는 습관을 길들이지 못했는지가 한탄스럽다. 오랫동안 계속되는 메모습관은 글을 읽고 쓰는 일에도 크게 도움이 된다. 프랑스의 작가 <베르나르 베르베르>의 말이다. "글쓰기의 원동력은 고독이다"라고 한다. 아무리 짧은 글이라도 세상에 내놓으려면 수도 없이 고치고 고치는 진통의 시간이 필요하다. 방문을 닫아걸고 폰을 off시키고 혼자만의 시간이 아니고는 글을 쓸 수가 없다.

글쓰기는 혼자서만 할 수 있는 일이여서 외로운 일이다. 심지어는 잠 잘 때마저도 자유롭지 못한다. 잠자리에 들었다가도 어떤 아이디어가 떠오를지 모르기 때문에 버릇처럼 memo 노트를 머리맡에 두고 자기도 한다. 자다가도 글감이 떠오르면 벌떡 일어나 pc를 켜고 좌판을 두드리다 보면 밤을 꼬박 세울 때가 한두 번이 아니다. 이렇게 몰입해야 하는 작업이어서 참으로 쓸쓸할 때가 많다. 더욱이 독자들에게 감동을 주는 글은 치열한 수정작업이 따라야 한다. 고칠수록 글이 좋아지기 때문이다. 타고난 글 재능이 부족한 나는 고치고, 고치고, 또 고치고 고치는 과정을 통해야 글이 된다.

마이크로 소프트를 창업하고 전 세계 디지털 시대를 연 빌 게이츠는 대학을 중퇴했지만 늘 책을 끼고 사는 책 벌레였다고 한다. 그리고 "자신을 키운 것은 하바드대가 아니라 동네 도서관"이라고 말했다. 일본의 IT업계의 황제라 불리는 손정의 소프트뱅크회장은 젊어서 만성간염으로 시한부판정을 받고 3년 남짓한 기간 동안 읽었던 "책들이 이후의 자신을 먹여 살렸다"고 말했다. 이 얼마나 역설적인가. 동서양의 디지털 황제들이 하나같이 종이 책을 예찬하고 있으니 말이다. 이것은 역설이 아니라 필연이다. 책을 가까이 하는 사람이 성공할 확률이 높아진다는 말이다. 디지털 세대일수록 아날로그 매체와 가까워져야 한다. 이것도 남과 다르게 사는 방법 아닌가. 자식 가르치는 일이 세상에서 제일 어렵다고 한다. 학교 다닐 때는 성적 좋은 아이가 효자처럼 인식되지만 사회 나가서는 현명한 자녀가 빛을 보게 될 것인데, 그 길은 책 속에 있기 때문에 책을 가까이 하도록 하면 다 해결되는 일이다. 엄마 아빠가 먼저 책을 사다 읽으면 언젠가는 따라 하게 되어 있다. 함께 책을 읽으면 말이 통하고 대화가 된다. 나에게 후회되는 일이 바로 이것이다.

인생역전의 주인공들

"문제를 직면한다고 해서 다 해결되는 것은 아니다.
그러나 직면하지 않고서 해결되는 문제는 없다."

　　그는 자그마치 80년! 위수의 강가 버드나무 아래 앉아 세월을 낚던 백수 강태공이다. 그는 찢어지게 가난했고 학문에만 몰두하며 집안일을 돌보지 않아 참다못한 그의 아내는 집을 뛰쳐나갔다. 강태공의 낚싯대는 바늘 자체가 없거나 곧은 바늘을 드리웠다. 그는 고기 잡기를 포기한 것이다. 그가 강가에 앉아있는 이유는 때를 기다리는 것이다. 자신을 인정해줄 덕과 지혜를 겸비한 군주를 만나기 위해 강가에 앉아 낚시를 하는 척한 것이다. 그가 강가에서 그리는 님이 다가올 날만을 마냥 앉아서 기다리고만 있었을까? 아니다. 자고로 물의 순리는 지혜를 닮았다고 한다. 강태공은 생각하고 또 생각하며 깨닫고, 또 깨달았을 것이다. 낚시는 때를 기다리는 도구일 뿐이다. 강태공은 물고기의 입질이 명상(瞑想)을 방해하기에 바늘을 치운 것이다. 자신을 맑게 정제하고 강인함과 유연함을 키운 것이다. 그가 그냥 세월만 보냈다고 생각하면 큰 오산이다. 어느 날 전국에서 인재를 찾던 주나라

문왕이 사냥을 나갔다가 우연히 강태공을 만난다. 잠시 대화를 나눠본 후 여러 분야에 걸쳐 박학다식한 강태공에 감탄한다. 문왕은 강태공을 재상으로 등용했고 후일 강태공은 큰 공을 세워 제나라의 왕까지 된다. 인내와 기다림으로 기회를 포착하여 드라마틱한 인생역전의 대박을 터뜨린 것이다. 나는 이미 늦었다고 생각해선 안된다.

일전에 지인의 문상을 갔었다. 불과 4~5년 전만 해도 고인의 나이가 80대이면 주저 없이 '호상(好喪)'이라 했었는데 근래엔 호상이라고 했다간 '실언(失言)'으로 치부되기 십상이다. 인간의 한계수명을 놓고 의견이 분분하지만 120년이라는 설이 유력해졌다. 의학계는 그 근거로 급진전하는 의학기술과 생활여건 개선 등을 꼽는다. 동물 수명이 성장기의 5배이므로 25세까지 자라는 인간은 125세까지 살 수 있다는 분석도 설득력 있어 보인다. 이를 받쳐주는 '역사적 흔적'도 있다.

세계 공인 최 장수자는 1997년 사망한 '잔 칼맹' 할머니로 122세까지 살았다. 성경에는 "모세가 120세에 죽을 때에도 눈이 흐리지 않고 기력이 쇠하지 않았다"는 구절이 있다. 동의보감에서도 사람 수명을 약 120세로 적시했다. 신체적 나이만을 기준으로 70대를 '노땅' 운운하며 배척해서는 안 된다. 요즘 나이 계산법(현재 나이×0.7)에 따르면 70세는 49세에 불과하기 때문이다. 노령에도 명 참모로 이름 떨친 역사적 인물도 제법 있다는 사실이다. 강태공처럼 70대까지 백수로 낚시터를 유유하다 80줄에 문왕의 참모로 영입돼 중국 통일의 기반을 마련했다.

세종대왕의 신임을 얻은 황희 정승은 68세에 영의정에 올라 86세까지 18년간 명재상으로 칭송받았다. 석유왕으로 불리던 록펠러는 서른 살 때 이미 100만 달러를 가진 부자였고, 쉰세 살 때 세계 최고의 부자가 되었다. 오늘날 빌게이츠보다 무려 세 배나 많은 재력을 보유할 정도였다. 그는 늘 돈에 배고파했다. 황금이 축적될수록 그는 불면에 시달렸다. 그러다 그의 왕국은 하루아침에 붕괴 직전에 놓였다. 록펠러는 번민이 극도에 달해 죽어가고 있었다. 쉰세 살 때 번민과 탐욕, 공포가 그의 건강을 좀먹고 있었다. 마침내 주치의는 "돈이든 생명이든 어느 하나만 선택하라"고 한다. 은퇴하든가 죽든가 둘 중 하나밖에 방법이 없다는 것이다. 결국 그는 은퇴를 선택했다. 걱정과 번민은 심장병의 원인이 된다.

성경(전도서17:22)에도 "마음의 즐거움은 양약이지만 심령의 근심은 뼈를 마르게 한다"고 했고, 에베소서(에베소서4:26)에서는

"해가 지도록 분을 품지 마라"고 한다. 심장병 예방에 아스피린이 좋다고 하지만 더 좋은 것은 '사랑'이다. 심장병은 미국에서는 1위를 차지한 죽음에 이르는 병이다. 의사는 록펠러에게 번민을 피할 것, 편안이 쉴 것, 더 먹고 싶을 때 그만둘 것, 이 세 가지 규칙을 내렸다. 그는 이 규칙들을 철저히 잘 지켰다. 그리고 지난 세월을 반성했다. 남의 처지도 생각했다. 골프도 배우고 이웃과 잡담도 하고 간단한 게임도 하고 노래도 즐겼다. 그는 태어나서 얼마쯤 돈을 벌 것인가를 생각하지 않고, 돈이 사람의 행복을 위해 얼마나 도움이 되는가를 생각하기 시작했다. 막대한 돈을 사람들에게 나눠주기 시작했다. 시카고 대학이 빚으로 차압당하자 이를 갚아주었다.

다시 태어난 그는 행복했다. 번민이 사라지고 잠도 잘 잤다. 록펠러재단은 5000개의 교회에 기부를 했다. 50대 초반에 죽음의 그림자가 드리워졌던 그는 아흔 여덟 살까지 살았다. 석유 왕 록펠러는 아흔 여덟 살, 철광왕 카네기는 여든 다섯 살까지 살았다. 록펠러와 카네기의 공통점은 미국에 기부 문화를 만든 원조다. 존 듀이는 인간 본성에 존재하는 가장 깊은 욕망은, '인정받는 인물이 되고자 하는 욕망'이라고 했다. 록펠러는 '돈의 축적이 아니라 돈의 나눔'으로 비로소 사람들에게 인정받을 수 있었던 것이다. 다른 사람들로부터 인정받고 자존감이 높아지면 장수의 요인이 되는 것은 당연한 것이다.

　<성공한 기업들의 7가지 습관>의 저자 짐 콜린스는 이렇게 말 한다. 일류 기업들이 우선적으로 이익을 극대화 하기위해 존재한다고 생각하기 쉬우나 수익 극대화는 그들의 주요목표가 아니다. 그들은 여러 가지 목표를 추구하지만 돈을 버는 것은 그 중의 하나였지 반드시 중요한 것은 아니었다. 많은 '비전기업'들은 기업의 경제적 활동보다 가치를 더 의미 있게 생각한다. <토끼와 거북이> 이야기처럼 비전기업들은 대개 느리게 출발하지만 결국 경주에서 이긴다. 짐 콜린스는 일류기업, 특히 수십 년 혹은 100년 이상 지속하며 선도적 위치에 있는 기업을 '비전기업'이라고 부르는데 비전기업의 주요목표는 '이익극대화'를 찾아볼 수 없다고 지적한다.

　그들은 단 번에 이익을 독차지하려 들지 않는다. 기업의 경제적 활동보다 기업의 사회적 가치를 더 중시했지만 결국 경주에서 이겼다는 것이다. 미국의 듀폰은 화학 부분에서 세계적인 기업으로 꼽힌다. 미국 화학공업과 군수공업분야 1인자로 화학제조를 시작으로 금융, 교통, 항공, 산업 전 분야에

뻗치고 있다. 그런데 듀폰의 기업사에 주목할 점이 발견된다. 1944년 미국이 기폭 장치가 장착된 원자폭탄을 극비리에 제작하려는 계획에 듀폰이 맨허튼 프로젝트에 적극적으로 참여한 후부터 듀폰은 "푼돈은 과감히 포기하자"는 회사의 장기적인 이익을 도모했다. 이를 주도한 인물이 듀폰의 4대 경영주인 피에르 듀폰이다. 그는 맨허튼 프로젝트에 적극 협조하겠다는 계약을 맺고 극비리에 원자폭탄 생산을 위한 설계, 건설, 안전운행을 일괄 책임진다. 그리고 듀폰은 이윤을 1달러로 한정한다. 이 거대 프로젝트는 계획대로 성공했고 미국은 1945년 8월 6일 우라늄 원자폭탄을 일본 히로시마에 투하했다. 듀폰이 얻은 이윤은 계약대로 단 1달러뿐이었다.

여기서 가장 주목을 끄는 것은 맨허튼 프로젝트의 수익금을 1달러만 받겠다고 계약한 점이다. 듀폰이 단돈 1달러로 원자폭탄 제조 계약에 선뜻 동의한 이유는 원자폭탄 관련 정보와 기술이 훗날 천문학적인 부와 기회를 가져다 줄 것으로 예견했기 때문이다. 실제로 듀폰은 이 '어리숙한' 거래 덕분에 계속적으로 회사 규모를 확장할 수 있었고 오늘의 듀폰을 만든 원동력이 되었다. 이 세상에 변하지 않는 진리는 하나뿐이다. "그것은 모든 것이 변한다는 사실이다." 시간도 변하고, 계절도, 애정도, 시장도 수시로 바뀐다. 사람의 마음도 시시각각 죽 끓듯 변한다. 나도 어제의 나가 아니지 않은가. 그런데도 자신은 지금처럼 변하지 않고 살 수 있을 것이라는 집착이 삶을 팍팍하고 고통스럽게 만든다는 것이다. 삶을 괴롭히는 것은 부족함이 아니라 넘침이다. 지나친 복부비만에 시달리는 사람도 음식을 줄일 줄 모르는 식탐 때문이다. 지금 우리를 고통스럽게 만든 것이 있다면 그 원인은 탐욕에 대한 집착이다.

최근에 미국에서는 집안의 잡다한 물건들을 깨끗이 치워주는 '가정 정리사'가 인기직업이라 한다. 쓰레기 소굴 같은 집을 정리정돈 해주면 고객들이 너무 행복해 한다는 것이다. 그 비결은 닥치는 대로 쓰레기통에 집어넣는 것이라 한다. 그래도 주인은 도대체 무슨 물건이 없어졌는지조차 모른다는 것이다. 최근에 우리나라 중년 이후의 아내들이 하는 말이다. "제일 좋은 남편은 친절하게 대해주는 남편이지만, 더 좋은 남편은 없어 주는 남편이다."

더 많이, 더 빨리는
불행을 자초하는 일이다

"모두가 비슷한 생각을 한다는 것은 아무도 생각하고 있지 않다는 것이다."
〈아이슈타인〉

　톨스토이의 단편소설 〈사람에겐 얼마만큼의 땅이 필요한가〉에서 소작농을 경작하던 소설의 주인공 바흠의 가장 큰 꿈은 자신의 땅을 경작하는 것이었다. 그는 아내와 함께 성실하게 살았지만 몇 년 동안 허리끈을 졸라매도 밭 한 뙈기 살 수 없는 형편이었다. 그러던 어느 날 그에게 희소식이 들려왔다. 바시키르인들이 사는 곳에 가면 아주 싼 값에 땅을 많이 살 수 있다는 것이다. 그는 얼마 되지 않는 가산을 정리해서 바시키르인들의 마을을 찾아갔다. 그는 그곳 촌장과 땅 매매계약을 하고 벅찬 가슴에 잠을 이룰 수 없었다. 1000루블만 내면 '해 뜰부터 해 질 때까지' 걸어서 돌아온 땅을 모두 가질 수 있었기 때문이다. 단, 해가 질 때까지 출발지점으로 돌아오지 못하면 땅을 하나도 받을 수 없다는 계약조건이다. 뜬 눈으로 밤을 샌 바흠은 동이 트자마자 괴나리봇짐을 메고 길을 떠난다. 바흠은 점심이 지났는데도 반환

점을 돌지 못하고 앞으로 계속 전진만 했다. 가면 갈수록 더욱 비옥한 땅이 눈앞에 펼쳐졌기 때문이다.

바흠이 문득 정신을 차려 하늘을 보니 해가 어느덧 서산을 향해 기울어가고 있었다. 깜짝 놀란 바흠은 발걸음을 돌려 출발선을 향해 뛰어가기 시작했다. 까딱 잘 못했다가는 땅을 하나도 얻지 못할지 모른다는 생각이 들자 마음은 점점 급해지고 그러면 그럴수록 몸은 더 말을 듣지 않았다. 바흠은 지는 해를 바라보며 젖 먹던 힘을 다해 달리고 또 달렸다. 마침내 해가 서산마루를 막 넘어가려는 순간 가까스로 출발선 위에 가슴을 쥐며 쓰러졌다. 애타게 그를 기다리던 가족들과 바시키르 인들은 환호성을 지르며 그의 성공을 축하했다. 촌장은 넘어진 바흠을 일으켜 세우려 했지만 바흠은 이미 피를 토하며 죽어있었다. '더 많이 더 빨리 더 열심히' 하라고 누가 몰아붙였단 말인가. 가진 것 하나 없는 바흠은 열심히 일했지만 결국 비참한 최후를 맞고 만다. 바흠에게 필요한 땅은 그가 누울 자리만큼만 필요했다.

지금은 이미 고전이 되어버린 미국의 심리학 교수였던 매슬로가 주장한 욕망의 다섯 단계를 다시 한 번 살펴보고자 한다. 그는 욕망의 최 저변에는 '등 따습고 배부른 것'을 추구하는 동물적 욕구가 있다. 그것이 어느 정도 해결되면 그때부터는 위험이나 위협에서 벗어나 다리 쭉 뻗고 편하게 살고 싶은 안전한 욕구를 찾게 된다. 그러나 그것에 익숙해 지면서 외로움을 느끼게 되고 가정, 직장, 집단에 귀속하려는 '사회적 소속욕구' 즉 사랑하고, 사랑 받고 싶은 욕망이 생겨난다.

거기서 더 발달하면 남들 틈에 끼어 사는 것이 아니라 자기를 알아주고 인정해주는 '존중 욕구'가 생기는데 쉽게 말해서 '스타'가 되고 싶은 꿈을 가지게 된다는 것이다. 하지만 그 모든 욕구가 다 충족된다고 해도 여전히 허전하고 채워지지 않는 욕구가 남아있다. 지금까지의 것과는 달리 외부가 아니라 자신의 내부에서 일어나는 욕망의 소리 즉 존재의 결핍을 채우려는 '자아실현의 욕구'가 생겨나는 것이다. 이처럼 욕망의 다섯 단계에서 가장 높은 정점에 해당하는 것은 내가 나를 충족하게 하는, 빈 골짜기에서 홀로 향기롭게 피어나는 난초의 존재와 같은 것이다. 바로 자족하는 단계다.

논어 학이편 첫 장에 "인부지이불온 불역군자호(人不知而不慍 不亦君子乎)라, 남이 나를 알아주지 않아도 조금도 섭섭해 하지 않으니 군자라 할 수 있다"고 했는데, 사람들은 내가 너를 위해 어떻게 했는데 나를 몰라주다니, 하면서 섭섭해 하고 원망을 한다. 성경(마태5:46)에서도 "너희가 너희를 사랑하는 자를 사랑하면 무슨 상이 있으리오, 세리도 이같이 한다"고 말한다. 나한테 잘하는 사람에게 잘하는 것은 누구나 할 수 있는 일 아닌가. 잉태의 고통을 이겨내고 산고의 고통을 거쳐 어린 생명은 세상에 나오는데 이때 산모는 오직 태어난 어린 생명을 향해 '고맙다!'라는 생각뿐! 그리고는 자신의 고통을 모두 잊는다.

이같이 마지막 단계인 '자아실현의 욕망'이란 아무도 보아주지 않는 잡초들 틈에 섞여 혼자서 고결한 향내를 내뿜는 난초의 모습과 같은 내면 지향적인 자족의 경지라 할 수 있다. 마치 하나님이 혼돈 속에서 세상을 창조하시고 그것을 돌아보며 "심히 기뻐하셨다"라고 한 창세기 1장의 기록처럼 순수한 기쁨이요 즐거움이다. 더 무엇을 바라지 않는 자조하는 모습 말이다. 물론 인간의 욕구가 한 단계 한 단계 차례대로 상승하는 것은 아니다. 가장 기초적인 생리적 욕구도 해결하지 못하는 가난 속에서도 단박에 다섯 번째 단계로 도전하는 예술가나 학자, 스포츠 스타도 얼마든지 있다. 또한 그 사회로부터 가장 존경 받아온 지도자들 가운데 첫 단계인 동물적 욕구에 사로잡혀 부패의 구덩이로 추락하는가

하면 외롭다고, 사랑 받고 싶다고, 추태를 부리다가 망가지는 경우가 허다하지 않은가.

다르게, 단순하게, 간결하게

"바꿔야 하는 것은 먼저 나부터다. 거울 속 저 사람부터 바꾸자
언제나 답은 자신에게 있기 때문이다."

정보가 부족했던 시대에는 정보가 많을수록 좋았지만 오늘날과 같이 정보 과부하 시대에는 간단하고 간결한 정보일수록 소비자는 쉽게 이해한다. 미국의 인앤아웃 버거가 좋은 사례일 것이다. 이 회사의 경영 모토는 "단순함(simple)을 지키자"다. 메뉴도 햄버거, 치즈버거, 더블더블, 딱 세 가지, 사이드 메뉴도 감자튀김과 음료수가 다다. 보통 다른 패스트푸드점을 방문하면 다양한 메뉴 때문에 무엇을 먹을까 고민하게 되는데 이 푸드점은 소비자의 쓸데없는 고민을 덜어준다. 게다가 인앤아웃은 매장에 냉장고가 없다. 당일 공급받은 신선한 재료만을 사용하기 때문에 품질관리와 재고 관리가 쉽다.

이 같은 전략으로 햄버거의 맛을 향상시켜 왔고 미국에서 가장 맛있는 햄버거를 맛 볼 수 있는 곳이라는 명성을 얻고 있으며 2014년 미국 53개 패스트푸드 체인점 중 소비자 만족도에서 1위를 차지했다. 맥도날드의 연간 매출액의 1%밖에 안 되지만 순 이익률은 20%에 이르는 것으로 알려져 있다. 우리가 자주 쓰는 화장품을 보면 스킨로션, 핸드크림, 바디로션은 기본이고 발에 바르는 로션 등 많은 제품이 있다. 기존 화장품 업계에서는 화장품 산업이 트렌드에 민감하고 거대한 시장이기 때문에 세분화된 제품을 개발해야 한다는 정설이 있다. 그러나 BB크림은 오히려 역 세분화된 기초 화장품, 메이크업베이스, 재생크림, 자외선 차단제 기능 등을 하나의 제품에 담았다. BB크림은 무조건 나누고 세분화하는 것이 답이 아니라는 점을 증명하고 있다.

　이상하게도 남이 하는 대로 생각하고 남들이 하는 대로 따라하면 남들만큼 살아야 하는데 남들 보다 못한 것이 인생살이다. 남들과 비슷하게라도 살려면 남들과 다르게 생각하거나 남들과 다르게 행동해야 한다. 남들보다 훨씬 더 뛰어나고 싶다면 이미 세상에서 누군가에 의해 형식화된 모든 것에 의문하는 버릇을 갖는 것이 그 첫걸음이다. 일본의 '세븐일레븐'은 불경기에 성장한다고 한다. 그들은 호경기는 좋은 것이고, 불경기는 더 좋다고 한다. 불경기에도 고객들은 여전히 옷을 입고, 밥을 먹고, 놀러 다닌다. 차별화란 남들이 흉내 내기 힘든 제품이나 서비스를 만들어 남들보다 비싼 가격으로 판매하는 방법을 가리켜 하는 말이다. 고객들이 비싼 가격을 기꺼이 지불하게끔 그들이 원하는 가치 있는 제품이나 서비스를 제공하는 수단을 말한다. 우리가 잘 아는 차별화된 제품들이 많다.

자동차로는 벤츠, BMW, 애플의 아이폰, 테슬라의 전기자동차, 다이슨의 먼지봉투 없는 진공청소기와 날개 없는 선풍기 등이다. 해태제과의 허니버터칩은 '달콤한 맛'이란 새로운 포지셔닝을 구축하여 출시 4개월 만에 1300만 봉지를 판매 매출 200억 원을 돌파할 정도로 폭발적인 인기를 끌었다고 한다. 우리가 잘 아는 국민음료 피로회복 '박카스' 이야기를 들어보자 51년간 180억 병, 지구 53바퀴, 이 수치가 무엇을 말하는지 아는가? 1963년 우리나라 최초의 자양강장제로 첫 선을 보인 후 줄곧 선두자리를 지키고 있다. 2014년 캄보디아에서 팔린 박카스는 1억병이 넘는다고 한다. 현재 18개 국가의 음료이다. 광동제약의 '비타 500'은 '먹는 비타민' 시장에서 '마시는 비타민'이라는 차별화된 전략으로 새로운 포지셔닝을 구축해 비타민 드링크 시장에서 시장점유율 63%를 차지하면서 확고한 1위를 굳혔다고 한다.

　빈부의 격차가 커지면서 요즘 차별화는 한마디로 극과 극을 달리고 있다. 어중간한 차별화는 자리매김하기 힘든 세상이다. 중산층의 몰락, 부익부 빈익빈 현상이 뚜렷해지면서 우리나라 명품시장에서도 값이 어정쩡한 페라가모, 구찌는 직격탄을 맞고 고전하는데, 초고가인 에르메스, 샤넬, 로렉스시계, 비싼 수입차 등은 더 잘 팔린다. 강남역 지하상가에 럭셔리한 패션시계가 단돈 5천 원인데 로렉스는 수백 만 원에서 수천만 원을 호가한다. 초고가 브랜드들은 불황 없이 영업이익이 늘고 있다. 흔한 것보다는 비싼 물건이 잘 팔리고 하나를 사더라도 나를 차별화할 수 있는 제품을 사고, 비싼 식당에 가는 게 대세가 되었다.

　또 차별화한 서비스이야기를 들어보자 '세계 제일의 서비스 기업' MK택시의 서비스는 친절이 몸에 배었다는 일본 사람들에게도 충격을 받을 정도란다. 늦은 밤 여성 고객이 하차하면 걸어가는 골목길을 전조 등을 비춰주는 것은 당연한 것이고 소나기가 쏟아지면 공짜로 우산도 준다. 승객을 태울 때는 기사가 직접 나와 90도로 깍듯이 인사하며 문을 열어준다. 우리나라 시계제조업체 '크리스챤모드'의 감동적인 고객

서비스에 네티즌들이 감동한 사연을 들어보자. 한 고객이 18년을 사용했던 시계가 있는데 성능에는 문제가 없는데 도금이 벗겨져 보기 흉하다고 크리스챤모드 사이트에 접속 카톡으로 AS와 비용 등을 문의했다. 담당자는 고객시계 사진을 살펴본 뒤에 시계를 택배로 보내주시면 수리해보겠다고 답변했다. 업체 담당자가 오랫동안 시계를 찬 이유를 묻자 고객은 "집사람이 사준 선물이고 고장이 없으니 오래 쓸 수밖에 없지요"라고 대답했다.

업체 담당자는 시계수리를 마치고 나서 "드디어 오늘 시계가 고객님 품으로 돌아갑니다. 예전보다 새 상품 느낌이 나실 거예요. 사모님을 위한 조그마한 선물도 함께 보냅니다. 새롭게 론칭한 브랜드 시계입니다. 오랫동안 착용해주신 고객님께 감사의 말씀을 드립니다." 네티즌들은 이렇게 고객을 소중히 생각하는 업체에 큰 박수를 보냈고 고객은 이후 상황을 카톡 대화를 캡처한 사진으로 설명했고, 네티즌의 반응이 폭발적이자 크리스챤모드 관계자도 직접 인터넷 게시판에 글을 남긴 것이다. 여기서 얻을 수 있는 통찰은 무엇인가? 고객들은 남들과 다른 차별을 원한다는 것이다. '제품도 서비스도' 남과 달라야 살아남는다는 교훈이다.

우리나라는 음식점 밀도가 높기로 소문난 나라다. 식당 차리는 것을 만만하게 보고 도전해 보지만 성공하는 것이 그리 쉽지 않다. 3년 생존율이 20% 안되고 최종 생존율은 5%밖에 안 된다는 통계가 있다. 이렇게 치열하게 경쟁하고 있는 식당 밀집지역에 가보면 어떤 음식점 앞에는 손님들이 몇 십 분이고 줄을 서서 기다리는데 어떤 식당은 파리만 날리고 있는 장면을 흔하게 본다. 일전에 전주에 사는 친구가 찾아와 별미를 대접하려고 서울시청역 9번 출구 앞 진주회관 콩국수를 먹으려고 갔는데 역시 한참 줄을 서서 기다려야 했고 자리가 정해지기 전에 먼저 계산부터 해야 먹을 수 있었다.

이 집 콩국수는 서울시가 '미래유산'으로 지정한 메뉴다. 마침 옆 테이블에 국수는 네 그릇인데 한 분이 주차 때문에 늦게 온 모양이었다. 주인이 쫓아오더니 국수가 퍼졌으니 다시 해오겠다고 가져간다. 정말 잘되는 식당은 잘되는 이유가 있었다. 여느 콩국수보다는 고소하고 면의 맛이 달라서이겠지만 내노라하는 미식가들이 먼 거리를 마다하고 찾는 식당인 이유가 있었다. 그런데 손님이 없어 파리만 날리는 식당을 왜 그럴까? 자세히 살펴보면 문제의 특징들이 보인다.

* 다른 식당이나 일반 가정에서도 먹는 흔한 평범한 메뉴다.

* 전문화된 메뉴가 없고 무엇을 먹을 것인지, 메뉴 종류가 너무 많다.
* 손님이 모두 끊기는 늦은 시간까지 식당 문을 열어 놓고 기다리고 있다.

이렇게 해서는 경쟁력이 없다. 다양한 메뉴를 준비해서 모든 사람에게 제공하려는 게 실패하는 음식점의 특징이다. 한두 가지 메뉴만으로는 고객의 범위가 제한되기 때문에 어떤 손님이든지 받을 수 있도록 '구색'을 갖추는 것이 매출 증대에 더 유리할 것이라는 믿음 때문이겠지만 경쟁력이 없다. 또한 이런 식당들은 가정에서 요리하던 솜씨로 쉽게 만들 수 있는 몇 가지 메뉴를 선정해 음식점을 시작한다. 이렇게 전문성이 떨어지는 음식으로는 고객을 충분히 만족할 수 있을만한 수준에 도달하기 쉽지 않다.

주 메뉴가 무엇인지 무엇을 전문으로 하는 곳인지가 분명치 않다. 고객이 음식점을 찾는 경우는 2가지이다. 그 집을 평소에 기억하고 있다가 찾아오거나, 지나가는 길에 배가 고파서 들리는 경우다 그런데 영업이 잘되는 집은 고객들이 먼 길을 마다하지 않고 찾아와 줄을 서서 기다려서라도 좋아하는 음식을 먹고 가는 것이 특징이다. 반면에 경쟁력이 취약하고 전문화 되지 않은 음식점은 개업초기에 홍보를 잘

해서 고객이 몰려왔더라도 음식의 맛과 서비스에 실망하면 다시는 찾지 않을 뿐 아니라 나쁜 소문까지 퍼뜨린다.

찾아오는 손님이 적으니 한 사람이라도 아쉬워 손님이 원하는 메뉴를 하나씩 늘려가기 마련이다. 즉 이른바 '메뉴의 구색'이 증가하는 것이다. 그럴수록 그 음식점은 어떤 음식을 잘하는 곳인지 정체성을 잃어간다. 스스로 찾아오는 고객수는 점점 감소하고 손실을 감당 못해 문을 닫게 되는 것이다. 메뉴가 늘어나면 운영비용이 증가할 수밖에 없다. 식자재를 다양하게 구입해야 하고 하루의 소비량이 얼마 되지 않으니 보관해야 하고 기일이 지나 못쓰게 되어 버리는 재료가 더 많아진다. 뿐만 아니라 음식을 주문 받아 고객에게 제공할 때까지의 리드타임(소요시간)까지 증가시킨다.

이런 악순환을 개선할 방법은 없을까? 영업이 잘되는 음식점의 특징을 살펴보면 답이 나온다.

* 남하고 다른 수준 높은 조리법이 있다.
* 메뉴의 수가 한두 가지로 전문화 되어있다.
* 당일 필요한 식자재를 당일 구매하여 전량 소진 시킨 후 더는 손님을 받지 않는다.

음식의 맛과 가치를 기억하도록 하여 자발적으로 찾아오게 한다. 준비된 식자재가 떨어지거나 또는 영업 마감시간을 잘 지켜 찾아온 손님이라도 그냥 돌려보내야 한다. 걱정할 필요 없다. 그 손님은 다음번에는 더 일찍 와서 반드시 그 음식을 먹고 말겠다는 생각을 품게 될 것이다. 중국의 유명한 속담으로 외식업자의 명언이 있다.

'주향불파항자심(酒香不怕巷子深)'은 술과 음식이 향기롭고 맛이 좋으면, 가게가 깊은 골짜기에 있어도 손님은 찾아오게 된다는 뜻이니 외식업을 창업하는 사람은 가슴 깊이 새겨야 할 것이다. 결국 영업성과는 차별화와 낮은 원가가 기본전략인데 메뉴를 증가 시킬수록 운영비용이 증가하므로 낮은 원가의 경쟁우위를 확보할 수 없는 것이다. 한두 가지의 전문화된 음식점은 차별화된 운영효율을 통해 낮은 원가가 경쟁우위를 확보하여 명실상부 맛집으로서 자리를 굳히게 된다고 나는 확신한다. 외식업을 창업하려는 사람은 꼭 잊지 말아야 할 것이다.

똑같은 시장 환경에서도 어떤 사람은 큰 수익을 내고 누구는 손실을 맞는다. 그 이유는 시장을 읽는 감이 떨어져 직관이 없기 때문이다. 다시 강조하지만 직관은 익숙해진 뒤에 생기는 기교다. 그러므로 '직관은 축적의 가장 마지막 단계'이며 결코 순간에 얻어질 수 있는 게 아니라는 말을 다시 하고 싶은 것이다. 위대한 발명가 에디슨은 "천재란 99%의 노력과 1%의 영감으로 이루어진다"고 말하지 않았던가. 노력하지 않고는 영감을 얻을 수 없다. 직관적이고 창의적 사고는 논리적 추리나 분석과정을 거치지 않는다. 직관은 그냥 문득 떠오르는 생각이라고 보면 맞다.

언젠가 이천도자기축제에 갔다가 들은 이야기다. 도자기를 굽는 사람은 가마의 불꽃 색깔만 보고도 온도를 알 수 있다고 했다. 수많은 경험을 쌓거나 한 가지 문제에 오래도록 집중하고 있으면 섬광처럼 스치는 아이디어가 떠오르는 경우가 허다하다는 것이다. 이 역시 논리적 단계를 거치지 않은 사고방식 아닌가. 수익과 손실의 차이는 당신이 얼마나 많은 경험의 축적을 해놓았는가의 차이다. 고수는 결코 대단한 사람이 아니다. 남들보다 더 많이 실패해 본 경험이 쌓여 있을 뿐이다. 신의 한 수가 있다면 "직감, 영감이 생길 때까지 도전하라"는 것이다.

주식시장의 좌우명으로 삼는 말 가운데 하나가 "나무만 보지 말고 숲을 보라"고 한다. 나무를 보는 것은 부분을 보는 것이고 숲을 보는 것은 전체를 보는 것이다. "높이 나는 새가 멀리 본다"하지 않던가. 남이 먼저 보는 것을 아무렇지 않게 생각해서는 영영 보지 못한다. 포드 자동차회사에 어느 날 생산라인이 멈추어 기술자들을 투입시켰지만 해결되지 않았다. 하는 수 없이 전기 전문가인 스타인메츠를 불렀다. 그가 자동차 생산라인을 꼼꼼히 살피더니 조그만 스위치 하나를 누르자 생산라인은 힘차게 돌아갔다. 다음 날 스타인메츠는 포드 앞으로 1만 달러의 청구서를 보냈다. 그러자 포드는 이의를 제기한다. 잠깐 동안의 수리비치고는 너무 비싸다고 생각한 것이다. 그러자 스타인메츠는 이렇게 말한다. "수리비는 10달러에 불과하지만, 나머지 9,990달러는 원인 파악에 소요된 경비입니다." 가장 중요한 것은 쉽게 눈에 보이지 않는다. 그것은 직관에 의해서 얻어지는 지혜다. "대나무를 그리려면 먼저 네 가슴 속에 대나무가 있어야 하는 법이다." 오롯이 무언가를 행하고자 할 때에는 그것을 마음에 새기고 진심을 다해 얻은 축적된 지혜가 필요하다는 말이다. 우리가 책(글)을 읽는 이유는 계속해서 무엇을 얻고자 함이 아니라 지금까지 가지고 있던 것을 버리고 지우기 위해서다. 버릴 게 너무 많다. 버리지 않고 어떻게 새로움으로 채우겠는가.

삼밭에 쑥이라 (麻中之蓬 마중지봉)

"타고난 본성은 서로 비슷하지만
익힌 습성에 따라 서로 멀어진다."〈논어〉
후천적인 환경과 교육의 중요성을 강조한 것이다.

　　순자(荀子) 권학(勸學)편에 마중지봉(麻中之蓬)이라는 말이 나온다. 삼밭에 쑥이라는 뜻으로 제멋대로 구불구불 자라는 쑥도 삼밭에 나면 저절로 꼿꼿하게 자라듯이 사람도 좋은 환경, 좋은 벗, 좋은 이웃과 함께하면 선한 사람이 될 수 있다는 비유를 든 것이다. 이와는 반대로 근묵자흑(近墨者黑)근주자적(近朱者赤)이라 했다. 먹을 가까이 하는 자는 검게 되고, 붉은 인주를 가까이 하면 붉게 된다는 말이니 내가 어떤 부류와 함께하고 있는지 자신의 주위 환경으로부터 경계하고 단속하라는 메시지 아닌가. 내가 하수구에 있으면 냄새가 나고, 내가 화원에 있으면 내 몸에서 향기가 날 것이다. 향 싼 종이에서는 향이 나고, 똥 싼 종이에서는 똥내가 날 수밖에 없다.

　　맹모삼천지교(孟母三遷之敎)는 맹자의 어머니가 자식을 위해 세 번 이사를 했다는 말로, 주변 사람들을 흉내 내기 좋아했던 어린 맹자가 묘지 근처로 이사를 가니 장례절차 흉내를 내고, 시장근처로 이사를 가니 상인 흉내를 내는 모습을 본 맹자의 어머니는 마지막으로 서당 근처의 집으로 이사를 하였다고 한다. 그랬더니 서당에서 흘러나오는 책 읽는 소리를 곧잘 따라 하게 되어 훗날 훌륭한 성인이 되었다는 이야기다. 인장지덕(人長之德), 목장지패(木長之敗)라 했다. 큰 사람 밑에서는 배우는 게 있고 덕을 보지만, 나무는 큰 나무의 덕을 보지 못하고 크게 자랄 수 없다는 말이다. 그러니 누구를 만나 함께 할 것인가. '누구와' '어떤 사람들'과의 문제다. 함석헌 선생은 오산학교 이승훈을 만났고, 이승훈은 도산 안창호선생과 함께했다.

　　탁월한 성취를 이룬 사람, 커다란 역경을 이겨낸 사람들에게는 거의 예외 없이 '누군가'가 있었다. 좋은 사람들과 함께 하다 보면 자기도 모르게 좋은 사람이 된다. 일종의 벤치마킹하는 것이다. 당신은 누구와 어떤 사람들과 함께하고 싶은가. 빨리 가고 싶거든 혼자 가고, 멀리 가고 싶거든 함께 가라 했다. 우리보다 먼저 경험한 선배들의 지혜를 본받아 같은 실패를 되풀이하지 말아야 한다. 그들은 우리가 할 수 있는 모든 실수를 이미 경험하고 극복해낸 사람들이다. 선배들이 겪은 시행착오를 또 다시 우리가 겪는 것은 어리석은 짓이다. 성공적인 사람들의 태도와 행동을 지속적으로 벤치

마킹해야 한다. 내가 이루고자 하는 목표를 이미 이루어 낸 선배들의 장점을 배우고 우리가 원하는 목표를 이미 성취한 선배를 찾아 그를 롤 모델로 삼자. 그리고 그가 가진 장점을 우리의 것으로 만들자.

그 뒤를 따라가다 보면 어느 순간 우리도 그들 옆에 서 있게 될 것이다. 그러니 과거의 자신과 결별해야 한다. 성경(마태9:17)에 "새 술은 새 부대에 담아야 한다고 했다." 새로운 것을 채우기 위해서는 과거의 낡은 것에서 벗어나야 한다는 의미가 담겨있다. 기존의 나를 부수고 난 후에야 변화된 새로운 자신을 발견할 수 있을 것이다. 혼자서 목표를 이루기 위해 고군분투할 때보다 서로를 지지해주는 사람들과 함께함으로써 더 큰 용기를 얻을 수 있을 것이다. 바둑에서 복기를 하듯 내일 장에 대비하는 모습은 실로 고수의 자질을 갖춘 분들이다. 혼자서 서두르지 말라. 얼마나 빨리 가는가 보다 어느 방향으로 가고 있는지가 훨씬 중요하지 않은가.

⑩ 그는 왜 궁형(宮刑)을 선택했을까

"모든 출구는 어디론가 들어가는 입구다."
"Every exit is an entry somewhere."

궁형이란 사람의 생식기를 뿌리 채 잘라내는 형벌을 말한다. 중국 역사가 사마천이 쓴 <사기>는 중국역사 시작부터 한나라 무제 때까지의 방대한 역사서로 시대를 이끈 위인들의 인생철학과 그들의 삶과 죽음을 아름다운 문장으로 서술한 문학으로서도 손색이 없으며 공자의 춘추와 더불어 최고로 위대한 작품으로 손꼽히고 있다. 까마득한 과거의 이야기이지만 권력과 명예 출세 등 인간본성에 대한 통찰력이 뛰어나서 현대를 살아가는 우리에게도 삶의 지혜를 줄 수 있는 인문학이라 할 수 있다. 어떤 이는 삼국지를 열 번 읽기보다 사기를 한 번 읽으라고 할 정도다. 2000년이 지난 오늘날까지 불후의 명작으로 꼽히며 각국어로 번역되어 널리 애독되고 있는 까닭은 무수한 인간 군상의 인생역정이 깊이 있게 서술되고 있기 때문일 것이다.

왕에서 서민까지, 성자에서 악인까지, 역사의 주연에서

조연에 이르기까지 참으로 다양한 인물들을 편견 없이 등장시키고 있다. 그는 이 책에 빠져드는 독자로 하여금, 자신도 모르게 이들 개성적 인물들이 서로 교차하면서 이루어지는 인간관계에 주목함으로써 역사란 어떻게 창조되는가, 인간이란 참으로 어떠한 존재인가를 깊이 성찰하게 만들고 있기 때문이기도 하다. 사마천은 어릴 적부터 역사에 흥미를 갖기 시작했으며, 그의 아버지에 의해 의도적으로 역사가로서의 소양을 키워갔다. 그는 이미 10대에 고문서에 통달했으며, 20대에는 전국 각지의 주요 사적지를 직접 현장 답사하여 각지의 전승과 풍속, 중요 인물들의 체험담을 채록하는 등 귀중한 체험을 했다. 그 후 낭중(郞中)이 되어 무제를 수행하고 사자로서 출장을 거듭하게 되니, 전국 각지에 그의 발길이 미치지 않은 곳이 없었다.

사마천이 역사서 쓰던 중 장군 이릉이라는 자의 일대기를 기록하는 부분에서 장군이 무제의 명을 받고 흉노를 정벌하러 떠났지만 패전해서 포로가 된 사건이 있었다. 그 사건에 한 무제는 이릉에 대해 진노하고 신하들도 이릉을 능지처참하자고 했지만 오직 사마천만 이릉의 충직함을 찬양하고 두둔하는 글을 사기에 쓴 죄로 한 무제의 미움을 사게 되어 태사령이란 직책을 파면 당하고 감옥에 갇혀서 사형을 받게 되었다.

당시 사형을 피하려면 어마어마한 벌금을 내거나 궁형을 받거나 둘 뿐이었다. 당시엔 궁형을 받느니 죽는 게 낫다라고 생각하는 사회풍조였지만 사마천은 사기 완성을 위해 궁형을 선택하고 48세의 나이에 생식기를 뿌리 채 절단하는 궁형을 받고도 아버지의 유언에 따라 사기를 완성시키겠다는 일념으로 그 치욕을 견디며 살아남았고, 그가 '하루에도 스무 번씩 식은땀을 흘리는' 고통 속에 이룩한 역사의식은 후대에 전해져 불후의 역사서로 남고 있다.

인류 문화사에 위대한 명작들은 예외 없이 사마천처럼 인생의 수많은 고난을 이겨낸 사람들에 의해 탄생한 것이다. 어떤 사람은 감옥에서, 나라에서 추방을 당하고, 장님이 되고 나서, 다리가 끊기고 나서, 한을 풀 길이 없어 과거를 돌이켜보고 미래를 굽어보게 된 것이다. 차라리 죽음을 택하는 것이 쉬울 수도 있는 고난에서 그들은 삶을 선택함으로써 자신의 뜻을 이루었고 인류역사를 바꿀 수 있었다. 이 시대를 살아가는 평범한 우리들도 마찬가지다. 삶을 살아가면서 고난에 처하지 않은 사람은 존재하지 않는다.

일찍이 석가는 삶이란 생로병사가 모두 고통이라 했다. 누구나 크고 작은 고통과 어려움을 맞고 그것을 이겨나가는 과정이 우리의 삶이다. 그런데 누구는 고난에 당당히 맞서 꿋꿋하게 이겨나가는 사람이 있는가 하면 누군가는 절망에 사로 잡혀 쉽게 무너지기도 한다. 하루가 멀다하고 스스로 목숨을 끊는 사람들이 계속 늘어나고 있다. 유명연예인, 사회지도층, 심지어 소외계층까지 막다른 길에 몰리면 죽음을 선택하고 만다. 자신의 목숨을 끊을 만큼 절박한 사람들에게 사마천의 인생역정을 살펴보라고 권하고 싶다. 사마천의 사기의 일부를 예로 든다면 공자에 대해서도 이렇게 기술했다.

공자는 아버지 숙량흘과 어머니 안씨가 들에서 관계를 맺어 태어났다고 한다. "들에서 관계를 맺는다"는 한자로 '야합(野合)'이라 한다. 오늘날에도 야합은 비정상적인 관계 맺음을 비판하는 말로 쓰인다. 일흔 살의 노인이 열다섯 살의 처자와 들에서 관계를 맺었으니 정상적이라고 하기는 힘들다. 그런데 공자는 비정상적으로 태어났지만, 온갖 어려움을 이겨내고 업적을 이룬다는 것이 주 내용이 된다. 공자의 일생이 그랬다. 그는 세 살 때 아버지를 여의고 홀어머니 밑에서 자랐다. 어머니는 천한 신분이었기 때문에 모자의 삶은 매우 어려웠다. 그런데 어머니마저 공자가 15~16세 때 세상을 떠나 공자는 완전히 천애 고아가 되었다. 그런데도 공자는 열다섯 살 때 학문에 뜻을 두었다고 했다. 그리고 서른 살에 자기 사상을 이룩했다고 자부했다. 요즘 말로 하면 '천재형'은 아니었던 것 같다. 공자는 부모 없이 홀로 각고의 노력을 해야 했다.

공자는 누구에게서 학문을 배운 것일까? 알 길이 없다. 아마도 공자는 특정한 스승을 둘 만한 처지가 아니었을 것이다. 그러나 공자가 무엇을 공부했는지는 알 수 있다. 공자는 시(詩), 서(書), 예(禮), 악(樂), 역(易), 역사(歷史) 등 육예를 가르쳤다고 한다. 역으로 말하면, 공자는 어렸을 때부터 육예를 공부했다는 것이다. 육예와 관련한 마땅한 교재는 없었다. 오히려 공자가 제자들을 가르치면서 교재를 만들었다. 그는 입으로 전해오는 것들을 정리하여 교재로 사용했는데, 오늘날까지 전해지는 시경(詩經) 서경(書經) 춘추(春秋) 등이 바로 그것이다. 공자는 입에서 입으로 전해지는 내용을 들으며 배울 수밖에 없었다. 따라서 스승이 필요했다. 그러나 특정한 스승을 둘 수 없었기 때문에 더욱 분발해야 했다. 이 사람 저 사람 찾아다니며 듣고 배워야 했다. 그리고 시대 상황에 대해 깊이 고민하고 사색했다. 이렇게 자득하여 공자는 자신의 사상을 이룩했다. 사마천의 명언 몇 가지를 보자.

* 공(功)은 이루기 어렵고, 패(敗)하기는 쉽다.
* 때(時)는 얻기 어렵고, 놓치기 쉽다.
* 성공의 그늘에서 오랫동안 머물면 안된다.

이번에는 이광이라는 장군 열전을 보자. 장군은 군사를 인솔 할 때 식량과 물이 부족한 곳에서는 물을 보아도 병졸들이 물을 다 마시기 전에는 그 물 근처에도 가지 않았고 병졸들이 다 먹고 난 뒤에야 비로소 음식을 먹었다고 기술하고 있다.

⑪

적게 벌고 오래 존재하라

*"탁월한 성취를 이룬 사람들, 커다란 역경을 이겨낸 사람들,
이들에게는 거의 예외 없이 '누군가' 가 있었다.
'어디서' 의 문제가 아니라 '누구' 와의 문제다."*

팔려는 사람이 너무 많아 사는 사람이 골라서 살 수 있는 상황을 바이어 마켓이라고 하고 그 반대경우를 셀러 마켓이라고 하는데 그리스의 철학자 아리스토텔레스는 "인간은

모방하는 동물이다"이라 했다. 남들의 영향을 받아 함께 움직인다는 의미의 말이다. 붐(boom)이라는 말도 많은 사람이 함께 움직인다는 현상을 이야기 한 것이다. 집값이 오르는 것은 많은 사람들이 집을 사기 때문이고, 전세가 오르는 것은 사람들이 집을 사지 않고 전세로 함께 움직이기 때문이다. 그래서 훌륭한 협상가는 모든 사람이 살 때 팔아치우고, 모든 사람이 팔 때 사는 타이밍을 노리는 것이다. 케네디의 아버지 조지프 케네디에 얽힌 일화가 있다. 대공황 직전 월 스트리트에서 우연히 구두를 닦게 된 그는 구두닦이 소년이 "아저씨 주식을 사세요. 주식을 사면 부자가 될 수 있데요"라고 말하는 것을 듣고 자기가 보유하고 있던 모든 주식을 내다 팔았다. 뿐만 아니라 없는 주식까지 미리 파는 공매도를 하여 큰돈을 벌게 되었다고 한다. 구두닦기 소년까지 주식을 사라고 할 정도면 끝물이라는 것을 알아차린 것이다. 주식이나 집을 사려는 이유는 무엇 때문인가. 미래가격이 오를 것이라는 생각이 있기 때문이다. 2008년 미국 발 금융위기를 일으킨 서브프라임 모기지 사태는 모두가 집을 사면 돈을 번다는 생각으로 너나 할 것 없이 집을 사 들였다. 그러다가 더 이상 집을 사려는 사람이 존재하지 않는 상황에 부딪친 사태였다. 물건은 많고 사려는 사람은 부족한 바이어 마켓이 된 것이다.

영화를 볼 때도 조조할인을 이용하면 대우도 받고 돈도 아낄 수 있다. 냉방기는 겨울에 사고, 난방기는 여름에 사면 싸게 살 수 있다. 어차피 살 것이라면 타이밍을 느긋하게 구매해야 한다. 비행기 티켓도 몇 개월 여유를 두고 구입하면 싸게 구입할 수 있고, 열차표도 1개월 전에 예약하면 30%할인이 된다고 한다. 느긋한 사람이 대체적으로 이기는 게임 아닌가. 하지만 파생상품은 시간을 먹고 산다. 사람은 누구나 돈을 좋아한다. 그래서 투자에 한 번 성공하면(초심자의 행운인데) 그 달콤한 유혹을 이겨내기가 여간 어렵다. 처음의 운을 마치 자신의 실력으로 맹신하고 큰 자본을 끌어 당겨 레버리지(빚을 이용한 투자)를 적극 활용하지만 결국 암울한 결과를 초래하고 만다.

영국의 물리학자 '아이작 뉴턴'은 1720년대 파생시장에 뛰어들어 한 때는 엄청난 수익을 올렸으나 결국 원금까지 모두 날려 파산을 경험하고 나서야 다음과 같은 명언을 남긴다. "나는 별들의 움직임을 계측할 수 있었지만, 파생시장에서 인간들의 광기를 계산할 수 없었다." 보라. 가장 이성적이고 과학적이라고 여겼던 뉴턴도 파생시장에서만은 비이성적인 인간의 심리적 행동에 굴복하고 만 나약한 인간에 불과했다. 그는 한 순간에 파산했고 수익률 파티는 끝났다. 똑똑한 사람만이 돈을 벌 수 있다는 믿음이 깨졌다. 파멸이라는 수렁이 다가오면 공포에 떨며 가슴을 쥐어뜯는 게 파생 인들의 자화상이다. 그런데도 '나는 예외일 것'이라는 인간의 교만이 수없는 불행한 파생투자의 역사를 쓰게 만든다. 파생상품은 시간을 먹고 산다. 1초마다 희비가 엇갈리지 않은가. 인간이 그 1초를 정확하게 어찌 파악할 수 있단 말인가. 시간은 어찌 보면 초 단위를 넘어 인간에게 인간의 무지를 경고한다.

"과거에는 이런 위험이 없었다는 사실만으로 그런 위험이 미래에도 없을 것이라고 단정해서는 안 된다"는 단순한 진리의 말이다. 2008년 금융위기 때 끝없이 내릴 것 같던 다우지수가 7000선 아래로 떨어지다가 2015년 그리고 재차 2017년 역사상 최고가를 경신하고 있다. 주가는 그렇게 때로는 끝없이 오를 것 같기도 하고 끝없이 내릴 것 같기도 한 요물이다. 다시 말해서 수익률이 아무리 좋은 상품도 과거의 좋은 수익률이 앞으로도 계속 갈 거라는 보장이 없다. 왜? 같은 항로를 오가는 비행기도 조종사의 능력과 판단에 따라 안전하거나 불편한 여행이 될 수 있는 것처럼 말이다. 그저 기존의 모범 사례들을 참고할 뿐이다. 이제 이론과 모델을 절대적으로 신봉해서는 안 된다.

모델은 시장을 설명하기 위한 도구에 불과하며 투자의 참고사항일 뿐이다. 파생시장이란 비이성적인 상황에 매몰되기 쉬운 시장이다. 너도 나도 '군중본능'에 휩쓸려 시장에 발을 담그며 그 동안에 놓친 수익을 한꺼번에 만회하려는 욕망 때문에 돈을 차입까지 해보지만 버블이 생겨 폭락하는데도 과거에 집착하여 쉽게 손절매를 못하고 폭락이 마무리 될 무렵에야 손을 털고 나오는 사람들이 부지기수다. 투자세계에서 리스크의 가장 큰 원천은 시간이다. 시간은 항상 그것이 지닌 가치보다 더 큰 대가를 치르도록 만든다. 미미하게 평가된 리스크도 레버리지가 커지면 엄청난 손실로 다가온다. 위험이 낮은 실물은 계속 보유하면 그만이지만 시간이 정해져 있고 과도한 차입을 한 상품은 어쩔 수 없이 팔도록 강제되었다. 경제에서나 인생에서나 '시간과 차입'이라는 리스크를 발생시키는 요인에 대한 철저한 관리를 무엇보다 중요시해야 한다.

"더 높은 수익률을 얻기 위해서는 더 큰 리스크를 감수해야 한다. 더 높은 산을 오르려면 더 큰 고통을 감수할 준비가 되어있어야 한다. 우리가 가장 기본으로 생각해야 할 투자 원칙이다. 만약 당신이 위험을 회피하면서 과도한 수익을 바란다면 그건 불가능한 이야기다. 투자에 성공하고 싶다면 자신의 욕망을 절제하고 '목표에 기초한 투자' 원칙을 세우는 것이 무엇보다 중요하다. 차입까지 해가며 투자해서는 안 된다는 말이다. 쪽박을 차고 돈이 궁해져 봐라. "그저 사는 게 연명하는 것"으로 느껴진다. 부디 '적게 벌고, 오래 존재하는 것'. 이것이 '목표에 기초한 투자 원칙' 임을 명심하자.

장고(長考) 끝에 악수(惡手) 난다

"커다란 족적을 남긴 이들의 생애를 연구하는 것은
그들이 살다간 시대를 정확히 이해하고 나아가 그것을
하나의 귀감으로 삼기 위한 것이다."

어떤 선택이나 결단을 앞두고 즉흥적이거나 가벼운 결정은 오류의 가능성이 높겠지만, 그렇다고 너무 많은 생각과 오래 걱정을 하게 되면 국면의 흐름을 망각하기 쉽고 판단력이 흐려져 잘못된 선택을 할 수 있다는 속담이다. 조심성과 신중함은 필수다. 하지만 "돌다리도 두들겨 건넌다"는 조심성이 지나치면 적시의 타이밍을 놓치기 쉽다. 공자도 소심하고 우유부단에 대해 "두 번 정도만 고려하면 괜찮다(再斯可矣

재사가의)"고 했다. 어떤 결단을 내릴 때 남의 이야기를 잘 참고해서 듣기는 해야 하지만 결정은, 내가 내리는 것, 남의 눈치 보지 말고 내 가슴이 내리는 판단한 직관을 믿고 느낌대로 밀어붙이는 것도 필요한 것이다. "완벽하진 않지만 80%정도 괜찮다 싶거든" 걱정을 많이 한다고 해서 실패할 일이 성공하거나, 성공할 일이 실패로 바뀌지는 않는 법, 결정을 신중하게 했다면 신속하게 실행해야 할 것이다.

완벽을 추구하느라 지나치게 신중하면 아무 일도 할 수 없다. 판단이 섰다면 마음속의 의심을 지워내고 과감하게 실행할 차례다. 미국의 전 국방장관 콜린 파월은 "정보의 범위가 40~70% 사이에 들면 직감적으로 추진을 고려해야 한다"고 했다. 물론 40% 미만인 정보라면 움직여서는 안 되지만, 그렇다고 100% 확실한 정보를 갖게 될 때까지 기다린다는 것은 버스 떠난 다음 손드는 것과 같다. 작심(作心)만 가지고는 아무 것도 안 된다. 경영이란 결과를 목표로 하는 것이다. 자신의 결단을 실행하지 않으면 어떤 결과도 없다. 부자가 되고, 돈을 벌고 싶다면 너무 주저하지 말아야 한다. 실행에 따라 크든 작든 리스크를 염두에 두지 않을 수는 없다. 그러기 내문에 중요한 것은 늘 시간과 정보가 부족한 상황에서 나름대로의 판단의 기준과 원칙이 얼마나 정확한가의 여부다.

미국의 대표적인 투자자들인 피터 린치, 조지 소로스, 워런 버핏, 빌 게이츠 등은 인문학에 심취하거나 전공한 사람들이다. 조지 소로스는 철학자 칼 포퍼의 제자였다. 왜 인문학 출신이겠는가? 별다른 이유가 없다. 기업을 진두지휘하는 자리에 인문학 출신을 갖다 놓아야 더 많은 이윤을 창출하기 때문이다. 기업인들을 좀 더 포괄적 의미에서 '상인(商人)'이라고 부르는데, 다른 직업과 달리 상인들만의 특징이 있다. 이들은 자신들이 한 판단이나 결정이 곧바로 큰 부자가 되는 것도, 망해버리는 것도 순간적인 한 번의 선택이 결정해버린다. 그러니 매번 죽느냐, 사느냐 하는 갈림길, 항상 생과 사의 경계선에 서 있기 때문에 긴장 속에서 살아가게 된다.

이처럼 생과 사의 경계선에 서서 민감성을 유지하는 '상인'들에게 갖추어진 고도의 감각은 '더듬이'와도 같다. 돈이 되는지, 안 되는지를 '딱 보면 딱 안다.' 이 딱 이라는 게 감각이다. 이게 바로 통찰이고 더듬이다. 상인들은 세상사 거의 모든 일을 딱 보면, 딱 알아야 한다. 오래 생각하기 시작하면 대개는 일이 꼬여버리고 말기 때문이다. 지금 대기업들이 인문학에 관심을 갖는 이유는 자신들의 생존 때문이고 새로운 인류에 맞추어 가는데 인문학이 필요하다는 것을 감각으로 딱 알아챘다는 것이다. 더듬이란 통찰력이라고 할 수 있는데 인문학이 바로 이 통찰력과 관계되는 학문이란 말이다.

13 원샷(one shot) 원킬(one kill)

"난 지금 오해받고 있다"고 착각하지 마라.
더 큰 오해는 "내가 남을 알고 있다"는 바로 그것이다.

당신에게 한방, 당신만의 결정구가 있는가? 결정적인 한 방이 있으면 경쟁자를 물리치고 한 번에 우뚝 설 수 있는데… 다윗이 돌팔매질로 골리앗을 한 방에 이긴 것처럼 말이다. 2m가 넘는 장신에 갑옷을 입고 큰 칼을 찬 골리앗이 가죽옷에 겨우 돌팔매를 들고 도전한 다윗에게 졌다. 도대체 무슨 이유일까? 이스라엘 목동 다윗은 블레셋의 거인 골리앗의 이마에 돌팔매질을 하여 기절시킨 다음 칼로 목을 베었다. 이 사건은 수많은 사람들에게 영감을 주있는데 최근에는 경영사상가인 말콤그래드웰 자신이 쓴 <다윗과 골리앗>에서 이 사건을 다루었다. 그는 이 책에서 재미있는 사실을 한 가지를 알려준다. 치열하게 훈련을 거듭하면, 하찮은 투석도 무기가 될 수 있다는 것을… 숙련된 투석병은 200m 안에 있는 목표물을 죽이거나 중상을 입힐 수 있다는 것이다. 더 주목되는 사실은 다윗이 게임 규칙을 바꾸었기 때문에 승리했다는 점이다.

당시 1:1싸움은 당연히 칼로 하는 보병끼리의 전투였는데 특히 골리앗은 더 무거운 갑옷을 입고 큰 칼을 찬 중보병이었다. 기존 규칙에서 보면 완벽히 대비가 되었다. 반면에 다윗은 이를 깡그리 무시한 채 돌팔매만 들고 와 갑자기 머리를 기습 공격하니 골리앗은 당해낼 수 없었던 것이다. 게임의 규칙을 확 바꾸어 예상치 못한 방법으로 승리하는 것 그것이 원샷, 원킬이다. 물론 위험 부담도 크다. 한 방에 죽이지 못하면 한 방에 훅 갈수도 있기 때문이다. 다윗에게는 세 칸 찬스가 없다. 한 방에 정확이 이기려면, 그만큼의 엄청난 숙련이 있어야 한다. 그 숙련의 힘이 한 방이다. 전략의 핵심은 적이 좋아하는 장소가 아닌, 적이 생각하는 방법이 아닌 방법으로 싸워 이기는 것이다.

고정관념의 틀을 깨면서 상대방이 생각지 못한 방법으로 싸우는 것이다. 다윗의 돌팔매질처럼 당신만의 한 방, 결정 구를 가져야 한다. 그러려면 확실하게 치열하게 단련되어야 한다. 한 방에 보낼 수 있도록, 언제 어디서나 어떠한 상황에서도 돌팔매를 날릴 수 있도록 말이다. 대충은 없다. 돌 하나에도 혼이 담겨야 한다. 살아남고 성장하는 비결이다. 성형외과 광고 카피에 "닮지 말고 예뻐져라"고 한다. 이 광고를 보면서 나는 "남과 같게 하지 말고, 앞서가라"고 말한다.

무리 속에 안주하려는 사람과 무리에서 탈출해 앞서가려는 사람이 있다. 생각도 고만고만한 사람, 무리 속에 옹기종기 모여 있는 자는 세상의 풍파 한방에 떼지어 휩쓸린다. 무리 짓기는 생존 본능이다. 동물은 약할수록 무리를 짓는다. 호랑이나 사자는 홀로 우뚝 선다. 그래서 밀림의 왕이다. 무리는 일종의 안전지대다. 함께 살고 함께 죽는다는 생각이 묘한 안심을 준다. 무리는 이탈자를 경계한다. 무리의 집합수가 줄어들면 그만큼 불안감이 커지기 때문이다. 인간의 집단도 마찬가지다. 이탈하려는 자에게는 늘 불편한 시선이 쏠린다. 적당히만 살면 안전한데 왜 리스크를 껴안느냐고 따진다. 그러나 안전지대는 영원히 안전할까? 어제의 안전지대가 더 이상 오늘의 안전지대가 아니다. 오히려 두려움을 떨치고 더 높이 더 멀리 나는 게 가치 있는 삶이다. 무리 속에 당신은 안주 하려는가. 무리에서 이탈해 나아 가려는가. 역사에서 위대한 업적을 남긴 거인들은 하나 같이 '닮지 않고, 이탈하려는 사람들' 이었다.

⑭ 자연에서 배워라

"태양은 중천에 있을 때부터 지기 시작하고
달은 보름달부터 이지러지기 시작한다."

사람들은 자연의 섭리를 보지 못하고 자연의 순리를 따르려 하지 않는다. 잠시만 방심하면 욕심으로 가득 차 평정심을 잃고 결국 나아갈 때와 물러설 때를 구분하지 못하여 삶의 질서가 엉망이 된다. 안 되는 일도 억지를 부리며 막무가내로 덤빈다. 아무 것도 시도하지 말라는 게 아니다. 지나친 욕심을 경계하라는 말이다. 순리를 거스르는 일은 자신뿐만 아니라 주변 사람들에게 상처를 주게 된다. 이 같은 실수를 하지 않으려면 마음의 여유를 가지고 조용히 자연의 섭리를 음미하고 어떻게 처신 할지를 심사숙고 할 필요가 있다.

시인 장석주씨는 '대추 한 알'이라는 시를 이렇게 쓰고 있다.

저게 저절로 붉어질 리는 없다.
저 안에 태풍이 몇 개
저 안에 천둥이 몇 개

저 안에 벼락이 몇 개

저게 저 혼자 둥그러질 리는 없다.

저 안에 무서리 내리는 몇 밤

저 안에 땡볕 두어 달

저 안에 초승달 몇 날이 들어서서

둥글게 만드는 것일 게다.

대추야 너는 세상과 통하였구나.

시인 도종환씨는 '흔들리며 피는 꽃'이라는 시에서 이렇게 노래한다.

흔들리지 않고 피는 꽃 어디 있으랴

이 세상 그 어떤 아름다운 꽃도

다 흔들리면서 피었나니

흔들리면서 줄기를 곧게 세웠나니

흔들리지 않고 사랑이 어디 있으랴

젖지 않고 피는 꽃이 어디 있으랴

이 세상 그 어떤 빛나는 꽃들도

다 젖으며, 젖으며 피었나니

바람과 비에 젖으며 꽃잎 따뜻하게 피웠나니

젖지 않고 가는 삶이 어디 있으랴

부모와 자식은 절대 변할 수 없는 한 핏줄이되 그 생명체로서의 존재는 완전히 별개의 독립체라는 사실을 잊어서는 안 된다. 개성도, 능력도, 성격도 다 다르다는 사실, 그래서 그들의 인생도 다 다르게 살아갈 수밖에 없다는 사실을 인식해야 하고 인정해야 한다. 그 다름에 대하여 우리 조상들은 일찍이 명언을 남겼다. "자식은 겉을 낳지 속을 낳지 못한다." 그런데 우리 사회의 수많은 부모들이 그 다름을 받아들여 자식과 나를 분리하지 못하고 동일시하기 때문에 숱한 문제들이 발생하는 것이다. "우리는 우리고 자식은 자식이다"하는 그 다름을 받아들이면 자식 잘되고 스스로 효도할 터인데….

15
이것이 함정이었네

"실수한 적이 없는 사람은 결코 새로운 일을 시도해보지 못한 사람이다."
〈앨버트 아인슈타인〉

A. 우연히 주운 돈 5만 원

B. 힘들게 번 돈 5만 원

A와 B의 가치는 완벽히 일치한다. 그러나 이 돈에는 '공짜'와 '고생'이라는 꼬리표를 붙이기 때문에 심리적으로 느끼는 가치는 매우 다르다. '공짜'로 얻은 5만 원은 주머니 속에 아무렇게나 보관되다가 술값으로나 지출될 가능성이 크다. 하지만 '고생'해서 번 돈 5만 원은 지갑 속에 오래 보관되다 좀 더 의미있게 지출될 가능성이 커진다. 마찬가지로 쉽게 얻은 성공, 쉽게 이루는 목적은 자기 것이 아니다. 머리가 좋거나 능력을 타고나서 쉽게 남들을 앞서가고 쉽게 성공을 맛본 사람들은 오래 가지 못한다. 쉽게 얻은 것, 즉 피와 땀으로 일구어내지 않은 것은 평생 자기 것이 되지 못하기 때문이다. 상처 없이 만들어진 진주는 없다. 상처 없이는 아무것도 이룰 수 없기 때문이다. 성공은 무수한 실패의 무덤 속에서 탄생하는 것이며, 해결책도 불행과 실패 속에 숨어 있다.

우린 남들이 가지 않은 길을 가서 성공한 사람들의 이야기에 열광한다. 하지만 그 길을 가기 위해 겪었던 갈등과 그 길 위에서 만난 숱한 외로움과 좌절에 대해서는 짐작만 할 뿐, 보이지 않는 고군분투는 염두에 두지 않는지…. 여기 너무나도 평범하게 살아온 칠십대 할머니가 있었다. 그녀는 꽃다운 아가씨로 어느 농부와 결혼해서 50년을 평범한 주부로 살다가 76세 되던 해 남편이 먼저 세상을 떠나 혼자 남게 된다. 사랑하는 남편은 떠났고 몸과 마음은 많이도 늙고, 외부적인 조건과 환경은 열악해 지쳤다. 노후 준비도 부족해 혼자 여생을 즐기면서 살아갈 수도 없는 처지에 설상가상으로 손가락 관절염으로 취미 생활인 '자수(刺繡)' 마저도 할 수 없게 되었다. 그녀는 병이 닥쳤다고 아름다움에 대한 추구를 포기하지 않고 '자수(刺繡)를' 놓던 솜씨로 그림을 그리기 시작했다. 평생 그림에 대해 공부한 적도 없고 배운 적도 없다. 그런 할머니가 그림 그리기에 미친다. 그림 그리기에 문외한이던 할머니가 그림 그리기에 미치자 기적이 일어난다.

    그녀의 화풍은 단순하면서도 밝다. 19세기말 20세기 초의 미국 시골 풍경을 천진난만하게 그려 국제적 인기를 얻게 되었다. 우연히 그림수집가 '루이스 칼더'가 시골 구멍가게 윈도우에 걸려있는 할머니의 그림을 사 갔고, 이듬해 미술 기획가 '오토 칼리어'가 그녀의 그림을 뉴욕의 전시관에 내놓으면서 할머니는 일약 스타가 된다. 이 할머니가 바로 '미국의 국민화가 모세스 할머니(Grandma Moses)'다. 80세에 첫 개인전을 시작으로 유럽과 일본 등 세계 각국에서 모세스의 그림 전시회가 열리고 미국 대통령의 상을 받고 '넬슨 록펠러' 뉴욕주지사는 그녀의 100번째 생일을 '모세스 할머니의 날'로 선포했다. 모세스 할머니가 열심히만 했다면 기적이 일어나지 않았을지 모른다. 열심히 다하는 것 대신 그것에 미치자 기적이 일어난 것이다. 최고의 인생을 사는 유일한 방법은 '무엇인가에 미치는 것'이다.

평범했던 시골 할머니가 배운 것도 기술도 능력도 없었지만 눈부신 최고의 인생을 살 수 있었던 비결을 기자가 묻자 모세스는 이렇게 말했다. "그저 그리운 옛날의 추억을 그리는 일에 미쳤기 때문입니다." 최고의 인생을 살고 싶은가? 그렇다면 당신도 하는 일에 미쳐라. 세상일이 힘들어 미쳐버리지 말고, 세상의 그 무엇인가에 스스로 미쳐라. 당신이 세상에 미치겠는가? 세상이 당신에게 미치도록 하겠는가? 당신이 먼저 '무엇인가'에 미치면 세상이 당신한테 미치게 될 것이다. 당신이 '무엇인가'에 미치지 않으면 당신은 세상의 것들로 인해 점점 미쳐가게 될 것이다.

중국에 '손자천독 달통신(孫子千讀 達通神)'이라는 말이 있다. 〈손자병법〉을 1000번을 읽으면 신의 경지에 이르게 된다. 1000번을 읽었더니 이전에는 보이지 않던 것이 눈에 보이고 이전에는 생각할 수 없었던 것을 비로소 생각해 낼 수 있게 될 정도로 의식이 달라지고 향상됨을 느끼게 된다는 의미다. 중국 최고의 시성(詩聖)이라 불렸던 두보(杜甫)는 말했다.

"만 권의 책을 읽으면 글을 쓰는 것도 신의 경지에 이른다(독서파만권 讀書破萬卷 하필여유신 下筆如有神)." 천 번, 만 번은 무엇인가에 미치지 않고는 할 수 없는 것이다. 그래야 끝을 이루어내는 것 아닌가. 사람은 누구나 성공을 원한다. 어떤 일이든지 마무리를 멋지게 끝내야 한다. 마지막에 '웃으면서 끝내야 해피엔딩'이다. 세익스피어 말대로 "끝이 좋아야 다 좋은 것" 아닌가. 누구를 만나든 '마지막에는 웃으며' 헤어져라! 속칭 타짜들이 초짜들을 놀음판에 빠져들게 하는 방법은 의외로 간단하다. 사람들의 심리를 이용해서 한두 판 이기게 해주는 것이다. 그걸로 대개 상황 끝이다. 초짜들은 말 그대로 소탐대실(小貪大失)의 길로 들어선다. 주식투자에서도 우연하게 돈을 벌게 되면 더 큰 돈으로 베팅에 나선다. 몰락의 길로 들어서기 일쑤다. 성공이 주는 함정이다. 몰라서 당하는 게 아니라 아는 데도 당한다. 은밀히 실패의 문이 열린 것이다.

모든 비즈니스에서 가장 위험요소가 '작은 성공이 주는 함정'이다. 과거의 성공경험에 사로잡혀 과거방법에 집착함으로써 시장의 변화를 읽지 못하거나 외면하는 경향이 있다. 변화의 필요성을 인식하더라도 새로운 접근법을 찾기보다는 기존의 방식을 통해 문제를 해결하려는 경향을 보인다. 성경(마태9:17)에 "새 포도주는 새 부대에 담으라"고 한다. 헌 부대에 넣으면 터져 쏟아버리고 만다. 새로운 것을 채우기 위해서는 과거의 낡은 것에서 벗어나야 한다는 것이다. 지나간 것에 얽매어서는 절대로 새로운 출발을 할 수 없기 때문이다. 모든 것이 다 변하는 시대에 스스로 변화를 멈추는 것은 심장이 멈추는 것과 같다. 우연히 성공했다고 과시하거나 쓸때없는 생색내기로 초심을 잃고 뼈를 깎는 노력을 팽개친다면 훅 날아가기 일쑤다. 함정에서 벗어나려면 실패를 즐길 줄 알아야 한다. 새로운 것에 도전하며 혁신하는 과정은 본질적으로 실패하기 마련이다.

당신이 실패하지 않으려는 순간 당신은 진화를 멈추게 된다. 그때 당신은 실패를 피할 수는 있지만 시장에서 당신은 퇴출이다. 실패하면서 지속적으로 혁신할 것인가. 아니면 실패가 두려워 멈출 것인가. 잘 나가던 기업이나 개인이 한 순간에 무너지는 이유는 '오만'이다. 오만하면 촉이 무뎌진다. 동서고금을 막론하고 만고의 진리다. 영국의 역사학자 아널드 토인비는 "과거성공 경험에 빠져 과거방식을 고집하며 변화를 거부하면 누구든 끝이다"라고 말했다. 일이 잘 풀릴 때일수록 조심해야 한다는 메시지를 강조한다. 처음부터 오만한 사람은 별로 없다. 처음은 누구나 겸손하게 시작한다. 그런데 왜 성공하면 잘 나가던 사람이 확 바뀌는 사람이 많을까? 겸손과 오만은 완전히 다른 것인데, 겸손에서 오만으로 바뀌는 것은 순간이다. 종이 한 장 차이 아닌가. 초심을 유지하기가 쉬운 일이 아니다. 겸손은 처음부터 끝까지 붙들어야 하는 만고의 진리다.

⑯ 아니다 싶거든 맞서지 마라

"지혜의 핵심은 올바른 질문을 할 줄 아는 사람이다." ⟨존 사이먼⟩

　⟨맹자⟩에 이런 말이 나온다. "어떤 사람이 내게 함부로 덤빌 때는 내가 사랑이 모자랐던가, 아니면 예의가 모자랐던가를 살펴 고친다. 그런데도 다름이 없으면 스스로 충성됨이 모자랐던가를 반성한다. 그래서 잘못이 없다고 생각되는데도 함부로 덤비면, 이것은 짐승과 같은 것이다. 금수(禽獸)를 어찌 상대할 것이며 또 어찌 나무라겠는가." 똑같이 맞서다 보면 똑같은 사람이 되는 경우가 있다 바람에 맞서다 찢어지는 나뭇가지처럼 크게 상처받기도 한다. 나도 똑같이 그런 사람이 되지 않으려면, 우선 자신을 살펴보라고 한다. 사랑이 모자랐던가. 아니면 예의가 모자랐던가. 스스로에게 물어보라는 것

이다. 예의를 갖추어 대하거나 사랑으로 대하였음에도 역시 태도가 달라지지 않으면, 상대방에게 충직하고 성실하지 못한 태도로 대하지는 않았나를 다시 살펴보라는 것이다. 그렇게 태도를 바꾸어도 마찬가지로 거칠고 야비하면, 그때는 금수처럼 대해도 마땅하다고 성인인 맹자도 말한다. 무시해 버리라는 것이다. 살다보면 함부로 대하는 사람이 있다. 예의도 없고 자기만 아는 막무가내인 사람을 만나는 경우가 있다. 윗사람 중에도, 아랫사람 중에도 그런 사람이 있다. 가까운 사람 중에도, 처음 만난 사람 중에도 그런 사람이 있다. 처음 만난 사람이야 다시 안 만나면 그만이지만, 늘 함께 지내야 하는 사람 중에 그런 사람 있으면 여간 견디기 힘들지가 않다. 내가 그를 금수로 대하면 그도 나를 짐승처럼 대할 것인데, 내가 동물이 될 것인가. 사람이 될 것인가 하는 선택이기도 하니 어찌해야 할꼬. 맞설 필요 없고 가급적 만나지 않으면 그만인 것을. 만나고 상처받을 일 있겠는가. 살다 보니 누구에게도 적이 되지는 말아야 할 이유를 알게 되었다.

나는 시골에서 초등학교, 중학교를 다녔다. 초등학교 때도 한 학급, 중학교 때도 한 학급 밖에 없으니 9년을 한 교실에서 가족처럼 어울려 지낸 학우들이다. 그러니 누구는 어떻고 시시콜콜 다안다. 어떤 친구는 기억력이 좋아 출석부

번호가 1번은 누구, 5번은 누구 9번은 누구 다 기억해낼 정도다. 친구들의 성격은 물론 습관 장단점까지도 다 그려낸다. 그 중에서도 워낙 개성이 강하고 성격이 급해서 남과 잘 어울리지 못하며 자존심이 강하고 말과 행동이 너무 튀어 다른 친구들과 화합을 못하는 친구가 있었다. 항상 자기는 특별하다고 생각하는 친구다. 나도 그 친구를 피하다 보니 수 십 년을 잊고 살았다. 그런데 내 누이 아들이 ○○시 시장에 입후보해 선거운동을 할 때였다. 삼촌인 내가 그냥 보고만 있을 수 있겠는가. 몇 표라도 보태고 싶어 이리저리 아는 친구들을 수소문할 때였다. 내가 그렇게도 싫어하고 피했던 친구가 나를 찾아와 동분서주 발품을 팔며 나를 도와 줄 줄을 예상이나 했겠는가. 다행히 조카는 당선이 되었다. 하필 달가워하지 않던 친구의 도움을 받고 신세를 지게 되는 이유가 무엇일까 생각했다.

　사람에 대한 편견을 버리라는 것일까. 어떤 친구든 꼭 필요한 때가 있다는 걸 잊지 말라는 것일까. 꼭 신세지는 때가 있다는 것을 기억하라는 것일까. 벤저민 프랭클린은 이렇게 말했다. "모든 사람에게 예의를 다해라. 많은 사람에게 붙임성 있게 대하라. 그리고 아무에게도 적이 되지 마라." 내 마음에 들지 않는다고, 내 마음대로 그를 미워하는 것이 얼마나 성급한 일인가를 깨닫게 한다. 5월 첫 주에 또 모임이 있다. 이제 누구도 미워하지 않을 것이다. '얀테의 법칙'이라는 덴마크의 교육철학을 보면 "당신을 특별하다고 생각 말라는 것이다. 당신이 남보다 똑똑하다고 생각 마라. 당신은 남들보다 먼저라고 생각 마라"고 한다.

　　나만 소중하고 특별하다고 생각하면, 결국 불행을 자초하는 일이다. 그러니 나는 특별한 사람이다. 나는 잘 났다라는 생각을 지워라. 덴마크의 교육은 어린 시절부터 뻔뻔한 특권의식을 버리게 한다. 늘 나보다는 남을 먼저라고 가르친다. 겸손해지라고 가르친다. 혼자서 웃는 웃음보다는 함께 웃는 웃음소리가 더 크게 나는 법이다. 웃음의 전염성이 강하듯 행복 역시 나눌수록 커진다고 가르친다. 그러니 덴마크가 세계에서 가장 행복한 나라가 되는 것이다. 어른들에게는 '자신의 경험을 보편화'하지 말라고 말 한다. 그것을 마치 진리인 것처럼 내세우지 말라는 것이다. 자신이 다 아는 것처럼 내세우고 우기면 꼰대다. 급속도로 변해가고 있는 현대사회에서 어제의 경험은 편견일 수 있기 때문이다.

―

네 번째 이야기

―

겨울,
안분지족(安分知足)하는 사람들

"죄악 중에 탐욕보다 더 큰 죄악은 없고,
재앙 중에 만족할 줄 모르는 것보다 더 큰 재앙은 없다."
〈노자의 도덕경〉

"지혜로운 사람은 좋은 것이 왔을 때 나쁜 것이 올 것도 준비한다."

끝맺기를 처음과 같이하면 실패가 없다.
끝이 좋으면 다 좋은 것이다.
가장 축복받는 사람이 되려면 가장 감사하는 사람이 되라.
그리고 편안한 마음으로 넉넉함을 느껴라.
타인의 부귀와 권세에 배 아파하지 말고,
질투와 시기의 눈으로 바라보지 말라.
삶이 힘들고 팍팍해진다.

네 번째 이 야 기

겨울, 안분지족(安分知足)하는 사람들

01

사람은 때를 탄다

"내가 헛되이 보낸 오늘은 어제 죽은 이가 그토록 간절히 원했던 내일이다.
다시는 사랑하지 못할 것처럼 사랑하라.
늘 마지막 만나는 것처럼 사람을 대하라"

고기는 물을 타고, 새는 바람을 타고, 사람은 때를 탄다고 하였다. 이미 흘러간 물로는 물방아를 돌릴 수 없지 않은가. 인도의 시인 타고르는 이렇게 노래했다. "그대 만약 태양을 잃었다고 눈물 흘리면 그대는 또 별을 잃을 것이다."

태양을 잃었다고 울지 마라. 눈물이 앞을 가려서 별을 볼 수 없게 된다. 하나를 잃으면 하나를 얻는 법이다. 슬퍼할 필요는 없다. 태양만이 빛이 아니다. 해가 진 뒤에 별이 빛난다. 별빛을 마음에 가졌다면 해를 잃었다고 슬퍼할 것 없다. 끊임없이 노력했건만 실패했다고 해서 실망하지 마라. 얻었던 것을 모두 잃었어도 희망만 잃지 않으면 또 다른 길이 있다. 기대가 어그러지고 생각지 못했던 불행한 일들이 마음을 괴롭힐 수 있다.

한탄한다고 슬퍼한다고 해결되던가. 성경(잠언)에 '마음의 즐거움은 양약이 되지만 심령의 근심은 뼈를 마르게 한다.'고 한다. 그 지긋지긋하게 작열했던 더위도 한 밤 사이에 가고, 싸늘한 가을 공기가 이불을 덮지 않고는 잘 수 없게 만들고 있지 않은가. 이제 욕망이 낳는 마음을 떠받들지 말고 마음을 굶겨라! 장자는 이걸 심재(心齋)라 했다. 욕망은 집착을 낳는다. 집착에서 벗어나야 자유로워진다. 굶기고 비운 마음자리에 활기찬 생명력이 들어차는 까닭이다. 주역에 '태양은 중천에 있을 때부터 지기 시작하고 달은 보름달서부터 이지러지기 시작한다.'고 했다.

중국 송나라 시대 금강경의 대가였던 도천 스님은 선시

에서 "가지를 잡고 나무에 오르는 일은 어려운 일이 아니나, 벼랑에서 손을 놓아야 비로소 대장부일세, 물은 차고 밤도 싸늘하여 고기도 찾기 어려우니, 빈 배에 달빛만 가득 싣고 돌아오네."라고 노래한다. 어려움을 당할 때 툭툭 털어버리고 살아남을 수 있는 것이 대장부다. 조선의 거상 임상옥이 중국에서 인삼 무역을 할 때 중국인들의 불매운동이 벌어지자 난감하기 그지없었다. 어느 날 추사 김정희에게 착잡한 심정을 털어놓자 추사는 아무 말 안하고 다음과 같은 글을 써 내려 간다. '백척간두진일보(百尺竿頭進一步), 십방세계전신(十方世界全身).' 무슨 소린가. 백척간두에 서 있어도 한 발짝만 앞으로 나아가라. 사방천지 새로운 모습이 보일 것이라는 말이다. 매우 위태롭고 어려운 지경에 내몰렸더라도 한 발짝 앞으로 나아가라.

장대 끝에 간신히 서있는 사람에게 한 발 더 나아가 두려움을 무릅쓰고 목숨을 걸 때 비로소 살 길이 열린다는 뜻일 게다. '생즉사 사즉생(生卽死 死卽生)'이라 하지 않던가. 살고자 하면 죽을 것이요, 죽기를 각오하면 살게 된다는 말이다. 주역에서는 '궁즉변, 변즉통, 동즉구(窮卽變, 變卽通 通卽久)'라 했다. 궁해야 변하고, 변해야 통하며, 통하면 오래 간다는 말로 쉽게 표현하면 최선을 다하면 변하게 되고 변하면 이루어지고 이루어지면 오래간다는 말이다. 이것이 주역의 핵심 사상이자 우주 변화의 법칙이다. 중국 최고의 시선 이태백은 <산중문답>에서 '고중유락(苦中有樂)'이라 했다. 인생은 괴로움 가운데 즐거움이 있다는 말이다. 그렇지 않고서야 세계 인구가 이렇게 많을 수 있겠는가. <보왕삼매론>에 따르면 세상살이에 곤란 없기를 바라지 말라 했다. 세상살이에 곤란이 없으면 업신여기는 마음과 사치한 마음이 생기나니, 그래서 성인이 말씀하시되 근심과 곤란으로 살아가라 하셨느니라.

바닷물도 밀물과 썰물이 있듯이 우리 인생도 오르내림이 있다. 뜻하지 않게 복병을 만나 끝없이 내리막이 펼쳐지기도 하지만 승리의 축배를 드는 날도 오기 마련이다. 이같이 현실세계는 항상 '일희일비, 일득일실(一喜一悲, 一得一失)' 한다. 한 번 기쁘면 한 번은 슬플 때가 있고, 하나를 얻으면 다른 하나를 잃는다. 남자가 똑똑하고 돈 잘 벌면 수명이 짧고, 여자가 미모를 가지고 능력 있는 신랑 만나 잘 살고 있는 것 같아도 자식이 속을 썩인다. 하늘이 일부러 사람을 괴롭히려고 인생의 고비마다 역경을 마련해 둔 것은 아니다. 자중하고 교만하지 말라는 기회를 주는 것인데 우매한 사람은 시기라고만 한다. 하늘은 이쪽 문이 닫히면 저쪽 창문을 열어준다.

02
삶은 선택의 연속이다

"나는 세상을 강자와 약자, 성공과 실패로 나누지 않는다.
나는 세상을 배우는 자와 배우지 않는 자로 나눈다."
〈벤저민 바버〉

　밀란 쿤데라의 〈참을 수 없는 존재의 가벼움〉이라는 책에 "아~ 인생은 딱 한 번뿐"이라는 대사가 나온다. 점심 메뉴를 고르는 사소한 것부터 늘 선택에 직면하고 살지만 확률적으로 매번 만족할 수는 없다. 다시 말해서 선택은 늘 후회 가능성을 동반한다. 삶이란 모든 상황에서 딱 한번만 결정을 내릴 수 있기 때문에 현명한 선택을 할지 평생 후회할 선택을 할지는 아무도 모르지만, 오늘 어떤 선택을 했는가에 따라서 내 삶의 모습도 바뀐다는 것이다. 어떤 물건에 대한 50% 할인 기회를 놓치고 나면 30% 할인 기회가 있어도 선뜻 구매를 하지 않는다. 50% 할인 기회를 놓쳤기 때문에 20% 손해를 본다는 후회를 크게 느끼기 때문이다.

　주식시장에서 이익 주는 빨리 팔고, 손실 주는 보유하는 행동 역시 후회를 회피하려는 현상이다. 이익 주를 계속 보유하다가 가격이 떨어지면 생길 후회를 피하기 위해 빨리

처분하지만, 이미 손실이 확정된 손실 주 처분을 계속 미루는 것은 후회를 피하기 위한 방편인 것이다. 후회란 '행동후회'와 '비 행동후회'로 나뉜다. 해보고 후회하는 것과 해보지 못하고 후회하는 것으로 구분된다는 말이다. 짝사랑하는 상대에게 고백했지만 거절당한 후에 그때 고백하지 말 걸이라고 후회했다면 이는 행동후회가 된다. 반면 짝사랑하는 상대에게 한 번도 용기를 내어 고백하지 못하고 나중에서야 그때 고백할 걸이라고 후회했다면 이는 비 행동후회라는 것이다. 짝사랑하는 상대에게 고백했다가 거절당한 당장은 고통스럽지만 우리 뇌는 일단 완결된 사건에 대해서는 쉽게 잊는다. 반면에 고백하지 못한 비 행동후회는 결과가 존재하지 않기 때문에 마음속에서 쉽게 지우지 못하고 미련을 갖는다.

얼마 전에 호스피스들이 임종을 앞둔 환자가 자신의 인생을 돌아보며 했던 후회들을 모아 <내가 원하는 삶을 살았더라면> 이라는 책을 내었다. 생의 마지막 순간에 돌아본 다섯 가지 후회를 열거해 본다.

* 내 뜻대로 한 번 살아 볼 걸
* 일 좀 적당히 하면서 살 걸
* 내 기분에 좀 솔직하게 살 걸

* 오래된 친구들과 좀 더 가깝게 지낼 걸
* 좀 더 행복을 위해 도전해 볼 걸

　이처럼 행동해보지 못한 후회는 시간이 지나도 계속된다. 만일 5대 5의 확률로 무엇인가를 할까 말까 고민될 때에는 일단 시도하는 게 맞다. 후회를 하더라도 해보고 후회하는 게 낫지 않을까. 기회 앞에서는 망설이지 말고 행동하는 결단력이 필요한 것이다. 우물쭈물하다 포기하면 후회만 길어질 뿐이다. 인생을 주체적으로 살고 있다면 선택과 후회는 피할 수 없지 않은가. 작가 버나드 쇼의 묘비명에 적힌 글이다. '우물쭈물하다가 내 이렇게 될 줄 알았다.' 인생에는 가급적 하지 말아야 할 후회 3가지가 있다고 한다.

* 좋은 기회를 만나고도 시도해보지 않은 후회
* 좋은 스승을 만나고도 배우지 않은 후회
* 좋은 벗을 만나고도 사귀지 않은 후회

　암 선고를 받고 미국 횡단에 나선 여행기를 공개했던 91살의 미국 할머니 노마가 숨을 거두었다. 생의 마무리라는 걸 어떻게 해야 하는지. 의사로부터 암 선고를 받은 할머니와 가족들 앞에는 몇 가지 선택지가 놓인다. 의사의 권유대로 수술하고 항암치료를 받으면서 남은 생을 병원에서 보내는 것, 병원치료를 거부하고 요양원에서 죽음을 기다리는 것, 아니면 할머니 주장대로 여행을 하다가 여생을 마치는 것. 존엄하고 행복한 죽음은 고인 혼자서만 선택할 수는 없다. 어머니를 요양원에 두는 것은 상상할 수도 없다고 생각한 아들 내외는 자기들 집으로 가서 함께 살자는 제안을 하지만 할머니는 그것도, 병원에서도 여생을 보내고 싶지 않다. 어서 가서 우리 재미있는 일을 하자고 하신다. 의사도 솔직히 할머니가 수술 후 사실 수 있을지 장담 못하겠다고 하며 멋진 여행을 하시라고 권한다.

결국 노마 할머니는 대찬 여행을 선택하고 90세 나이로 아들과 며느리 그리고 애완견과 함께 특별한 여행길에 오른다. 할머니는 항암치료 대신 캠핑카를 타고 미 대륙 횡단에 나선 것이다. TV로만 봤던 그랜드캐니언과 옐로스톤, 러시모어 산을 가보고 생전 처음 열기구를 타거나 승마를 하는 등 새로운 경험도 만끽한다. 이렇게 13개월 동안 32개 주 75개 도시를 누볐다. 할머니는 인생의 마지막 여행기를 페이스북을 통해 공개했고, 수많은 사람들이 이 특별한 여정을 지켜봤다. 그리고 91세의 노마 할머니는 워싱턴 주의 한 해안가에서 아들 내외가 지켜보는 가운데 숨을 거뒀다. "내

여행을 통해 사람들이 삶을 마무리하는 방식에 대해 생각해 보길 바란다."고 말한 할머니는 생전의 바람대로 화장된 뒤 남편 곁으로 돌아갔다. 가족들은 할머니의 뜻에 따라 여행 내내 인위적인 생명 유지 장치를 사용하지 않았다고 전했다. 아들이 노마 어머니의 여행 사진을 올리기 위해 만든 페이스북 페이지 '드라이빙 미스 노마'를 통해 노마 할머니는 일약 스타가 됐다.

약 45만 명의 팬들이 이 페이지를 팔로우하면서 노마 할머니의 소식을 전해 들었다. 치료가 아닌 여행을 선택한 노마 할머니의 사연이 알려지자, 미국 전역의 많은 단체에서 초대를 받기도 했다. 여행 1주년을 맞았을 당시 한 인터뷰에서 노마 할머니는 지난 1년간 여행을 통해 배려와 사랑, 지금 이 순간의 중요성에 대해서 배웠다면서, 지금까지 여행에서 어디가 가장 좋았느냐는 질문에 "바로 이곳"이라고 답했다. 가족들도 여행 내내 사랑하는 사람과 인생을 어떻게 마무리할 것인지 대한 대화의 중요성을 배웠다고 전했다. 노마 할머니의 존엄하고 행복한 죽음은 온 가족이 함께 겪어내는 일이라는 것을 보여 주었다. 이는 환자의 용기뿐 아니라 환자가 고통과 죽음의 공포에 짓눌리지 않도록 배려하는 가족의 마음이 합쳐져야 가능한 일이다.

최근 안락사, 조력자살 등 존엄하게 죽을 수 있는 제도들을 만들어내는 웰다잉(well dying) 움직임이 곳곳에서 생겨나고 있다. 세계 최초로 안락사를 합법화한 네덜란드는 이제 심각한 질병이 없어도 인생이 완성됐다고 생각하는 사람에게 조력 자살을 허용하는 방안도 논의 중이며 벨기에, 콜롬비아, 스위스, 미국 오리건 주 등에서는 조력 자살을 묵인하고 있다.

성경(전도서)에 '초상집에 가는 것이 잔칫집에 가는 것보다 나으니라.'고 한다. 왜 그럴까? 살아있는 모든 사람이 언젠가는 초상집이 될 것이기 때문이다. 초상집을 보면서 사람이 산다는 것이 무엇인가를 주의 깊게 되새기며 인생의 가치가 무엇인가를 고려해보고, 남은 인생의 참된 의미를 반추해 볼 수 있기 때문 아닌가. 기쁜 일을 함께 하기는 쉽지만 어렵고 슬픈 일을 함께하기는 쉽지 않다는 말이다. 노마 할머니의 부고를 접한 누리꾼들은 "오랫동안 당신의 소식을 들으며 즐거웠고, 슬펐고, 행복했다.", "지난 1년간 당신의 여행을 볼 수 있었던 건 너무 아름다운 경험이었다."는 글들을 올리며 애도의 뜻을 전했다. 노마 할머니의 선택과 그 가족들이 어머니의 행복한 죽음을 위해 함께 여행할 수 있었다는 사실이 너무나 감동이었다.

내 경우만도 어머니의 마지막 병상을 단 3개월도 제대로 지키지 못했었다. 우리의 현실을 보면 요양원에 계시는 분들이 본인의 선택으로 오신 분은 한 분도 없다. 어느 날 갑자기 아들딸이 나를 실어다 여기에 두고 갔다는 것이다. 물론 그렇지 않은 분들도 많다. 자녀들이 어떤 이유로든지 부모의 임종마저도 지키지 못하는 우리의 현실을 보면서 많은 것을 생각을 하게 된다.

03 건강 100세 처방전

> "어떤 사람은 25세에 이미 죽어버리는데 장례식은 75세에 치른다.
> 많은 사람들이 자신도 모르는 사이에 장례식을 치르고도
> 그 사실을 모르는 채 육체를 데리고 산다." 〈벤자민 프랭크린〉

생생 한의원 원장인 서은경 박사는 〈건강 100세 처방전〉이라는 책에서 "평생 섭취 음식 총량의 법칙"을 말하고 있다. 한 동물이 평생 동안 먹는 음식의 총량은 거의 같다는 가설이다. 이는 쥐 실험에서 나온 결과인데 음식 섭취량을 제한한 쥐의 그룹이 음식 섭취량을 제한하지 않은 쥐의

그룹보다 더 오래 살았으며, 이때 두 그룹의 쥐가 생존한 기간은 다르지만 섭취한 음식 총량은 거의 같다는 것이다. 결국 음식을 많이 먹을수록 빨리 죽게 되는 것은 평생 음식 총량의 법칙이 존재하기 때문이라는 것이다. 독일의 철학자 헬무트 발터는 '건강이란 질병이 잠시 휴가 중인 상태'라고 말했다. 몸이 아프지 않은 것만으로도 정녕 감사할 축복이다. 우리가 당연히 누리고 있는 이 평범한 일상도 누군가에게는 갈망의 대상이다.

20세기까지는 먹고 사는 어려움이 건강의 최대 적이었는데, 21세기로 들어오면서 몸에 좋다는 음식이면 무엇이든지 많이 먹는 과잉영양이 건강을 해치는 최대의 적이 되었다. 몸에 해로운 독소들의 섭취도 늘어나면서 각종 성인병과 암 등의 원인이 되고 있으니 몸 안의 독소를 잘 배출시키는 게 건강을 지키는 당면 과제라는 것이다. 이걸 디톡스(detox)라 한다. 간단히 말하면 적게 먹으면 오래 살고, 많이 먹으면 빨리 죽는다는 것이다. 일평생 먹는 음식의 총량은 똑같다. 어찌 보면 참 무서운 법칙이다. 내가 오늘 맛있는 음식을 조절하지 못하고 폭식을 하면, 이틀 먹을 음식을 하루에 해치웠으니 그만큼 내 삶이 짧아지는 셈이다. 내 주변에 건강을 잘 지키고 있는 분들을 보면 적게 먹는다. 약도 먹지 않고 살아간다. 몸 안에 쌓이는 독소를 배출시키는 것이 건강을 지키는 것이라면 소식은 물론, 하루 두 끼씩 일주일을 해본 다음 단식을 3일 정도 하면 좋다. 나도 한때 폭식 폭주로 건강에 이상 신호가 온 때가 있었다. 그때마다 5일정도 금식을 3년씩마다 반복적으로 해오며 건강을 유지시켜 왔다. 말하자면 요즘 유행하는 디톡스를 한 셈이다.

음식뿐 아니다. 디지털 디톡스도 해야 한다. 스마트폰 등 각종 전자기기 사용을 중단해보거나 절제해야 한다. 절제! 그것은 인생 고수의 덕목이다. 고수는 누릴 수 있고, 다 먹을 수 있다 해서 다 누리거나 먹지 않는다. 지지(知止), 멈출 줄 알아야 한다. 하수는 그걸 못해서 훅 간다. 노자는 '지족불욕 지지불락(知足不辱 知止不落)' 이라 했다. 만족할 줄 알면 모욕당하지 않고, 그칠 줄 알면 떨어지지 않는다. 적게 먹고 오래 존재하라 하지 않던가. 그리스의 철학자 아리스토텔레스의 <시학>에 '하마르티아' 라는 개념이 있다. 비극적 결점이라고 번역하는데 영웅적인 인물이 몰락하게 되는 결정적인 결점을 말한다. 많은 영웅들을 몰락시키는 것은 우연한 불운 때문이 아니라 바로 그들을 영웅으로 만들어준 이른바 성취욕이다. 다시 말해서 누군가를 몰락시키는 결점은 운명적 저주가 아니라 그를 거기까지 이끌고 왔던 성취욕이다. 아이러니 하지 않는가. 탐욕스럽게 목표에만 집중하고 골몰한 나머지 인간관계나 건강처럼 소중한 것을 잃어버리는 이들을 자주 본다. 학자들은 이런 사람들을 성취중독자 혹은 배고픈 유령이라고 부른다.

1960년대는 1인당 국민소득이 100달러도 되지 않을 만큼 가난했기 때문에 지금의 기성세대들은 절대 빈곤에서 헤어날 수 없어 만족하려야 만족할 수 없었다. 물론 젊은 나이에 응당 성취에 집중하고 골몰하는 것이 당연하지만 경제사정이 좋아진 오늘날 나이 들어서까지 세속의 성취에 골몰하는 것은 보기에 딱하다. 흔히 나이 든 자의 욕심을 노욕(老欲)이라고 하는데 이를 노추(老醜)라고 표현한다. 우리가 무엇을 위해 이토록 달리는가? 돈, 명예, 권력, 쾌락, 행복 등 이런 목표에 대한 열망과 노력이 우리의 지금을 만든 원동력인 것은 맞다.

하지만 그 성취를 위해 '조금만 더, 조금만 더'를 되뇌며 끝없이 오르다보면 날개의 밀랍이 녹아 한 순간에 추락하고 말 것이다. 그러니 치열하게 노력하면서도 적당한 지점에서 만족을 아는 중용의 지혜가 필요한 것이다. 비하자면 우리의 성취 욕구는 자동차의 액셀러레이터이고, 만족은 브레이크다.

액셀러레이터 없는 차는 움직이지 않고, 브레이크 없는 차는 폭주한다. 결국 우리 인생의 여정은 성취와 만족을 얼마나 잘 다루느냐에 따라 완성된다.

당신의 경우는 어떤가. 주변의 풍광을 즐기며 정해진 속도로 안전주행 할 것인가. 극한의 스피드로 최단시간에 목적지를 향해 달려갈 것인가. 그 선택은 당신에게 달려 있다. 조선시대 성리학자였던 퇴계 이황선생님이 하신 말씀이 있다. "헛되도다. 내 나이 70이 다 되어가건만 70년이 헛되도다." 동방의 주자라 불러도 될 만큼 모든 것을 갖춘 분. 그분은 벼슬을 수십 번이나 사퇴했으며 2천여 편의 저술을 남기고, 그가 세운 도산서당에서 나라의 동량이 될 수많은 인재를 배출시킨 그분이 이렇게 말했다.

너무 많이 가지려 하지 말며, 너무 받으려 하지 마라. 너무 애쓰지도 말며, 너무 괴로워하지도 말라. 너무 담으려 하지 말며, 너무 앞서려고도 하지 마라. 너무 튀려고도 하지 마라. 이 세상 모든 것을 다 가진 이스라엘 왕국의 제3대 왕. 지혜의 왕으로 불리던 솔로몬 왕이 인생의 마지막에 한 말이다. "모든 것이 헛되고 헛되며 헛되도다." 이제야 이 말이 마음에 와 닿는 것을 보니 나도 어지간히 인생을 살아낸 것 같다. 과유불급이라 했거늘, 지나친 욕심이 빚어낸 역사의 고독한 현장을 우리는 수 없이 보고 있지 않은가. 공자는 평생 가득 참을 경계하기 위해 계영배(戒盈盃)를 책상머리에 두고 살았다고 한다.

누리던 권력을 잃은 노인은 비참하다. 단테는 <신곡>에서 비참할 때 행복했던 시절을 회상하는 것보다 더 큰 고통은 없다고 말하고, 키케로는 노인의 탐욕이란 나그네의 길이 얼마 남지 않았는데 노잣돈 더 마련하려는 것과 마찬가지로 어리석다고 말했다. 세월이 차면 생명도 가기 마련이고, 생명이 다하면 돈도 명예도 필요 없겠건만 왜 늙은이들이 노욕 때문에 추하게 늙어가고 있는지 알 수 없다. 돈 따라 명예 따라 노구를 이끌고 다닌다는 것은 민망스럽기 짝이 없다. 작가 시오노 나나미는 자신의 나이를 잊지 말라, 억지로 젊은 척 하지 말라, 자신의 나이에 맞는 방법을 사랑하라고 말한다.

04
하고 싶은 말을 안 할 수 있는 사람

"어리석은 자는 자기가 현명하다고 생각하고
현명한 사람은 자기가 어리석은 사람이라는 것을 알고 있다."
〈세익스피어〉

하고 싶은 말을 안 할 수 있는 정도가 되면 단순히 인격적으로 성숙한 사람이 아니라 성인의 반열에 드는 사람이라고 해야 맞다. 하고 싶은 말을 하지 않고 참을 수 있는 것은 불가능한 일이기 때문이다. "꼭 너만 알고 있어"라든지, "이거 말 하면 안 되는데"라든지 이런 말들은 세상 사람들이 반드시 알게 되어 있다. 누구도 몰랐으면 좋겠다는 생각이 든다면 말을 하지 않는 게 제일이다. 어쨌든 하고 싶은 말을 안 할 수 있다면 대단한 내공이 쌓인 것이다.

공자는 여기저기서 들은 말을 이리저리 옮기는 행위는 덕을 버리는 꼴이라고 했다. 노자의 〈도덕경〉에 이런 말이 나온다. "아는 자는 말하지 않고(知者不言 지자불언), 말한 자는 알지 못한다(言者不知 언자부지)." 진정으로 앎에 도달한 사람은 자기가 아는 내용을 언어화하지 않는다는 뜻이다. 불가에서는 '묵언수행'을 하고, 카톨릭에서는 '침묵피정'을 한다. 무엇 때문에 스님들이 신부님들이 말을 하지 않는 극단적인 수행을 할까? 조금이라도 잘못 말하게 되면 칼보다 더 날카롭게 상대방의 가슴을 찌를 수 있기 때문이다. 묵언수행은 말 자체를 부정하는 것이 아니라 제대로 말하기 위해 행하는 수행인 것이다. 가령 누구를 만났을 때 말을 하지 아니하면 상대방의 말을 더 잘 들을 수 있게 되는 것이다. 이쪽의 침묵이 어쩌면 저쪽의 이야기를 더 잘 듣겠다는 의지인 것이다. 침묵을 할 때 우리는 상대방의 말을 과거 어느 때보다 더 잘 듣게 되는 것이다.

어떤 할머니가 자기 남편이 동네 다방 마담과 바람을 피운다며 스님을 찾아 하소연 하러 왔다 치자. 할머니는 갑갑한 자기의 마음을 들어줄 사람이 필요해서 스님을 찾아온 것이지 스님에게 답을 구하려고 온 것은 아니다. 그냥 삶이 얼마 남지 않은 할아버지가 측은하기도 하고, 동네 사람들이나 자식들 보기가 민망한데 말할 곳이 없어 답답해 찾아온 것이다. 할아버지의 바람기를 응징하려고 했다면 경찰서로 가야지 왜 산사에 올라왔겠는가. 이 경우 스님은 쓸데없이 불교 교리를 읊조려서는 안 되는 것이다. 그저 미소와 함께 할머니의 말을 들어주면 되는 것이다. 어쩌면 산사로 가는 가파른 길을 오르며 할머니의 마음은 이미 많이 누그러졌을 것이다. 말할 수 없는 것에 침묵해야만 하고, 말할 필요가 없는 것에도 침묵해야만 한다. 침묵할 수 있는 사람만이 제대로 말할 수 있는 사람이다. 제대로 말할 수 있는 사람은 침묵할 수 있는 사람이라는 말이다.

'구화지문(口禍之門)'이라는 말이 있다. 입은 재앙을 불러들이는 문이므로 말을 삼가고 경계하라는 뜻이다. 입을 닫고 혀를 깊이 감추면 처신하는 곳마다 몸이 편하다는 말일게다. 모임이나 여행을 함께 해보면 유난히 말을 많이 하는 사람을 만나게 된다. 혼자서 정치를 다 하고, 세상을 자신이 다 아는 것처럼 끝없이 지껄이는 사람이 있다. 가장 말을 잘하는 방법이란 상대의 말을 끝까지 들으며 맞장구를 치는 것이라는데, 어지간한 수양으로는 감당하기 어려운 경우가 허다하다. 말은 많이 할수록 궁해지는 법이다. 노자는 말을 반드레하게 잘하는 사람이 그 말을 따라갈 만한 행동을 보여주지 못하는 것은 예나 지금이나 마찬가지라고 했다. 그러니 말 잘하는 사람 조심하라는 것은 생활 속에서 쉽게 얻을 수 있는 교훈인 것이다. 공자는 교묘한 말과 살랑대는 낯빛을 하는 사람 중에 어진 사람은 드물다고 했다. 말은 어눌해야 하고 행동에는 민첩해야 한다는 말이다. 예수는 입에 들어가는 음식이 사람을 더럽히는 것이 아니라 입에서 나오는 말이 사람을 더럽힌다고 했다.

성경⁽마태복음⁾에 '입에서 나오는 것들은 마음에서 나오나니 이것이야 말로 사람을 더럽게 하느니라.', '씻지 않은 손으로 먹는 것이 사람을 더럽게 하지 못한다.'고 했다. 우리 속담에도 이런 말이 있다. '들으면 병이고, 듣지 않으면 약'이라고 했다. 말이 많은 집은 장맛도 쓰다고 한다. 한 해를 보내는 마지막 달이어서 모임이 많을 것이다. 말을 해야 할까, 침묵을 해야 할까? 사람들은 사람 때문에 상처를 받고 또 사람 때문에 행복해하기도 한다. 아침에 눈을 떠서 만나는 가족, 밖에 나가서 만나는 친척, 친구, 동료 등 수많은 관계 속에서 상처를 받기도 하지만 사랑을 받기도 한다. 그런데 별 뜻 없이 내뱉은 말이 비수처럼 꽂히기도 하고 가슴을 아프게 하기도 한다. 중국 당나라에서 재상을 지낸 풍도(馮道)라는 정치가는 열한 명의 임금을 섬길 정도로 처세에 능한 달인이었다. 그가 남긴 설시(舌詩)를 옮겨 보았다.

구시화지문(口是禍之門) 입은 화근의 문이요
설시참신도(舌是斬身刀) 혀는 몸을 자르는 칼이다
폐구심장설(閉口深藏舌) 입을 다물고 혀를 깊이 감추면
안신처어우(安身處處宇) 몸이 어느 곳에 있든지 편안하리라

〈논어〉에서 공자는 '눌언민행(訥言敏行)하고 중위불고(重威不固)하며, 삼사일언(三思一言)하고, 수구여병(守口如甁)하라'고 한다. 말은 어눌하게 하고 행동은 민첩하게 하되, 위엄을 지켜가며 말을 많이 하는 꼰대가 되지는 말자. 한 번 말을 하려면 세 번 생각하고, 병마개는 평소에 단단히 막아두었다가 꼭 필요할 때에만 여는 것처럼 사람의 입도 꼭 필요할 때에만 열고 평소에는 꼭 닫고 있어야 한다고 했다. '함께 말할 만한 사람과 말하지 않으면 사람을 잃고 함께 말할만하지 않는 사람과 더불어 말하면 말을 잃는다'고도 했는데, 사람 잃고 말까지 잃는 어리석음 속에 뒤엉켜 살아가기가 쉽지 않다. 그러니 무엇을 말할까 궁리하기보다 말하지 않을지를 먼저 고민하면 절로 입이 무거워지지 않을까 싶기도 하다. 영영 반 벙어리로 살 수는 없을 터 어떻게 하면 사람도 잃지 않고, 말도 잃지 않을 수 있을까. 나이 먹을수록 입은 닫고 지갑은 열라는 인생 선배들의 조언이 생각난다. 생리적 노화와 별개로 마음이 늙으면 말도 늙는다고 한다. 새로운 생각이 줄어들면 중언부언 했던 말을 하고 또 해, 공감이 퇴화되고 결국 자기자랑으로 끝나는 말들을 끊임없이 늘어놓게 된다.

아주 다정한 관계를 묘사하는 단어 중에 "첩첩남남(喋喋喃喃)"이라는 말이 있다. '아주 작은 목소리로 다정하고 즐겁게 주고받는 속삭이는 모습'을 뜻하는 말이다. 어느 날 건너편 집에서 부부가 서로 언성을 높여가며 싸우고 있다. 상대방이 바로 앞에 있는데, 굳이 크게 소리를 질러야 하는 이유가 무엇인가? 큰 소리로 말 해야만 더 잘 알아듣는 것도 아니고, 조용히 말해도 하고 싶은 말을 전할 수 있을 텐데 말이다. 내 생각으로는 '사람들은 화가 나면 서로의 가슴이 멀어졌다고 느낀다.' 그래서 그 거리만큼 소리를 지르는 것이다. 소리를 질러야만 멀어진 상대방에게 자기 말이 가 닿는다고 여기는 것이다. 화가 많이 날수록 더 크게 소리를 지르는 이유도 그 때문이다. 소리를 지를수록 상대방은 더 화가 나고 그럴수록 두 사람의 가슴은 더 멀어진다. 그래서 갈수록 목소리가 커진다. 계속해서 소리를 지르면 두 사람의 가슴은 아주 멀어져서 마침내는 서로에게 죽은 가슴이 된다. 죽은 가슴엔 아무리 소리를 쳐도 전달되지 않는다. 그래서 더욱더 큰 소리로 말 하게 되는 것이다.

그런데 두 사람이 사랑에 빠지면 무슨 일이 일어나는가? 사랑을 하면 부드럽게 속삭인다. 두 가슴의 거리가 매우 가깝게 느껴지기 때문이다. 그래서 서로에게 큰소리로 외칠 필요가 없는 것이다. 사랑이 깊어지면 두 가슴의 거리가 사라져서 아무 말이 필요 없는 순간이 찾아온다. 두 영혼이 완전히 하나가 되기 때문이다. 서로 바라보는 것만으로도 충분하다. 말 없이도 이해하는 것이다. 이것이 사람들이 화 낼 때와 사랑할 때 일어나는 현상이다. 그러니 싸울 때 서로의 가슴이 멀어지게 하지 말아야 한다. 화가 난다고 소리를 질러 서로의 가슴을 밀어내서는 안 된다. 계속 소리를 지르면 그 거리를 회복할 수 없게 되고 마침내는 돌아갈 길을 찾지 못하게 된다. 화가 나면 마음이 닫혀 버리기 때문에 상대방이 멀게 느껴진다. 반면에 사랑은 가슴의 문을 열어 멀리 있는 사람도 가깝게 느껴지게 한다. 그것이 사랑의 작용이다. 갈등의 1%는 의견 차이에서 오며 나머지 99%는 적절치 못한 목소리와 억양에서 온다는 심리학의 통계가 있다. 소리를 지르는 관계는 가슴이 멀어진 관계다. 그래서 자기 말이 들리게 하려고 더 크게 소리치는 것이다. 그렇게 함으로써 두 가슴은 더욱 멀어진다. 소리친 다음의 침묵은 가슴이 죽어버렸음을 알려주는 신호다.

우리는 가까운 사람에게 더 자주 소리를 지른다. 낯선 사람에게 소리를 지르는 경우는 아주 드물다. 더 사랑해야 할 사람에게 더 상처를 주는 것이다. 목소리의 크기는 가슴과 가슴 사이의 거리에 비례한다는 것, 그리고 소리의 크기만큼 더 멀어지는 관계가 된다는 것을 알아야 한다. 사실 소리를 지를 때 더 고통 받는 쪽은 상대방이 아니라 나 자신이다. 불붙은 석탄을 던지는 사람은 자신부터 화상을 입는다. 상대방이 나에게 소리를 지르면, 그것은 나를 필요로 한다는 뜻이고 거리를 좁히고 싶다는 뜻 아닌가. 아무쪼록 속삭이듯 주고받는 '첩첩남남'의 지혜를 놓치는 일이 없기를 바란다.

공자는 군자의 도(道)가 드러나는 것을 '출처어묵(出處語默)' 네 글자로 요약했다. 인생의 문제는 출처의 문제요, 어묵의 문제라는 것이다. 출처(出處)는 나서야 할 것인지 나서지 말아야 할 것인지를 판단하는 것이고, 어묵(語默)은 말을 해야 할 것인지, 입을 닫고 침묵을 해야 하는 것인지를 판단하는 것이다. 모임이나 회식자리, 친구들과 여행 중일 때 나서지 말아야 할 사람은 꼭 나서고, 말해서는 안 될 사람이 침묵하지 못하고 주변사람들을 힘들게 하는 경우가 허다하다. 남 이야기가 아니고 당신과 나일 수 있다. 김영삼 정부시절 삼성의 이건희 회장이 기자회견장에서 본심을 드러내는 말을 해 곤혹스러운 일이 있었는데 "우리나라 정치는 4류, 정부는 3류 기업은 2류"라고 말했었다. 틀리지 않는 말이지만 불쑥 던진 이 말 한마디로 당시 청와대의 분노를 누그러뜨리기 위해 꽤나 고생을 했다는 것이다. 한편 김영삼 대통령은 "일본 놈들 버르장머리 고쳐놓겠다."고 했다가 한일 관계가 한동안 불편해지기도 했었다. <잠언집>에서도 '듣기는 빨리 하고, 말하는 데는 한 박자만 늦춰 더디 하라'고 한다. 입조심이 얼마나 어려우면 이렇게까지 오랜 세월에도 이어질까. 나도 당신도 심신이 편안해지려면 입조심, 말조심해야 한다.

05
배우고 익히면 누구나 고수가 된다

"더 알면 알수록 내가 모른다는 것을 절감하게 된다." <아인슈타인>

<논어> 학이편의 첫 페이지 첫 줄은 이렇게 시작된다. '학이시습지 불역열호(學而時習之 不亦說乎)'라. 배우고 때때로 익히면 즐겁지 아니한가. 학(學)이란 가르침을 받는 것이고, 습(習)은 학업을 익히는 것, 시습(時習)이란 수시로 반복하고 익힌다는 말이다. 비유하여 '여조삭비(如鳥數飛)'라 한다. 새가 하늘을 날기 위해서는 수없이 자주 날갯짓을 반복해야 하는 것처럼 끊임없이 연습하고 익혀야 한다는 교훈이다. 그러니 하수와 고수 사이를 이어주는 사다리는 습(習)밖에 없다. 중용에 '백천지공(百千之功)'이라는 말이 있다. 남이 한 번에 능하다면

나는 열 번 할 것이요, 남이 열 번에 능하다면 나는 천 번을 할 것이다. 그러므로 배우지 않으면 그만이지만 만일 능하지 못하면 결코 배우고 익히는 것을 게을리 하지 말아야 한다는 교훈이다. 혹시 당신은 재능이 없다고 포기하려는가? 말콤 글래드웰이 말했다. "무슨 일이든지 1만 시간을 익히고 반복해라." 그러면 달인이 된다. 새의 날갯짓을 봐라. 수백 번, 수천 번을 반복한다. 익히지 않고는 익숙해질 수 없다. 바보스럽게도 우리는 배운 뒤에야 부족함을 알게 된다. 그러니 아는 만큼만 보인다는 말이 맞는 것이다. 어려움이란 새로움의 시작일 뿐이다. 어려움을 이겨내는 자만이 새로운 단계, 새로운 세상에 진입할 수 있다.

나는 SBS <생활의 달인> 프로를 거의 빼놓지 않고 즐기는 편이다. 동양철학인 도학(道學)의 사유체계에서는 무슨 일이든 10년의 내공을 거치지 않는 것은 사상누각(沙上樓閣)이 된다고 했다. 10년의 내공을 닦아야 그 바닥에서 나름 알려진 달인이 되고, 20년 정도 지나면 초심자로서는 헤아릴 수 없는 새로운 경지에 이르며, 또 다시 30년을 채우고 나면 모든 연단(鍊丹)과정이 끝나 자신만의 여의주(如意珠)를 얻게 된다는 것이다. 오로지 한 분야만을 파고 또 파서 더 이상 팔 수 없을 정도로 깊고 중후한 내공을 쌓았다는 달인들을 보면 기상

천외한 신기(神技)를 발휘한다. 그런 것을 볼 때마다 모든 인간은 이 세상에 태어나면서 한 가지 일은 신을 능가할 만큼 잘 할 능력을 가진다는 확신을 갖게 된다. 그러나 달인은 그냥 만들어지는 게 아니라는 것을 본다. 고난과 위기, 절망과 좌절 같은 뒤안길이 반드시 존재했다.

자기 재능만을 맹신하는 자가 받는 선물은 필패(必敗)이고, 노력을 신봉하는 자가 받는 선물은 필승(必勝)이라는 말이 있다. 비록 재능이 있다 하더라도 일가(一家)를 이루기 위해서는 10년, 20년, 30년의 노력이 필요한 것. 연단 술이라는 게 있다면 그 핵심은 노력뿐이라는 것을 깨달아야 한다. 그러므로 인생이란 자기 스스로를 말(馬)로 삼아 끝없이 채찍질하며 달려가는 과정인 것이다. 도저히 가능할 것 같지 않다는 생각이 들 때, 해결책이 역습한다고 한다. 수많은 성공들이 그랬다. 이제 당신 차례 아닐까?

<종의 기원>을 쓴 찰스 다윈은 이렇게 말했다. "살아남는 것은 변화에 잘 적응하는 종이다." 빌 게이츠도 말했다. "나는 힘이 센 강자도 아니요, 두뇌가 뛰어난 천재도 아니다. 날마다 새롭게 변했을 뿐이다." 살아온 날이 중요할까? 아님 살아갈 날이 중요할까? 영국의 역사학자 토마스 칼라일은

길을 가다 돌이 나타나면 약자는 그 돌을 걸림돌이라 하고, 강자는 그 돌을 디딤돌이라 한다고 했다. 필리핀 속담에 하고 싶은 일에는 방법이 보이지만, 하기 싫은 일에는 핑계만 생긴다는 말이 있고, 유교경전 중 <시경>에는 무릇 하늘이 인간을 만드실 때 늘 일이 일어나면 법칙이 있게 하였다는 내용이 있다.

　대기업 현대를 말할 때 고인이 된 정주영회장의 '빈대' 이야기를 빠뜨릴 수 없다. 정주영회장이 소를 팔아 서울로 가출을 하였는데 가지고 온 돈을 모두 써버리고 막노동판에서 일을 하고 있었을 때이다. 그때는 방역체계가 취약하여 이와 빈대가 많았는데, 특히 빈대가 극성을 부려 잠자리는 빈대와의 전쟁이었다고 한다. 침대 위에서 자도 금방 빈대가 올라와서 대접에 물을 받아 침대 네 다리를 담그어 놓았더니 한 이틀간은 편히 잠을 이룰 수 있었다고 한다. 3일째 자려고 보니 또 빈대가 있어 이상하다 생각하여 추적해보니 빈대가 벽을 타고 천정을 기어 올라가 침대가 위치한 곳에서 정확히 몸을 던지는 것이다. 이를 보고 하물며 빈대도 먹고 살기 위해 저토록 머리를 쓰고 노력을 하는데 사람이 무엇을 못하겠느냐 생각하며 더욱 분발해 지금의 현대를 일구었다고 한다. 사실인지는 모르겠지만 현대그룹에서는 당시 정주영

회장이 쓰는 욕 중에서 가장 심한 욕이 바로 '이 빈대만도 못한 놈!' 이었다고 한다.

06 불가능하게 보이고 어려워도 하는 게 낫다

"누군가가 마음에 들지 않는다는 건 그 안에 자신이 있기 때문이다."

미국의 시인 로버트 프로스트의 〈가지 않는 길〉이란 시다.

노란 숲속에 두 갈래 길이 있었지
나는 양쪽 모두를 갈 수는 없었지
오랫동안 서서 곰곰이 생각했지
한쪽 길을 멀리까지 바라보았지
그 길의 덤불 속에서 굽어져 있는 곳까지
그러다가 똑같이 좋은 다른 길을 택했지
어쩌면 그 길이 더 나은 것도 같았지
풀이 더 많았고 발길을 기다리는 듯 싶었기에
그 길도 다른 길처럼

비슷하게 닳아 있었긴 했지만

그 날 아침의 그 두 길 모두

아무도 밟지 않은 나뭇잎들이 덮여 있었지

오! 나는 하나는 다음날을 위해 남겨 두었지

하지만 길이 어떻게 길로 이어지는지 알았기에

다시 돌아올 수 있으리라고는 생각하지 않았지

한숨을 지며 이 이야기를 할 수 밖에

수많은 세월이 흐르고 흐른 후에

숲 속에 두 갈래 길이 있었노라고

그리고 나는 사람들이 덜 간 길을 택했노라고

그리고 그것이 내 운명을 정했노라고

세계적으로 가장 사랑받는 시 중 하나다. 나는 내가 살아온 삶을 뒤돌아보고 싶어질 때면 이 시를 읽는다. 전에는 남들이 가지 않는 길을 택하겠다고 다짐하며 우월감에 빠지곤 했다. 그런데 지금 다시 생각해보니 사람들이 가지 않는 길은 사실 똑같이 좋아 보이는 두 개의 길 중 하나일 뿐이다. 사람들이 잘 가지 않는 길이라며 스스로 선택한 삶이 최선이었다고 믿는 것은 자기 기만에 대한 위안임을 깨달았다. 이슬람 신자인 무슬림들은 하루에 꼭 다섯 번씩 메카를 향해 기도한다고 한다. 신의 뜻에 승복하기 위해 자신이 가야 할 길을 상기하며 온몸을 땅바닥에 붙인 채 매일 순교적인 삶을 다짐한다.

　우리는 하루에도 몇 번씩 갈림길 위에 선다. 내가 선택할 수 있는 길은 하나뿐이고, 그 순간 나는 최선의 선택을 해야 한다. 미래란 현재에 내가 선택한 결과에 불과하다. 오늘 내 선택의 자연스러운 결과일 뿐이다. 시 속의 두 갈래 길! 삶에 정답은 없다. 내가 선택한 그 길 끝에 과연 무엇이 어떠한 모습으로 기다리는지 누구도 알 수 없기 때문이다. 다만 오늘이라는 시간 위에서 혼신을 다해 그 경계의 지점까지 가보는 것 뿐이다. 준비하는 자에게 기회가 온다고 했다. 힘들고 고달프지 않은 삶이 어디 있는가. 인생 전반, 중반에 아무리 떵떵거리며 살고 있더라도 자만하지 말라. 마지막 후반을 잘 살아내야 그게 가장 잘 사는 길이다.

　공자는 〈논어〉에서 '지기불가 위이위지(知其不可 爲而爲之)'라 했다. 사람들은 공자를 불가능한 것을 알면서도 하려고 하는 힘을 낭비하는 공상가라고 했다. 불가능하다고 해서, 어렵다고 해서 하지 않는 것보다는 그래도 하는 것이 낫다고 공자는 말한다. 그래야 진보(進步)가 있기 때문이다. 지금은 불가능해 보일지 모르나 결코 이상을 포기하지 말라는 얘기다. 다시 말해서 가까운 곳의 작은 꿈이 아니라, 멀리 있는 큰 야망을 의미한다. 처음엔 너무 커서 불가능해 보이지만 한발 한발 다가갈수록 그것은 자꾸 작아질 것이기 때문이다.

작가 이문열은 〈젊은 날의 초상〉이라는 소설 속에서 이렇게 외친다. "나는 생각한다. 진실로 예술적인 영혼은 아름다움에 대한 처절한 절망 위에 기초한다고. 그가 위대한 것은 그가 아름다움을 창조하였기 때문이 아니라, 그것이 불가능한 줄 알면서도 도전하고 피 흘린 정신 때문이다." 절망이야말로 가장 순수하고 치열한 열정이다. 사람들이 불행해지는 이유는 진실하게 절망하지 않기 때문이다. 삶의 밑바닥을 치면 다시 솟아날 힘과 용기가 생기는 법이다. 그러니 꼭 진실하게 절망하고 절망하라.

일본의 작가 엔도 슈사쿠의 책 〈회상〉에 나오는 얘기다. 코이라는 비단 잉어가 있다. 이 잉어가 자라는 모습을 보면 참으로 신기하다. 사는 공간의 크기에 따라 몸의 크기도 달라진다. 작은 어항에 넣어두면 5~8㎝ 밖에 자라지 못하지만, 커다란 수족관이나 연못에 넣어두면 15~25㎝까지 자란다. 그리고 강물에 방류하면 90~120㎝까지도 성장한다. 큰 꿈을 품은 사람은 미래에 큰 사람이 되고, 작은 꿈을 품으면 작은 사람이 된다. 꿈의 크기가 사람의 크기이고 인생의 크기이자 미래의 크기다.

석공이 돌을 두드린다, 돌덩이를. 그것도 똑같은 위치를 100여 차례 두들겼지만 돌덩이는 꿈쩍도 하지 않는다. 그러다가 101번 째가 되었을 때 돌덩이는 갑자기 두 조각으로 쪼개진다. 그렇다면 101번 째의 망치질이 돌덩이를 쪼갠 것일까? 아니다. 앞서 100여 차례의 망치질이 돌덩이를 쪼갠 것이다. 그렇다! 돌을 깨는 이 과정에서 꽁무니를 빼고 도망가는 사람은 실패를 대가로 얻고, 난관에 굴하지 않고 나아가는 사람은 성공을 대가로 얻는다.

리차드 바크가 쓴 〈갈매기의 꿈〉은 열여덟 곳의 출판사로부터 거절을 당했다가 마지막에 맥밀란 출판사를 통해 초판이 발행되었다. 그리고 5년 동안 미국에서만 700만 권이 팔려 나갔다. 〈바람과 함께 사라지다〉의 작가 미첼은 자신의 작품을 갖고 출판업자를 찾아가 상담하는 과정에서 80차례 거절을 당했으며, 81번 째에 이르러서야 발행이 되었다. 헤밍웨이의 〈노인과 바다〉 원고는 400번을 넘게 지우고 고치고 또 고치는 과정을 겪은 뒤 출판되었다고 했다. 그 어떤 일도 이루지 못하는 사람들은 추구하는 목표가 없어서가 아니라 난관에 부딪힐 때마다 자신의 목표를 포기하기 때문이다. 인생에 최대 실패는 바로 당신이 포기를 선택한 것이다.

07 중국은 어떤 나라인가

"근자열(近者悅)원자래(遠者來), 가까이 있는 사람을 기쁘게 하면 멀리 있는 사람이 찾아온다."< 공자>

남한의 100배 넓은 대륙이며, 인구가 14억, 역사 5000년을 헤아리는 거대 중국의 면면을 다 알기는 어렵다. 반면에 미국은 비슷한 면적을 갖고 있지만 인구는 3억, 역사는 200년 조금 넘는 정도다. 2010년 중국이 일본을 누르고 G2가 된 느닷없는 사실에 우리는 충격을 받지 않을 수 없었다. 전 세계가 깜짝 놀라 숨을 죽였다. 덩사오핑이 개혁 개방한 것이 1980년이니까 꼭 30년 만에 세계 두 번째 경제 대국으로 군림하게 된 것이다.

우리나라가 1인당 GDP(국내총생산) 1만 달러를 넘어선 2000년쯤 세계는 그 사실을 기적이라고 불러주기에 인색하지 않았고, 거기에다 군부독재 타도와 민주화까지 동시에 이룩해 낸 세계 최초의 나라라고 박수를 보내주었다. 그게 40년 밖에 안 걸린 성과라 기적이라 한 것이다. 그런데 중국은 G2가 되는데 30년 밖에 안 걸린 것이다. 이 상상할 수 없는 쾌속에 전 세계는 자다가 찬물을 뒤집어쓴 듯 놀랐다. 세계적으로 유명한 경제학자들이 중국이 선진국 대열에 설 수 있는 시기를 대략 2050년쯤으로 전망했었는데 2010년 G2가 되어버린 것이다. 4년도 아니고 40년을 앞당겼으니 갑자기 폭발한 대화산이고, 느닷없이 몰아닥친 대형 태풍이고, 난데없이 덮쳐온 쓰나미였다. 특히 2위 자리를 빼앗긴 일본의 충격이 어떠했을지는 짐작이 되고도 남는다. 중국이 미국 다음으로 경제 대국이 된 기준은 다름 아닌 외화 보유고이다. 2010년에 3조 달러였는데 2013년 3조 8200달러, 해가 바뀌면서 4조 달러로 일본의 3배가 된 것이다.

중국은 세계 170여 나라에 차이나타운을 형성하고 있는 화교가 1억 명을 넘고, 그들의 재산이 3조 달러를 넘는다. 놀라거나 감탄할 것 없다. 중국 화교들의 단결력은 이미 세계적으로 소문나있다. 그들은 집단촌인 차이나타운을 만들고 자신들의 돈은 한 푼도 밖으로 흘러가게 하지 않는다는 철칙을 지켜간다. 그들은 오래전부터 천 원을 벌기로 했는데 900원밖에 못 벌었으면 한 끼를 굶는다는 상술로 살아왔고, 그 결과 유대인 상술과 함께 세계적으로 인정받고 있다. 말레이시아, 인도네시아를 중심으로 한 동남아시아 국가들의 경제력 85%를 중국 화교들이 장악하고 있다.

덩샤오핑이 개혁·개방의 깃발을 올리고 나서 가장 먼저 찾아간 곳은 미국도 아니고 일본도 아닌 화교거상이었다. "조국을 위해 투자해다오. 모국을 위해 마음을 열어다오."라는 호소에 화교들이 본토에 투자하기 시작, 1990년 베이징에 30층 이상의 5성 호텔들이 들어서자 신비에 싸인 중국을 보기 위해 몰려든 서구 관광객들의 돈을 갈퀴로 긁어대기 시작했다. 신바람이 났다. 우리나라 인구의 2배가 넘는 화교들은 세계도처에서 그들끼리 똘똘 뭉쳐 모국을 향한 변함없이 투자를 아끼지 않았던 것이다.

1997년 우리에게 6·25 이후 최대 난국으로 닥쳐와 뼈저린 고통을 안겨주었던 IMF사태에도 중국은 끄떡없이 10%대 성장의 고공행진을 했다. 2008년 미국 발 금융위기 때 미국의 거대한 자동차 회사가 부도, 100년 넘는 은행도 파산하는 판인데 중국은 태연자약하게 10%대 성장을 하더니만 2010년에 마침내 G2의 왕관을 차지했다. 미국과 EU마저도 중국에 돈 좀 빌려달라고 해야 할 처지가 된 것이다. 후진타오가 프랑스를 방문하고는 프랑스 여객기 10대도 아니고 100대를 주문한다.

그 때 가장 놀란 사람이 미국 오바마였다. 자존심이 있으니 말은 할 수 없고 속으로 끙끙 앓았다. 그런데 그 다음 미국을 방문한 후진타오는 미국제 여객기 200대를 주문한다. 중국은 또 한 번 세상을 놀라게 했다. 미국과 독일을 물리치고 1등 항공국이 되었다. 이게 바로 중국의 파워다. 2012년 EU국가인 그리스, 스페인 등에 외환 위기가 왔을 때도 중국은 7~7.5%의 건강한 성장을 계속했다. 물론 중국이 내적으로 아무 문제가 없었다는 것은 아니다. 당 수뇌부와 고급관리들의 부정부패, 권력과 결탁한 대기업의 타락과 횡포, 독재 권력의 억압, 계층 간의 빈부격차, 극심한 공해, 부동산 거품 등은 복병이고 지뢰밭인 게 분명하지만 광대한 영토와 거대한 인구의 나라를 다스리는 지배 계층은 수십 년에 걸쳐 지배 방법과 기술을 치밀하게 습득한 사람들이 선출되기 때문에 많은 문제들을 어렵지 않게 해결해가고 있다.

중국은 G2가 되면서 자국을 '세계의 공장'에서 '세계의 시장'으로 전환시켰다. 제조업에 총력을 기울여 수출주도형 경제를 내수시장 활성화로 강화시켜, 대도시의 1인당 GDP 2만 달러 인구가 우리나라 총인구의 4배에 이르고 있다. 14억 인구가 출렁이는 소비시장! 상상이 되는가? 나는 6·25전쟁에 개입해서 1·4후퇴 사태를 만들어낸 중공군들의 기억이 생생하다. 이런 중국과 우리가 미국만 믿고 적이 된다는 것은 너무 위험스럽다는 생각을 하고 있다. 14억 인구, 14억 시장은 망망대해다. 끝도 없는 시장에 세계 500대 기업 중 97%가 진출해 각축을 벌이고 있다.

우리도 수많은 기업이 뛰어들어 경제 전쟁을 치르고 있다. 약육강식 적자생존의 정글 법칙만이 있을 뿐이다. 우리나라의 경제의 중국 의존도는 수출 총량의 26%를 넘고 있다. 미국은 16%에서 줄고 있으며, EU 전체가 17%, 일본은 6%에서 줄고 있다. 그러니 우리에게 중국은 얼마나 중요한 경제파트너인지 알겠는가? 중화민족인 중국은 55개 소수 민족과 1개 한족으로 이루어진 다민족 국가이다. 미국의 다민족은 색깔로 구분 흑, 백, 황인종의 이질감 때문에 같은 민족일 수 없는데 비해 중국의 소수민족은 그 색깔도 생김새도 별로 차이를 찾을 수 없이 비슷한 황인종들이다. 55개 소수 민족들은

14억 인구 중 2%도 안 된다. 이들이 똘똘 뭉쳐 불매운동을 벌인다면 아무런 대책이 없다.

프랑스가 대만에 무기를 팔자 프랑스 대형마트인 까르푸를 상대로 불매 운동을 벌여 경제 폭탄을 던졌었다. 중국은 G1을 향해 달려가고 있는 급행열차다. 그 속도에 가장 신경 쓰고 있는 나라가 어디겠는가? 미국이다. 미국은 중국이 G1이 되는 것을 막아낼 방도가 아무것도 없기 때문이다. 다만 그 시기가 언제일지만 남아있을 뿐이다.

이런 중국과 대한민국이 어떤 관계를 가져야 할지 큰 과제가 아닐 수 없다. 그런데 지난 20년 동안 우리나라 사람들이 중국여행을 가서 얼마나 잘 산다고 으스댔는지 그 오만과 자만이 그들의 비위를 건드렸다. 이제 중국은 예전 중국이 아니라 G2나라라니까! 중국의 주석 시진핑은 "태평양은 중국과 미국이 함께 가져도 좋을 만큼 넓다."는 말로 미국을 견제하고 나섰다.

그러자 미국은 일본의 재무장을 허용하고 그들과 결속을 강화하면서 우리에게는 DM(미사일방어)에 참여하라고 압력을 가하기 시작했다. 중국은 만일 한국이 이에 넘어가면 중국과의 관계가 희생될 수도 있다고 엄포를 놓고 있다. 국교 단절까지는 아니더라도 우리의 수출 26%가 막혀버릴 수도 있다는 게 엄중한 국제 현실이다. 여기에다가 일본은 끊임없이 독도를 자기들 땅이라고 우기고 있다. 우리나라 골목대장들은 무슨 대책이나 있는지 참으로 걱정스럽다. 현실을 직시하지 않으면 불행한 미래를 맞게 될 것이다.

유대인은 세계인구의 0.2%에 불과함에도 전체 노벨상 수상자의 30%를 배출하는 기적을 이루어가고 있다. 구글, 인텔, 페이스북, MS같은 IT기업들의 공통점은 창업자나 CEO가 유대인이라는 점이다. 유대인보다 지능이 더 높다는 우리는 어떤가? 인구수는 우리가 5000만, 유대인 1400만. 노벨상 수는 우리가 1명, 유대인 184명. 국제 수학 올림피아드 순위는 우리가 1위, 유대인 33위. 국민 평균 IQ지수는 우리가 2위, 유대인 26위이다. 이런 차이점은 교육에 기인한다.

유대교육은 꿈과 인문학을 가르친다. 그들은 엄마 뱃속에 있을 때부터 너는 선택된 민족의 후예로 인류의 리더가 될 운명을 타고 났다는 메시지를 받는다. 그리고는 대여섯 살부터 세계 최고 수준의 인문학 교사인 랍비의 지도 아래 〈구약 성서〉과 〈탈무드〉를 읽고 외운다. 평생 계속된다. 중국은 현재 많은 학교에서 사서삼경(四書三經)을 달달 외우고 토론하는 초등학교가 수없이 계속 늘고 있다고 한다. 유대인의 구약성서와 탈무드, 중국인의 사서삼경의 교육이 우리와의 차이다. 우리나라는 꿈을 이야기하는 자기 계발서 독자가 전체 인구의 1%도 안 되고, 사색이나 깨달음, 실천위주의 인문학 도서는 0.01%도 안 된다는 것이다. 남녀노소 없이 스마트폰에만 열광하고 있다. 이 수치만 놓고 보면 우리나라는 지금 보이지 않게 망해가고 있다고 해도 과언이 아닌 것이다.

중국인들이 열광하는 인물이 있다. 요즘 대형서점에 가 보면 중국과 관련된 서적코너가 따로 있을 정도다. 지난번 중국 여행 때 현지 가이드가 한 말이 생각나 중국 관련 서적 몇 권을 읽고 있다. 미국 현대 경영학의 창시자인 피터 드러커는 어떤 길을 가야 하는가는 전략이고, 어떻게 가야 하는가는 전술이라고 정의를 내린바 있다. 이 전략과 전술을 올바로 알고 실현시킨 인물이 중국의 덩샤오핑이라고 한다. 그는 20세기 세계사에서 중국의 발전사를 볼 때 가장 큰 영향을 끼친 사람임이 틀림없다. 하버드대 한 교수는 중국 발전에 대한 덩샤오핑의 역할을 크게 3가지로 제시한다. 첫째, 중국은 마오쩌둥의 대약진 운동과 공업화 정책의 실패로 가난한 나라, 분열된 나라, 혼돈의 나라, 불신의 나라, 외부와 단절된 나라였다. 이러한 중국을 1978년 개혁·개방의 길로 이끌어 30여 년간 연 10%의 고도 성장국가로 재탄생시켰다. 국가의 목표를 공산주의의 계급투쟁에서 자본주의식 경제 방식으로 바꾸었다.

마오쩌둥이 없었으면 중국이 없었고, 덩샤오핑이 없었으면 배부른 중국이 없었을 것이라는 말이 있다. 둘째, 중국을 대외 개방 정책을 통하여 세계무대의 주역으로 등장시켰다. 공산주의 국가의 적은 국내에서는 지주와 자본가 계급이고, 국외에서는 미국 등의 제국주의적 자본주의 국가라는 사상으로부터 중국인을 해방시켰다. 셋째, 낡은 국가 시스템을 새롭게 짜고 안정된 지도체제를 확립했다. 미래 중국의 지도자가 누가 되는가를 미리 알게 했다. 중국에서는 국가의 대표를 능력이 검증된 유능한 7명의 상무위원 중에서 선출한다. 그 임기도 보장된다. 후임 대표가 누가 될지 예측가능한 중국의 국가 리더쉽은 안정되어 있다. 덩샤오핑은 여러 차례 실각했으나 뛰어난 전략으로 매번 복권할 수 있었다. 그가 정식으로 학문을 배운 것은 러시아에서 설립한 중산대학에서 6개월간 공부한 것이 전부다. 프랑스에 유학을 갔으나 정식으로 학교 공부를 한 기록은 없다. 그는 1978년 근대화의 완성을 2050년으로 보고 국가 발전 계획을 수립했고, 그가 목표한

1인당 국민소득 2000달러는 2007년에 이미 달성되었다. 목표가 너무 빨리 달성되어 지도자들마저 당황할 정도였다. 골드만삭스는 2016년에 중국의 경제규모가 미국을 넘어설 것이라고 예측했었다.

덩샤오핑에 의해 만들어진 국가 시스템과 지도체제를 보면 중국은 8200여만 명의 공산당원이 있고, 그 위에 전국대표대회 대의원, 중앙위원, 정치국원이 있고 최고기관으로 정치국 상무위원(5~9명)이 있다. 이 중에서 1명의 총서기를 뽑고 총서기가 국가 주석이 된다. 중국의 중앙 정부는 대단히 안정적이다. 우리나라처럼 포퓰리즘의 소지가 원천적으로 차단되어 있다. 서양 민주주의 단점을 상당 수준 제거하여 중국 국가 정치 시스템을 튼튼하게 만든 것이다.

우리나라는 대통령이 새로 선출되면 그 전의 정부 정책을 뒤엎어버리는 경우가 허다한데 중국은 국가 정책을 지도자가 바뀌더라도 일관되게 추진한다. 이걸 제도적으로 만들어 놓은 사람이 덩샤오핑이다. 특히 당 간부의 계급 정년제를 도입하여 5년 연임만 가능하게 하고 최고위직 상무위원은 68세를 넘으면 연임이 불가능하게 만들어 놓았다. 후진타오시절에 시진핑처럼 후계자를 미리 정할 수 있게 만들어

놓았다. 세계 주요 국가들 중 국민들이 다음 지도자를 분명하게 알 수 있는 나라는 중국뿐이다. 덩샤오핑은 여러 면에서 초 전략가라 할 수 있다. 공자는 文(문)의 성인이요, 손자는 武(무)의 성인이라면 덩샤오핑은 富(부)의 성인이라고 부른다.

    덩샤오핑의 전략을 요약하면 이렇다. 미국은 중국의 외교 전략이라고 한다. "냉정하게 관찰하라. 입지를 확고하게 하라. 침착하게 대응하라. 능력을 감추고 때를 기다려라. 겸손한 자세를 잘 유지하라. 결코 지도자의 자리를 요청하지 마라." 덩샤오핑은 중국의 나아갈 방향을 분명하고 일관되게 제시했다. 이에 대한 강한 메시지가 있다. 어떤 길을 가야 하는가는 전략이고 어떻게 가야 하는가는 전술이다. 덩샤오핑은 분명히 이 점을 알고 있었다. 즉 어떤 길로 가야 하는가, 어떻게 가야 하는가를 알고 구성원들이 그 방향으로 가도록 이끌었던 인물이다. 중국에서는 덩샤오핑 할아버지를 모르는 어린이가 없을 정도로 중국인 모두가 열광하는 인물이다.

로봇의 등장으로 변화되는 일

"시켜서 일을 하면 노예지만 시키기 전에 알아서 하면
주인이다. 끌려가면 노예고 끌고 가면 주인이다."

　산업 로봇이 전 세계 제조업 공정의 10% 정도인 이유는 사람을 고용하는 것이 로봇을 사용하는 것보다 비용이 적게 들고, 또 로봇이 할 수 있는 능력이 제한적이기 때문이다. 그럼에도 학자들이나 전문가들은 이제 진정한 로봇 혁명이 올 것이라고 예견하고 있다. 향후 제조업 분야에서 로봇 활용률이 해마다 10%씩 올라가 2025년 특장업체에서는 40%에까지 이를 것으로 보고 있다. 특히 제조업에 강하면서 노동력이 비싼 국가들, 미국과 일본, 영국, 한국 같은 나라에서는 더욱 많은 로봇이 활용될 것으로 보인다. 기계는 사람과는 비교할 수 없을 만큼 정교하고 더 무거운 짐을 옮길 수 있으며, 아프다고 쉬지도 않는다. 몸에 문제가 생겼다고 보험금을 챙겨가지도 않는다. 제조업 생산비용 가운데 임금비용이 33% 절감될 것으로 보고 있어 국가 경쟁력이 높아진다는 점에서는 환영할만하지만 로봇이 인간을 지배하고 일자리를 빼앗지 않을까 하는 두려움이 사실로 드러나고 있다.

반복적인 업무나 예상 가능한 업무는 상당한 수준까지 자동화되고 있는 게 사실이다. 일자리가 사라지겠지만 또 동시에 새로운 일자리가 생겨날 수도 있을 것이다. 하지만 100개의 일자리가 사라지면 새로 생겨난 일자리는 10개 정도일 수 있다. 실제로 과거에는 웹사이트 디자이너, SNS 마케터, 데이터 분석가라는 직업은 존재하지도 않았던 것이지만 늘어난 그 숫자는 미미한 것이다. 월스트리트 기사에 나온 '화이트칼라(사무직)의 자동화'를 보여주는 도표를 보면 회계, 재무 등의 근로자의 수가 지난 10여 년 동안 40% 줄었다는 것이다.

사무직 근로자의 반복 업무를 대신해낼 수 있는 똑똑한 소프트웨어가 생겨나면서 생긴 결과이다. 법조계에서조차도 여러 가지 자료와 문서, 법령을 검토하는 일을 이제는 정교하게 설계된 프로그램이 대신하고 있다. 뉴욕 월가에서는 컴퓨터를 통한 증권거래가 늘면서 금융기관 일자리가 30% 증발했다는 것이다. 중요한 것은 산업로봇이 아니라 서비스용 로봇인데 최근 가정용 로봇이 470만 대나 판매 되었다고 한다. 청소, 식기 세척 로봇은 10년 전의 일이다. 노인돌보기 서비스 로봇이 각광받고 있으며, 2015년 만해도 782% 폭증했다는 것이다. 미국 캘리포니아 주에 버거를 만드는 로봇이 등장했는데, 생고기를 잘라서 패티를 굽고 햄버거를 만든

다음에 서빙까지 하는 로봇이다. 대학생 알바, 저 숙련노동자 일자리가 수백만 개 사라지는 것이다. 호주에서는 이미 운전기사 없는 자율주행 트럭이 광물을 운반한다고 한다. 우리나라에도 노인이나 육아를 돌보는 로봇을 만드는 회사가 7개가 있다는 사실이 알려지고 있다. 문제는 로봇의 등장과 함께 불평등이 더욱 첨예하게 대두될 것이라는 점이다. 수익을 공정하게 배분하는 방법을 논의해야 하고, 보다 강한 사회 안전망을 만들어 사회적 약자를 보호하는 일이 '로봇의 미래'에 있어서 매우 중요한 화두임이 분명해졌다.

한국계 일본인 손정의씨가 CEO로 활동하고 있는 Softbank 는 세계 최초로 마음을 가진 감정 로봇 페퍼를 매달 1000대씩 팔고 있다. 인간의 희로애락을 스스로 판단하고 움직이는 로봇으로 고독과 외로움을 해소시키며, 사람과 함께 살아가는 가족의 일원으로도 어색하지 않은 시대가 왔다. 작년부터 화제가 되어 판매시작 1분 만에 완판이 되어버린 페퍼의 인기는 미리 예상을 한 바다. 고령화 사회로 접어드는 일본에서 애완동물과 달리 사람처럼 이야기를 자유롭게 주고받을 수 있다는 점에서 많은 주목을 받았고, 감정을 탑재한 로봇으로 일반인들이 구매를 하거나 관리하기 쉽다는 점에서 이제 로봇 사회가 현실화되고 있다는 생각이 든다. 감정 로봇

페퍼는 지금까지 스마트폰이나 리모컨 등으로 조종을 하고 움직이는 도구였던 로봇과 달리 사람과의 만남을 통해 자유롭게 움직이며, 표정과 목소리에서 상대의 감정을 인식하여 자신의 감정 기능을 통해 행동하는 로봇이다. 완벽하진 않겠지만 사람과의 커뮤니케이션을 통해 서로 공존하는 존재를 목표로 만들어진 로봇이니 인구 고령화로 인한 독거노인들의 친구로 손색이 없지 않은가. 사람하고 비슷하게 움직이는 팔 관절 및 목이나 얼굴 각도 등은 다양한 센서를 통해 자연스럽게 대화하는 분위기를 연출하기에 충분하고, 12시간 이상 사용할 수 있는 배터리 용량으로 현실적으로 구매할 수 있는 가격대이다. 페퍼의 사양을 보면 크기 121㎝, 무게는 29㎏으로 초등학생 정도의 크기에 이동 속도는 최고 3㎞ 정도라고 하니 어린 아이의 보통 걸음 수준인 셈이다. 미국, 영국, 중국, 대만 등도 출시를 앞두고 있다는데, 정보통신 분야에서 세계 1위를 차지한 우리나라는 이 분야에서 경쟁력이 아주 미약하다고 하니 이웃나라 일본을 어떻게 따라가야 할지 우리 처지가 암울하다. 페퍼가 앞으로 일본 고령화 사회에서 어떤 영향을 끼칠지, 그리고 경쟁사에선 어떠한 로봇을 선보일지 기대가 되기도 하지만, 만약 잘못된 정보 및 데이터로 인해 폭력적으로 변할 경우 어떻게 대처해야 할지도 한번쯤은 생각해봐야 할 문제로 남는다.

⑨ 생로병사의 스텝

"일이 잘 풀릴 때 그 사람을 알기는 어렵다.
힘이 들거나 위기가 닥쳤을 때 그 사람의 본색이 드러나는 법이다."

춤은 스텝을 잘 밟아야 멋지게 보인다. 지르박, 블루스, 탱고, 왈츠, 차차차, 고고 등 스텝이 다 다르다. 스텝이 안 맞으면 상대방 발을 밟는 실수를 범한다. 마찬가지로 우리 인생도 생로병사에 맞는 스텝을 밟지 못하면 자신뿐 아니라 주변을 힘들게 한다. 예외 없이 누구도 피할 수 없고 온전하게 겪어내야 하는 생로병사 앞에서는 우리 모두가 공평한 것이다. 사람은 태어나서 스물다섯까지는 계속 성장 세포가 열려있지만 그 이후에는 더 이상 성장하지 않는다고 한다. 500년 전에 쓰여 진 동의보감은 인간이 50세를 넘어가면서 몸이 쇠약해져가고 정신이 오락가락하는 이유를 이렇게 설명한다. 요즘 나이로 치면 65세 이후가 될 것이다. 예나 지금이나 술 마시고, 과식하고, 분노조절 못하고, 성욕을 마구쓰기 때문이라고 하니 지금 우리 시대에 적용을 해도 어긋나는 게 없다. 그래서 제 명에 못 산다는 말이 생긴 것이다.

조선 왕들의 평균 수명이 46세라고 한다. 자기관리를 잘 해서 양생(養生)을 한 21대 왕 영조는 83세를 살기도 했지만, 폭군이었던 연산군은 왕으로서 스텝을 잘못 밟아 31세로 죽었다. 열심히 일하고 돈 벌어 쓰다가 60세가 되어 환갑을 맞이하면 죽게 되는 것이 순리라고 생각했었다. 자본주의가 발전하면서 인류를 굶주림과 전염병으로부터 구제했고, 심지어 겨울에는 춥지 않게 여름에는 덥지 않게 만들며, 어느 사이에 100세, 120세 인생을 살게 되었다. 하지만 100세 인생 앞에서 축복이라고 느끼지 못하는 이유는 어떤 준비도 없이 어느 날 갑자기 닥친 현실 때문이다.

이같이 자본주의는 예전에 비해 물질적 풍요를 누리게 했지만 우주 질서의 대원칙은 부유함과 동시에 정신적 가치도 풍요롭기는 불가능한 것이다. 다시 말하면 물질적 풍요는 정신을 빈곤하게 만든다는 것이다. 현대인들이 돈도 잘 벌고, 연애도 잘하고, 오래 살겠다고 우기지만 그것은 어림없는 탐욕이다. 물질과 정신은 선택이 아니라 균형을 잡아야 하는 것이기 때문이다. 그러니 재산은 중산층 정도면 되는 것이고, 정신은 상류층에 두는 것이 적절한 것이다. 백수 청년이 좋은 음식 많이 먹고, 일 안하고, 집에서 TV나 보고, 컴퓨터 게임만 하고 앉아 있다면 물질적 풍요라고 말할 수 있겠는가. 지금이라도

100세 시대를 암울하지 않게 살아가려면 100세 시대에 알맞은 생로병사의 스텝을 춘하추동에 맞춰 밟아나가야 하는 것이다. 인생의 끝 철인 겨울에 봄 스텝을 밟고 있다면 웃기는 것이다. 웃기는 스텝을 밟고 있는 사람들이 부지기수다. 이렇게 철들지 않은 상태로 보낸 삶은 산 것이 아니다. 오래 산다는 것은 내가 그 시간을 어떻게 통과했느냐가 핵심이지 사는 시간만 늘어난 게 중요한 것이 아니지 않은가.

생각해 보자. 100세를 산다고 치고 지금 60대를 겪고 있다면 남은 40년을 뭘 하면서 살아야하는가? 술 마시고, 몸에 좋다는 보양식 먹어가면서 성욕이나 채울라치면 이건 동물이다. 이렇게 철들지 않은 상태로 살아가면 마음이 약해져서 죽는 게 너무 무서워지는 지옥인 것이다. 그러니 지옥은 내가 만든 것 아닌가. 이렇게 살면 늙어가는 게 두렵고, 죽는 게 너무 두려워지는 법이다. 어떻게 살아가야 하는지 지혜를 연마하고 인생의 이치를 터득해 충만한 삶의 스텝을 밟아가야 늙어가는 게 두렵지 않고 죽음 앞에 태연해질 수 있는 것이다. 공자는 73세, 부처는 80세, 예수는 33세까지 이들이 세상을 어떻게 살았는지 깨우칠 필요가 있다. 2000년 전에 세상을 떠난 분들이지만 그들의 향기가 세상 곳곳에 퍼져 남아있고 앞으로도 계속될 것이다.

노벨 평화상을 받은 미국의 카터 대통령은 물러나서 환경 운동가로 활동하며 임기 중일 때보다 더 유명해졌다. 그분이 92세인데 몸에 종양이 다 번졌다는 의사의 말을 듣고, 이제 하나님께 돌아갈 시간이 되었다며 마음이 너무 편안해졌다고 한다. 이게 바로 인생의 봄, 여름, 가을, 겨울의 스텝을 제대로 밟은 노인의 지혜인 것이다. 아무 아쉬움도 남지 않은 충만한 삶이다. 동의보감의 생체 리듬에 따르면 남자는 64세, 여자는 49세가 자연스런 폐경기라고 한다. 지금이야 늘어난 게 사실이지만, 이때가 되면 여성은 남성적인 기운이 나고, 남성은 여성적인 기운이 나와서 음기와 양기가 섞여 다시 세팅된다는 것이다. 무슨 말인가. 남성과 여성 사이에 이제는 사랑이 아니라 우정의 시간이 시작된다는 말이다. 친구 사이의 우정을 동양에서는 도반(道伴)이라고 하는데 여기서 배움이 일어나면 스승이면서 친구요, 친구이면서 스승인 사우(師友)가 되는 것이다.

인간이 맺을 수 있는 아름다운 관계가 되는 것이다. 스승인데 친구처럼 허물없이 지낼 수 있고, 친구인데 그를 스승으로 존중할 수 있는 관계, 인간이 태어나서 맺을 수 있는 최고의 관계 아닌가. 부부도 이런 관계가 되지 않으면 황혼에 헤어질 일만 남는다. 같이 못산다. 살아도 사는 게 아니다.

필요에 의해서만 살아내야 하는 적과의 동침인 것이다. 부부가 예전에는 뜨거운 열정과 성적 에너지로 살았고, 자식을 키울 때는 공동의 과업을 충실히 지켜왔지만, 자식 다 크고 나서 떠나면 둘이서 소 닭 보듯 데면데면해진다. 그래서 애완견에 마음이 간다. 이렇게 점점 대화가 안 되니 쪽지 대화가 시작된다. 이혼 서류에 도장 찍으라는 말까지도 쪽지로 남긴다고 한다.

음양이 적당히 섞인 인간의 시간이 왔다면 거기에 맞는 스텝을 밟아가야 성숙해지는데 60을 넘긴 할머니가 손녀딸과 미모를 겨루면서 44사이즈를 입겠다고 우기면 보는 사람들이 미치고 돌아버린다. 아무리 돈도 많고 문명의 혜택이 풍요로워도 이처럼 생체 리듬에 엇박이 생긴 상처를 치유하지 못하고 우리 모두가 헤매고 있다고 봐도 틀림없다. 이제는 물질과 정신의 균형점을 찾아야 할 타이밍인데 불금을 좇아서 잠을 자지 않고 음주가무, 게임, 쇼핑, 드라마 다시 보기, 이런 걸 하느라 시간을 허비한다면 삶의 균형이 깨진다. 늙고, 병들고, 노쇠해지면 사실 많은 돈이 필요하지 않다. 쇼핑도 당기지 않고, 멋지게 보이고 싶은 욕구도 사라지고, 음식도 과하면 병만 생긴다. 동서고금을 통해 건강을 위해 소식이 대원칙이다. 청춘이 멋지고 좋다고 하는 이유는 많은 가능성을 실험하고 시행착오를 할 수 있다는 것이다. 더 중요한 것은 많은 실패를 경험해도 된다는 것이다. 만일 하는 일마다 술술 잘 풀려나간다면 그 사이에 얻은 게 없지 않은가. 현대인들이 실패를 트라우마라고도 말하는데 절대로 그렇지 않다.

동양에서는 인간이 진실한 행복을 누리려면 81난(80번을 넘는 어려움)을 겪어야 한다고 보는 것이다. 고대 중국의 장편소설 서유기는 손오공과 저팔계가 108요괴(백번을 넘는 흔들림)를 만나고, 81난을 겪는 게 미션이다. 인간은 그래야 정신을 차린다는 말이다. 그렇지 않으면 탐욕과 분노, 어리석음에 완전한 노예가 되는 것이다. 81난이나 108요괴처럼 나를 힘들게 했던 그 실패들이 나의 탐욕과 분노, 어리석음을 덜어주는 것이다. 그래서 실패가 자랑스러운 것이다. 나는 이런 것도 경험해본 사람이라고 말할 수 있는 스토리가 있어야 한다. 취직도 잘되고, 연애도 술술 풀리고, 중년에는 중산층으로 무사히 편입한 분들은 지금 다 우울증에 시달리고 있다. 자기 스스로 생성한 스토리가 없기 때문이다. 그래서 자신이 겪은 실패와 실수와 고생을 자랑스럽게 생각해야 하는 것이다. 그런데 이런 걸 본인이 겪어 왔음에도 불구하고 자기 자식에게 1난, 2난만 닥쳐도, 한 두 번의 요괴만 만나도 그것을 기다리지 못하고 뼈 빠지게 번 돈을 자식에게 올인 하는 우를 범하며 한탄하고 살아가는 부모들이 주변에 부지기수다.

자식은 부모를 위해 절대로 올인하지 않는다. 인간의 운명은 자연에서 절대로 못 벗어난다. 그래서 인간 본연의 생체리듬을 배워야 한다. 인생의 춘하추동 스텝을 어떻게 밟아가야 할지를 깨우쳐야 하는데, 남자든 여자든 갱년기가 빨리 올까 억울해하며 호르몬 주사, 태반주사, 마늘 주사를 맞고 남자는 양기에 좋다는 갖가지 음식을 쫓는다. 이것 말고는 달리 할 수 있는 게 없다고 여기기 때문 아닌가. 진정한 노후 대책은 돈이 전부라고 생각해서는 안 된다. 몇 십억을 벌어놓았는데 어느 날 치매에 걸리면 그걸 뜯어 먹겠다고 자식들이 아귀다툼을 해댄다. 결국 평생 일해서 모은 돈이 자식들에게 폭탄이 된다는 것을 왜 알려고 하지 않는지 모르겠다. 자식 스스로 노력하지 않고 가져간 돈이 잘 쓰여 지질 않기 때문이다. 자식들이 내 돈을 잘 쓰고 있는지는 알 수 없다. 나는 이 세상에 없기 때문이다.

돈이 없어도 정신적 풍요로움으로 살아가는 비움의 훈련을 꾸준히 해야 한다. 공자가 그랬고, 예수가 그랬으며, 소크라테스가 그랬고, 황희 정승이 그랬다. 누가 이들을 불행하게 살았다고 말하던가. 산해진미를 먹는다고 언제까지 행복할까? 연애를 얼마만큼 해야 행복할까? 인간은 이런 걸로는 언제까지나 만족을 채울 수 없게 되어 있다. 나이 들어가면서 꼰대에서 꽃대로 살고 싶다면, 날마다 배우고 깨우침이 있어야 하지 않겠는가.

⑩ 어머니의 아들로 살아서

"진실한 말은 듣기 안 좋고 듣기 좋은 말은 진실하지 않다."
〈노자의 도덕경〉

해불양수(海不讓水)라는 말이 있다. 바다는 탁한 물이든 깨끗한 물이든 가리지 않고 다 받아준다는 의미다. 바다는 세상의 모든 물을 다 받아들이는 가장 낮은 곳에 위치하고 있다, 어느 바닷가 펜션 벽에 쓰여 있는 작가미상의 〈바다〉라는 시다.

바다가
'바다'라는 이름을 갖게 된 것은
이것저것 가리지 않고 다 받아주기 때문이다.
'괜찮다'
그 한 마디로 어머닌 '바다'가 되었다.

나는 어머니의 임종을 지켜보며 말씀드렸다. "어머니 아들로 살아서 행복했습니다. 어머니 제 말 들리세요?" 어머니는 대답이 없으시다. "저는 다시 태어나도 어머니 아들이 꼭 되고 싶습니다." 그래도 어머니는 대답이 없으시다. 어머니 가슴에 손을 넣어보니 아직 온기가 있었다. 그런데 의사는 운명하셨다고 한다. 어머니의 목소리를 들을 수 없고, 어머니와 나의 마지막 소통이 되지 않은 채 적막뿐이었다. 어머니의 아들로 태어나 살 수 있어서 행복했다는 말을 들으셨다면, 떠나시는 어머니의 마음은 어떠했을까? "그래, 내가 이 세상을 잘못 살고 가지는 않은가보구나. 고맙다!" 하셨을 텐데 말이다. 꿈에서라도 어머니를 뵐 수 있다면 나는 묻고, 듣고 싶은데 16년이 지났음에도 아직 한 번도 생전의 그 모습을 뵐 수가 없다.

불교에서 말하는 인연설이 참이라면 인연의 수레바퀴가 돌고 돌아 훗날 우리 모자의 자리가 바뀌어 태어날 수도 있다.

갚아야 할 것이 있는 사람이 베푸는 자리로 옮아가고, 받기만 했던 사람이 한없이 베푸는 자리로 가는 게 윤회의 법이라면 나는 어머니의 자리로 가야 한다. 죽음으로 이별하는 모자의 대화는 대개 소통이 되지 않는 일방통행이다. 그래서 자식들은 한 평생 한으로 남는다. 고등학교 때 배운 고전시가 <사모곡>이 생각난다. 아버지도 어버이시지만 어머니의 사랑만큼은 아니라는 가사다. 또한 '풍수지탄(風樹之嘆)' 이라는 공자의 글도 떠오른다. 부모에게 효도를 하려고 생각한 때에는 부모는 이미 돌아가셔서 그 뜻을 이룰 수 없음을 한탄하고 슬퍼하게 됨을 이르는 말이다.

어느 날 공자가 제자들과 길을 가던 중 어떤 무덤 앞에서 목 놓아 울고 있는 청년을 만난다. 사연인즉 출세하기 위해 고향을 떠나 그 동안 부모님을 봉양하지 못한 불효가 막심한데, 아무것도 이룬 것이 없이 고향에 돌아와 보니 부모님은 돌아가시고, 이제 이 세상 누구를 의지하고 살아가야 할지 한탄하는 것이다. 공자는 이 청년의 애달픈 사연을 듣고 글을 짓는다. '나무는 고요하게 있고자 하나 바람은 그치지 않고, 자식은 부모를 봉양하고자 하나 부모님은 기다려주지 않고, 한 번 가면 오지 않는 것이 세월이요 가시면 다시는 뵐 수 없는 분이 부모님이시구나.'

조선시대 김만덕 이라는 백정이 푸줏간을 운영하고 살았다. 어느 날 두 노인이 고기를 사러왔다. 한 노인이 "만덕아, 고기 한 근 떠 달라."하고, 다른 한 노인은 "김 서방, 고기 한 근 떠 주게나." 하였다. 그런데 두 노인에게 떠준 고기의 양이 눈에 띄게 달랐다. 적게 받은 노인이 벌컥 화를 내면서 따진다. 백정 만덕이가 대답하기를 "한 근은 만덕이가 썬 것이고, 다른 한 근은 김 서방이 썬 것이지요." 이처럼 사람과 사물의 본성을 따르지 않으면 돌아오는 결과는 이런 것이다. 프랑스 휴양지 니스에 있는 한 카페에 재미있는 가격표가 붙어있다고 한다.

* coffee! 7euro
   (반말 비슷하게 주문하면 우리 돈 약 1만 원)
* coffee please! 4.25euro (커피 주세요! 하면 약 6천 원)
* hello, please coffee! 1.4euro
   (안녕하세요, 커피 주세요! 하면 2천 원)

갑질 여하에 따라 가격이 달라진다는 뜻이다. 이제는 거울 속의 내 모습에 스스로 채찍질을 하며 웃고, 사랑하고, 배려하고, 베풀어 품격 있는 사람이 되겠다고 다짐해야 할 것이다.

지난 해 가을 친구와 2박 3일 신라 문화 유적을 다시 살펴보기 위해 배낭 메고 경주 버스 투어를 했다. 불국사 뒤뜰에 좌우로 배치된 석가탑과 다보탑을 봤다. 이 두 탑에서 신라 화랑의 모습과 정신을 확인할 수 있었다. 석가탑은 직선적이고 극도로 절제된 단순함을 보여주고, 다보탑은 곡선적이며 부드럽고 아주 장식적이었다. 이 두 탑이 서로 다르며 하나인 절묘한 조화의 세계를 이루고 있었다. 우리는 이런 상태를 '화이부동(和而不同), 자타불이(自他不二)'라고 한다. 다시 말하면 서로 다르면서도 조화를 이루고, 나아가 너와 나는 둘이 아니라 하나라는 뜻이다. 신라시대 원효 대사의 서로 다른 것들이 모여 소통을 통해 조화를 이루어내야 한다는 '원융회통(圓融會通)' 사상은 삼국통일의 사상적 기반이자 신라 문화의 서두라는 것을 깨닫게 했다.

다음 관광은 첨성대와 안압지, 그리고 경주 최 부자가 살았던 교촌 마을을 탐방했다. 신라의 유적지 유물들은 하나같이 직선과 곡선, 강함과 부드러움을 융합해 이항대립으로 양분된 문화를 하나로 소통시키고 있었다. 불안이 희망으로 바뀌는 시작이라는 것을 느끼게 하고도 남았다. 왜 신라가 삼국을 통일할 수 있었는지 가늠하기에 의심의 여지가 없었다. 새는 두 날개로 난다. 손바닥도 마주쳐야 소리가 나는 법이다. 가위바위보에는 절대적 패자가 없다. 평화롭게 놀고 있는 아이들에게 어른들이 "엄마가 좋아, 아빠가 좋아?" 물으면 아이들은 한 팔을 떼어주어야 한다. 여가 있으면 야도 있어야지, 우가 있으니 좌가 있는 것 아닌가? 나는 신라 문화를 통해 소통과 융합이라는 소중한 가치를 지켜내야 할 것이라고 다짐해본다. 성경(마태복음)에 예물을 제단에 드리다가 거기서 네 형제에게 원망 들을만한 일이 있는 줄 생각나거든 예물을 제단 앞에 두고 먼저 가서 형제와 화목하고 그 후에 예물을 드리라고 한다. 또한 안식일은 사람을 위하여 있는 것이요, 사람이 안식일을 위하여 있는 것이 아니라 했다.

태어나서 한 번은 삶을 함께하고 싶은 동반자를 만나야 한다. 영혼이 통하는 사람, 영혼의 동반자, 망년지우, 천생연분인 사람. 이런 사람을 소울 메이트라 한다. 늘 자기보다 상대를 먼저 생각하는 진실한 벗. 나는 곧 너고, 너는 곧 나라고 생각하는 사람. 손익 계산서 없이 말로는 표현할 수 없는 깊은 감정. 처음 만난 것이 아닌 것 같은 생각이 드는 사람. 내가 하고 싶은 말을 금방 알아주는 아주 특별한 사람. 다시 만나고 싶은 전생에 헤어진 인연. 함께 있으면 아무것도 두려울 게 없는 사람. 그가 힘이 쎄고, 싸움을 잘하고, 강하기 때문이 아니라 서로 눈을 응시하면 단순히 남녀로 만난 것 이상의 감정을 공유할 수 있는 사람이 어머니 말고 누가 있겠는가. 어머니 감사합니다. 당신의 아들로 살게 해주어 고맙습니다.

⑪ 나는 누구인가

> "잘 산다는 걸 사람들은 '부자'라고 생각한다.
> 돈이 많다고 다 잘사는 것은 아니다.
> 돈이 많은데 잘 살지 못하고, 돈은 없지만 잘 사는 사람도 있다."

지난해 부모와 자식 관계를 조사한 통계를 보면 자식이 성공했다고 해서 부모에게 효도하는 것이 아니라는 결과가 나왔다. 자녀의 학력이 높을수록 오히려 부모 부양 책임감이 떨어진다는 것이다. 소득을 기준으로 보아도 월 300만 원 이상을 버는 자녀들이 그렇지 못한 자녀에 비해서 훨씬 부양 책임감이 덜하다는 것이다. 자신의 노후준비를 위한 돈을 자식 사교육비로 써가며 공부시켜 놓았더니 그 자식은 늙은 부모 걱정을 안한다는 말이다. 결국 자식에게 투자를 많이 하면 효도를 더 크게 할 거라는 기대와는 반대라는 말이다. 부모가 물려줄 재산이 많을수록 부모 자식 간에 그리고 자녀들 간에 상속문제로 갈등만 심해져 법정투쟁까지 가는 것이 비일비재하다. 오직 돈에만 관심을 가지는 자식들을 볼 때면 오히려 물려줄 게 없어야 그나마 효도를 받는다는 말이다. 아이를 최고로 키우고 싶은 마음은 당연하지만 목표가 돈 잘 버는 물질적 측면만 강조한 것이라면 아이를 불행한 불효자로 키우고 있는 셈인 것이다.

최근 60세 이후 노년기 자살 통계를 보면 남성이 여성에 비해 세 배나 높다고 한다. 남성도 사랑받고 싶다는 말만 못할 뿐 여성보다 사랑을 갈구하기 때문이다. 특히 앞만 보고 돌진하고 살아왔던 남자일수록 사랑에 대한 보상 갈등이 더 큰 것이다. 어느 날 성장한 아들이 찾아와 막걸리 한 잔 따르며 아버지를 인생의 멘토로 여기고 고민을 털어놓으며 얘기할 수 있다면, 그 때 아버지는 '아, 아직은 내가 살아있구나!' 하는 자존감을 느낄 수 있을 터인데… 그래서 나는 누구인가, 무엇을 위해 나는 존재하는가 하는 의문이 생기는 것이다. 사랑이라는 말을 하기 전에 촉촉한 만남이 그리운 것인데, 존경은 아니라도 "아버지 사랑합니다"라는 말을 듣고 싶은 게 노년의 심리 아닐까? 시인 정호승은 말한다. '외로우니까 사람이다. 살아간다는 것은 외로움을 견디는 일이다. 오지 않는 전화를 기다리지 마라'고 한다. 차라리 외로움을 달래줄 사람을 찾기보다 외로움을 자신의 삶의 한 부분으로 받아들여야 할 것 같다.

소설가 발자크의 소설 <고리오 영감>의 내용을 간추린 이야기다. 소설의 주인공 고리오는 제면업자로 크게 성공한 뒤 두 딸을 애지중지 키워 귀족과 자산가에게 자신의 전 재산을 거액의 지참금으로 주며 결혼시켜 보냈지만 두 딸들은 아버지를 진심으로 대하지 않는다. 그걸 눈치 챈 고리오는 스스로 딸들을 떠난다. 딸들 또한 떠나는 아버지를 말리지 않는다. 이 대목에서 저자 발자크는 범죄에 아버지와 딸들이 공모한 셈이라고 표현한다. 어제까지만 해도 딸들은 내 것이었고 나의 전부였는데 다음날 딸들은 나의 적이 되어버린다. 이와 비슷한 사례는 이 소설이 발표된 지가 180여 년 지난 오늘날에도 여기저기에서 일어나고 있다. 물론 부모에게 기대지 않고 스스로 홀로서기를 하면서 부모를 극진히 대하는 자식들도 있을 테지만 말이다. 고리오의 두 딸은 싸구려 하숙집에서 죽어가는 아버지에게 마지막 재산인 종신연금 증서까지 받아간다. 고리오는 비참하게 죽어가며 이렇게 탄식한다. "자식이 어떠한지를 알려면 죽어봐야겠군. 아! 이보게, 자네는 결혼하지 말게. 자식을 낳지 말게…"

이렇게 고리오처럼 죽어가는 이들이 우리나라를 비롯해 지구촌 곳곳에 수없이 많을 것이다. 고리오는 죽어가면서 딸들을 회상한다. 어린 딸들은 아버지를 무척이나 사랑했었다. 이 세상 모든 딸들이 그렇듯이 말이다. 어린 시절 딸들의 모습을 떠올리며 고리오는 "하느님! 왜 그 애들은 영원히 어릴 수 없었을까요?"라고 읊으며 죽어간다. 그의 임종을 지킨 사람은 두 딸이 아니고 고리오와 함께 허름한 하숙집에서 기거하던 청년이었다.

우리나라 자산가들의 최고 고민은 바로 자식에게 유산을 상속하는 문제라고 한다. 자녀에게 부모의 돈은 독이 될 수 있기 때문이다. 자신도 망치고 부모와의 관계도 파국으로 만드는 독이다. 자녀에게 사업 자금을 대주는 것은 마치 독을 주는 것과 같다. 어머니가 자식 편에 서서 아버지의 반대를 무릅쓰고 사업 자금을 주는 경우가 있다. 자식은 그럴수록 어머니를 부추겨 아버지로부터 돈을 뜯어내려 한다. 지혜로운 아버지라면 결코 주지 말아야 한다. 그래야 홀로서기를 한다. 버핏이 이 소설을 애독했다는 이유도 바로 여기에 있는 것 같다. 물질만능 세태는 비단 어제 오늘의 일이 아니다. 자식에게 돈을 주고 싶은 부모 마음 또한 어제 오늘의 일이 아니다. 그러나 부모의 돈을 물려받아 사업하는 자식치고 인생을 제대로 산 자식을 보기 힘든 것이 현실이다. 돈과 욕망 그리고 자식에 대해 다시 생각해보자. 언젠가 고리오처럼 쓸쓸하게 죽어가지 않으려면 말이다.

셰익스피어의 4대 비극 가운데 하나인 <리어왕>은 1608년에 발표되어 500여 년이 지났건만 작품 속 리어왕이 했던 흡사한 실수를 고리오 영감도, 오늘날 우리도 놀랍도록 반복하고 있다. 전 재산을 딸들에게 물려주고 난 리어왕은 결국 궁궐에서 쫓겨나 폭풍우가 몰아치는 황야를 헤매며 딸들을 원망하고 광란했다. 제 몸도 자기 것이 아닌데 자식을 내 자식이라 하는 어리석은 사람은 괴로워한다. 세상 누구도 자식에게만은 약하다. 하지만 내가 뭔가를 갖고 있을 때의 자식과 내가 아무것도 없을 때의 자식은 양과 이리처럼 사뭇 다르다. 실제로 부모가 가진 것이 없으면 부모를 향하는 자녀들의 발길이 뜸해진다. 자식은 내 핏줄이지만 때로는 가장 박덕한 적이 될 수도 있음을 고리오 영감과 리어왕에게서 본다.

⑫ 먹고 입는 것에만 매달리지 마라

"항룡유회(亢龍有悔), 높이 올라간 용에게는 후회할 일만 남는다는 말이다. 인생에서 피크를 만들지 마라. 피크에 오를 때쯤 옆으로 움직여라"

석유 왕으로 불리는 록펠러는 서른 살에 이미 100만 달러를 가진 부자였고, 쉰세 살에 세계 최고의 부자가 되었다. 오늘날 빌게이츠보다 무려 세 배나 많은 재력을 보유할 정도였다. 늘 돈에 배고파 했던 그는 황금이 축적될수록 불면에 시달렸다. 그러다 그의 왕국은 하루아침에 붕괴 직전에 놓였고, 록펠러는 번민이 극도에 달해 죽어가고 있었다. 쉰세 살의 번민과 탐욕, 공포가 그의 건강을 좀먹고 있었다. 그의 주치의는 돈이든 생명이든 어느 하나만 선택하라고 한다. 은퇴하든가, 죽든가 둘 중 하나밖에 방법이 없다는 것이다. 결국 그는 은퇴를 선택했다. 걱정과 번민은 심장병의 원인이 된다. 심장병은 미국에서는 1위를 차지한 죽음에 이르는 병이다. 의사는 록펠러에게 번민을 피할 것, 편안히 쉴 것, 더 먹고 싶을 때 그만둘 것이라는 세 가지 규칙을 내렸다.

그는 이 규칙들을 철저히 잘 지켰고 지난 세월을 반성 했다. 남의 처지도 생각했다. 골프도 배우고, 이웃과 담소도 나누고, 간단한 게임과 노래도 즐겼다. 그는 얼마큼 돈을 벌 것인가를 생각하지 않고, 돈이 사람의 행복을 위해 얼마나 도움이 되는가를 생각하기 시작했다. 막대한 돈을 사람들에게 나눠주기 시작했다. 시카코 대학이 빚으로 압류당하자 이를 갚아주었다. 다시 태어난 그는 행복했다. 번민이 사라지고 잠도 잘 잤다. 록펠러재단은 5000개의 교회에 기부를 했다. 50대 초반에 죽음의 그림자가 드리워졌던 그는 아흔 여덟 살까지 살았다. 철광 왕 카네기는 여든 다섯 살까지 살았다.

록펠러와 카네기의 공통점은 미국에 기부 문화를 만든 원조라는 것이다. 존 듀이는 인간 본성에 존재하는 가장 깊은 욕망은 인정받는 인물이 되고자 하는 것이라고 했다. 록펠러는 돈의 축적이 아니라 돈의 나눔으로 비로소 사람들에게 인정받을 수 있었던 것이다. 인정받음으로 인해 높아진 자존감이 장수의 요인이 되는 것은 당연하다. <성공한 기업들의 7가지 습관>의 저자 짐 콜린스는 이렇게 말한다. 일류 기업들이 우선적으로 이익을 극대화하기 위해 존재한다고 생각하기 쉬우나 그것이 그들의 주요목표는 아니다. 그들이 추구하는 여러 가지 목표들 중 하나였지 반드시 중요한 것은 아니라는 것이다.

　　많은 비전기업들은 경제적 활동보다 가치를 더 의미 있게 생각한다. <토끼와 거북> 이야기처럼 비전기업들은 대개 느리게 출발하지만 결국 경주에서 이긴다. 짐 콜린스는 일류기업, 특히 수십 년 혹은 100년 이상을 지속하며 선도적 위치에 있는 기업을 비전기업이라고 부르는데 주요 목표를 이익 극대화로 삼은 비전기업은 찾아볼 수 없다고 지적한다. 그들은 단번에 이익을 독차지하려 들지 않는다. 기업의 경제적 활동보다 기업의 사회적 가치를 더 중시하지만 결국은 경주에서 이긴다는 것이다. 미국 화학공업과 군수공업 분야의 1인자인 듀폰은 세계적인 글로벌 기업이다. 듀폰의 기업사에는 주목할 점이 발견된다. 1944년 기폭장치가 장착된 원자폭탄을 극비리에 제작하는 맨해튼 프로젝트에 듀폰이 참여하며, 듀폰은 과감히 포기하는 장기적인 이익을 도모한다. 이를 주도한 인물이 듀폰의 4대 경영주인 피에르 듀폰이다.

　　그는 맨해튼 프로젝트에 적극 협조하겠다는 계약을 맺고 원자폭탄 생산을 위한 설계, 건설, 안전운행을 일괄 책임진다. 듀폰이 비밀계약을 체결하고 프로젝트에 착수하며 수익금을 1달러만 받겠다고 계약한 것이다. 이 거대 프로젝트는 계획 대로 성공했고, 미국은 1945년 8월 6일 우라늄 원자폭탄을 일본 히로시마에 투하했다. 듀폰이 얻은 이윤은 계약대로 단 1달러뿐이었다. 듀폰이 단돈 1달러로 원자폭탄 제조 계약에 선뜻 동의한 이유는 원자폭탄 관련 정보와 기술이 훗날 천문학적인 부와 기회를 가져다 줄 것으로 예견했기 때문이다. 실제로 듀폰은 이 어리숙한 거래 덕분에 계속적으로 회사 규모를 확장할 수 있었고, 오늘의 듀폰을 만든 원동력이 되었다.

부족한 사람은 있어도 부족한 재능은 없다고 했다. 부족한 재능도 끊임없이 노력하면 어느 순간 길이 열리게 된다. 노력하다 안된다고 중간에 포기하려는 생각만 버린다면 우리는 무슨 일이든지 해낼 수 있다. 이런저런 이유를 대면서 '나는 이러니까 안 되겠지? 이런 나도 할 수 있을까?' 하는 생각들에 사로잡혀 있다면 이룰 수 있는 일은 아무것도 없다. 부족한 게 있거나 배우고 싶은 게 있다면 벽을 넘어선 고수들을 찾아라. 어떤 점이 나와 다른지, 어떻게 해야 조금이라도 따라갈 수 있을지에 대한 생각은 왜 못하는가. 18세기 조선시대 실학자 박제가는 사람이 벽(癖)이 없으면 쓸모없는 사람일 뿐이라고 말했다. 누구나 벽이 있다는 말 아닌가. 그런데 홀로 걸어가는 정신을 갖추고 전문의 기예를 익히는 것은 왕왕 벽이 있는 사람만이 능히 할 수 있다고 본 것이다.

하찮은 것이라도 이렇듯 벽이 있어야만, 경지에 도달할 수가 있다는 것이다. 벽(癖)이란 글자는 질(疾)에서 나왔다. 병중에서도 중병이라는 말이다.

조선의 세종대왕은 좋은 문장을 보면 백 번을 읽고 백 번 쓰기를 마다하지 않았고, 바보 김득신은 책 한 권을 만 번씩 읽었다는 문장가이며, 다산 정약용은 전남 강진에서의 18년간 유배생활 중에도 목민심서 등 수많은 역작을 남겼다. 이들이야말로 벽을 넘어선 한 시대의 고수들인 것이다. 세계적인 석학이나 거인들치고 어느 한 분야에 바보처럼 천착하지 않은 사람이 없다. 누구나 만족한 현실에 안주하려는 속성 때문에 나태해질 수 있고 더 이상 도약이나 성장을 이루어내지 못한다. 세상을 살아가며 자신의 뜻을 이루기 위해서는 한번은 정말 독해져야 한다. 세상이 뭐라 해도, 남들이 뭐라 해도 독할 때는 독해져야 한다. 추호도 흔들림 없이 나가야 한다. 그래야 뭔가를 얻게 된다. 적당히 일하며 적당히 사는 사람들에게 세상은 정확히 적당한 대우만 해준다. 반면 무엇인가에 목숨을 걸고 미칠 정도로 몰입하는 사람에게 그만큼의 대우와 보상을 해주는 것이 바로 우리가 살아가고 있는 이 세상이다.

예수가 무엇을 먹을까 무엇을 마실까 무엇을 입을까 걱정하지 말라(누가복음)고 말씀한 것도 먹고 입는 것에 인생의 긴 시간을 빼앗기지 말고 보다 큰 꿈을 꾸며 살기를 바란 말이다. 나중 된 자가 먼저 된다(마태복음)고 했다. 밥은 죽지 않을 정도만 먹고 옷은 살이 보이지 않을 정도면 되지만, 공부만은 밤을 새워서 하라고 하신 성철 스님의 말씀도 다 같은 맥락인 것이다.

⑬ 덜 갖고 오래 남아라

"불교에서 말하는 '열반'이란 지극히 행복해지는 것이 아니라
그 행복을 얻으려는 욕망에서 자유로워지는 것이다."

'덜 갖고 오래 존재하라. 반짝 벌지 말고 오래 벌어라' 이것만이 신(神)의 한 수라고 하는데 사람의 마음은 조석변(朝夕變)이다. 아침저녁으로 변덕이 죽 끓듯 하는 게 사람이라는 말이다. 원래 제멋대로라 멈출 줄도 모르고 만족을 모르는 게 인간이다. 먹고 사는 일은 옛날에 비해 천국이지만 위를 보며

분노하고 옆을 보면서는 불만을 쏟아 붓는다. TV 채널은 어떤가. 어디를 틀어도 먹방, 노래방뿐이다. 뭘 더 먹겠다고 그러는지, 얼굴에 가면까지 쓰고 불러대는 노래 소리는 듣기에 가히 처량하다.

내가 개인적으로 존경하는 인물은 성경에 나오는 사도 바울이다. 그는 빌립보서에서 이렇게 고백한다. "내가 궁핍함으로 말하는 것이 아니라 어떤 형편에든지 내가 자족하기를 배웠노니 나는 비천에 처할 줄도 알고, 풍부에 처할 줄도 알아 모든 일 곧 배부름과 배고픔과 풍부와 궁핍에도 처할 줄 아는 일체의 비결을 배웠노라." 행복은 감사할 줄 아는 마음에서 태어난다. 감사란 스스로 넉넉하다고 여기는 마음이다. 멈출 줄 아는 마음이다. 그래서 자족(自足)하는 사람이 행복하다. 인간을 비참하게 만드는 것은 환경이 아니라 다스리지 못하는 욕망이다. 자족(自足)은 정신의 훈련이다. 내면을 가꾸는 훈련이고 내공이다. 사도 바울은 자족하는 법을 알고 있었다. 그래서 그는 행복했다. 감옥에 갇혀서도, 돌팔매질을 당하면서도 그들을 원망하지 않았다.

인생에도 춘하추동의 때가 있다. 자신의 때가 가을이라면 적든 많든 추수한 물량에 안분자족(安分自足)해야 하는 때다.

적다고 과욕을 부리면 가진 것마저 잃게 된다. 자신의 때가 겨울이라는 생각이 든다면 물러나서 세상을 관망하며 유유자적(悠悠自適)하는 때다. 이렇게 때에 맞는 스텝을 밟아야 후한이 없다. 한 치 앞을 내다보기 힘든 어려운 상황을 건너가기 위해서는 자족하는 법을 깨쳐야 한다. 천하를 호령했던 알렉산더 대왕의 병이 점점 더 깊어져 자리에 앉을 힘조차 없게 되었다. 사람들은 그의 마지막 유언이 무엇일까 궁금해 했다. 어느 날 왕은 왕실의 모든 사람을 불러 모았다. 그리고 힘겹게 입을 열었다.

"내가 죽거든 땅에 묻을 때 손을 밖으로 내어 놓아 사람들이 볼 수 있도록 하라." 절대적 권력과 어마어마한 부를 한 손에 쥐었던 대왕의 유언치고는 너무 황당한 유언이다. 알렉산더 대왕은 이렇게 이어 말했다. "나는 세상 사람들에게 천하를 호령했던 알렉산더도 떠날 때에는 빈손으로 간다는 것을 보여 주고자 할 뿐이노라." 이렇게 영웅 알렉산더 대왕은 죽음을 맞이했다. 유럽의 어느 수도원 대문에 이런 글귀가 쓰여 있다고 한다. "머무시는 동안 불편하거나 필요한 게 있으면 언제든지 말씀해 주십시오. 불편해도 참아내는 법, 필요한 게 있어도 그것 없이 사는 법을 가르쳐 드리겠습니다." 버트란트 러셀과 함께 당대 최고의 석학으로 유명한 조지 무어는 "사람들은 그가 필요로 하는 것을 찾아서 온 세상을 떠돌다가 죽기 직전에 집에 돌아와서야 그것을 발견한다."고 말했다. 참으로 명언 아닌가.

여러 마리의 산양이 산에서 풀을 뜯는다. 앞에서 풀을 뜯고 있던 산양보다 더 많은 풀을 뜯기 위해 뒤에 있던 산양이 앞의 산양을 밀어붙인다. 밀린 산양은 뒤지지 않기 위해 더 빨리 앞으로 나간다. 이 과정이 반복되면서 산양들은 전속력으로 질주한다. 결국 산양들은 뜯어먹지 않고 온 힘을 다해 달린다. 왜 달리는지 목적도 잊어버리고 그냥 달리기만 한다. 속도 때문에 각도를 잃은 것이다. 검도에 중단 겨눔이라는 게 있다고 한다. 잠깐 공격을 멈춘다는 말이다. 다음 공격을 위한 치열한 멈춤이다. 이 중단 겨눔은 폭풍전야의 긴장감이 도는 순간이다. 멈춰있으면서 공격을 준비하는 것이고, 공격하면서도 순간순간 멈추지 않으면 그 공격은 실패로 끝나기 때문이라고 한다. 멈춤이 있어야 위치가 파악되고 공격 포인트가 포착된다. 중단 겨눔은 급소포착의 치열한 준비다. 멈추지 못하면 무너지고 불행이 시작된다. 기업가(企業家)의 기(企)는 사람인 아래에 멈출지(止) 자를 쓴다. 멈추거나 그치지 않고는 계속 성장시킬 수 없기 때문이다. 지금 멈추지 않으면, 내일 또 달릴 수 없다.

<살아남은 것들의 비밀>이라는 책을 쓴 작가 이랑주의 이야기다. 두 명의 나무꾼이 있는데 한 명은 하루 종일 나무 베는 일을 14시간 한다. 다른 한 명은 하루 8시간 나무를 베고 일찍 퇴근한다. 20년 뒤 누가 더 성공할 수 있었을까? 단순 노동시간만 따지면 14시간 일한 사람이 더 부자가 됐어야 하지만, 더 성공한 사람은 8시간만 일한 사람이다. 그는 8시간 일하고 나머지 시간은 세상 구경을 다녔다. 옆 마을 숲에서는 전기톱으로 나무를 베고, 더 멀리 떨어진 숲에서는 나무를 가공해서 종이를 만드는 공장을 볼 수 있었다. 그는 마을로 돌아와 공장을 세우고 부자가 되는데, 그가 성공할 수 있었던 것은 자신만의 숲에 갇히지 않았기 때문이었다는 말이다. 오랫동안 살아남기 위한 방법은 자기만의 각도를 갖는 것이다.

　　속도와 각도 어느 것 하나 놓칠 수는 없지만 분명한 것은 각도다. 속도를 줄여야 각도를 바꿀 수 있기 때문이다. 속도가 빨라질수록 우리의 삶은 피폐해지기 시작한다. 꿈과 욕심은 다른 것이다. 욕심은 자신과 주변을 끊임없이 힘들게 만들지만 꿈은 힘이 들어도 자신과 주변을 행복하게 한다. 인디언들은 말을 타고 가다가 말을 세우고 뒤돌아보는 습관이 있다고 한다. 내 몸은 말을 타고 달려왔는데, 영혼이 쫓아오지 못할까봐 기다려준다는 것이다. 이코노믹스 한국특파원이 우리나라를

두고 '기적을 이룬 나라, 기쁨을 잃은 나라'라고 했다고 한다. 지나친 경쟁에 내몰리면서 행복을 잃어가는 우리 모습을 지적한 말이다. 혼다의 설립자 혼다 소이치로는 '대나무도 마디가 있어야 자란다.'고 했다. 이익의 10%를 가져가는 것이 누가 봐도 공평하고, 11%를 가져가는 것도 가능하다면, 오히려 9%를 갖도록 하라. 그러면 돈이 그치지 않고 올 것이라고 아시아 최고 갑부 리자청은 말한다.

도쿠가와 이에야스는 유훈으로 이런 말을 남겼다. "이기는 것만 알고 지는 것을 모르면 반드시 해를 입는다." 라이벌은 필요하지만 적은 곤란하다. 사람은 화려할 때 가장 소중한 것을 잃는다고 한다. 뱀이 겨울잠을 자는 것은 때가 아니기 때문에 물러나 기회를 기다리는 인내와 겸허의 자세다. 무능하고 비겁해서가 아니라 살아남기 위한 지혜다. 언제나 돌진하는 것만이 능사가 아니다. 이것도 뱀으로부터 배워야 할 삶의 지혜인 것이다. 독일의 철학자 니체는 살아야 할 이유를 지닌 사람은 어떻게든 살아낸다. 왜 살아야 하는지를 아는 사람은 그 어떤 상황도 견뎌낼 수 있다고 했다. 우리 속담에 배고픈 것은 참아도, 배 아픈 것은 참기 힘들다고 한다. 성공하고도 그 결실을 함께 나눌 생각이 없으면 불행한 일들이 그치지 않는다.

⑭ 네 발 밑을 항상 살펴라

"작은 것에서 큰 것이 보인다. 큰일은 진지하게 받아드리면서 사소한 일을 경시하는 것이 몰락의 시작이다." <헤르만 헤세>

절에 가면 스님들이 신발 벗어놓는 마루에 '조고각하(照顧脚下)'라고 써놓은 것을 보게 된다. 자기 발밑을 살펴보라는 것은 자기 존재의 본질을 늘 스스로 살펴보고 받아들이기를 게을리 하지 말라는 것이다. 신발 벗어놓는 마루에 자신의 신발을 똑바로 벗어 놓는 사소하고 작은 행위가 그 사람의 전체를 나타내는 성품이다. 인류 최초의 우주인은 누구일까? 바로 러시아의 유리 가가린이다. 1961년 4월 12일, 가가린은 보스토크 1호를 타고 89분간 우주를 비행하며 세계 최초의 우주비행사로 역사에 기록됐다. 가가린은 다른 19명의 지원자와 경합을 벌인 끝에 세계 최초로 우주를 비행할 자격을 얻었다. 지원자 중에 가가린이 선발된 이유는 무엇이었을까? 역사는 디테일이 결정했다. 우주 비행사가 최종 결정되기 1주일 전, 20명의 지원자는 우주비행선 보스토크 1호에 직접 타볼 수 있는 기회를 얻었다. 이때 다른 지원자들은 당연한 듯 신발을 신은 채로 우주선에 올랐다. 하지만 가가린은 다른 지원자들과는 달리 비행선 앞에서 신발을 벗고 양말만

신은 채 우주선에 올랐다. 이런 가가린의 행동이 비행선 설계자의 눈에 띈 것이다.

설계자는 이 27세의 젊은 청년이 자신이 심혈을 기울여 만든 우주선을 아끼는 모습을 보고 인류 최초로 우주를 비행하는 신성한 사명을 가가린에게 부여했다고 한다. 가가린이 가진 디테일의 힘이 그를 인류 최초의 우주비행사로 만든 것이다. 디테일은 섬세함이자 치밀함인 것이다. 사실 모든 위대함은 작은 것들에 대한 충실함에서 기인한다. 산술적으로는 100-1=99가 정답이겠지만, 사회생활에서는 100-1=0 혹은 마이너스가 될 수도 있다. 1%의 실수가 100%의 실패를 낳을 수 있고, 100+1=101이 아니라 200도 300도 될 수 있다는 계산은 디테일의 중요성을 가장 잘 나타내는 말이기도 하다. 한 끗이 비즈니스에 미치는 결과는 엄청난 게 사실이다.

시인 이성복은 시(詩)는 대단한 것이 아니라 그냥 식당에서 나올 때 뒷사람 구두를 돌려놓아 주는 것이라고 한다. 시는 틈새 만들기, 그 이상도 이하도 아니다. 결론은 이웃에 관심을 갖는 것이다. 그것이 사람이든 자연이든 주변의 모든 환경에 대해서 낮아져야 하고 겸손해야 하고 작아져야 한다. 그래야 민족시인 윤동주처럼 잎새에 이는 바람에도 괴로워

했다는 감수성이 살아난다. 부처는 '하심함소(下心含笑)' 하라고 했다. 항상 마음을 낮추고 입가에 미소를 띠우라는 말이다. 절의 스님도, 교회 목사님도 자만과 방심으로 발 밑 살피기를 게을리 하다 추락하는 경우가 허다하다. '궁인지사 번역파비(窮人之事 飜亦破鼻)'라 했다. 안 되는 사람은 뒤로 넘어져도 코가 깨지고, 잘되는 사람은 넘어져도 눈앞에 산삼 뿌리가 보인다. 이런 걸 두고 머피와 샐리의 법칙이라 하는데, 어떻게 하면 하는 일마다 잘되고 손대는 일마다 술술 풀리는 사람이 될까?

<천로역정>을 쓴 존 번연은 감사하고 기뻐하라, 그것만이 탐욕과 유혹을 이길 수 있다고 했다. 성경에서도 항상 기뻐하라, 그리고 범사에 감사하라(데살로니카전서)고 한다. 있는 자는 더 주고, 없는 자는 있는 것도 빼앗겠다는 것이 하늘나라 법칙이다. 있는 자는 있는 것에 감사할 줄 알고, 매사에 긍정적으로 생각하기 때문에 더 주고 싶다는 생각이 들고, 없는 자는 없다고 원망하고 불평만을 일삼으니 있는 것조차 빼앗아버리고 싶다는 생각이 하늘나라 경제법칙이다. 영국의 철학자 버틀란트 러셀도 진정으로 행복을 원한다면 탐심과 이기심을 버리고 가진 것에 감사하라고 말한다. 그러니 나는 재수 없는 놈, 뒤로 넘어져도 코가 깨지는 놈이라고 자책하면서 일이 잘 안 풀리고 점점 꼬여만 간다고 원망과 불평을

하지 말라. '복불쌍행(福不雙行) 화불단행(禍不單行)'이라 했다. 복은 쌍 지어서 오지 않지만 화는 홀로 오지 않는다는 말이니, 불행은 엎친 데 덮친다는 말 아닌가. 이 정도면 됐다. 천만다행이네! 이렇게 항상 기뻐하고 범사에 감사하라. 생각했던 것에 비하면 다소 적을 수도 있겠지만, 기뻐하고 감사하는 당신에게 꼭 복이 겹쳐올 것이라고 믿는다.

15. 좋은 시절은 연속되지 않는다

"새로운 지식을 얻기 위해서는 기존의 낡은 지식을 버릴 수 있어야 한다. 많이 얻으려면 모든 것을 버려야 한다."

구약성경(전도서)에 '하늘아래 모든 것에는 시기가 있고, 모든 일에는 때가 있다. 태어날 때가 있고 죽을 때가 있으며, 심을 때가 있고 심은 것을 거둘 때가 있다. 죽을 때가 있고 고칠 때가 있고 부술 때가 있다. 울 때가 있고 웃을 때가 있으며, 슬플 때가 있고, 기뻐할 때가 있다. 껴안을 때가 있고 떨어질 때가 있다. 사랑할 때가 있고 미워할 때가 있으며, 전쟁할 때가 있고 평화의 때가 있다'고 한다. 요즘 최순실 국정

논란에 개입한 김기춘, 조윤선 등 부와 권력을 지닌 채 기세등등했던 사람들을 보면서 생각해 보는 성경 구절이다.

중국 후한 말기 영제(靈帝)때 비선실세였던 '열 명의 환관인 십상시(十常侍)'가 있었다. 이들은 어린 황제인 영제를 주색에 빠지게 하여 통치능력을 상실케 한 다음 자신들이 마음대로 국정을 농단하고 횡포를 자행했다. 결국 폭정에 견디다 못한 백성들이 도처에서 반란을 일으켰고 '동탁' 등에 의해 십상시는 죽음을 당했다. 그 후 한 왕조는 결국 비선실세라 할 수 있는 '열 명의 환관들'에 의해 무너지게 된 것이다. 역사적으로 군주를 파멸시키고 나라를 망하게 한 비선실세로는 십상시나, 진 왕조를 망하게 한 '조고'와 같은 환관세력 그리고 하왕조 말기에 '말희', 은왕조 말기에 '달기', 당 현종의 '양귀비', 조선시대에 '장녹수, 장희빈' 등과 같은 경국지색(傾國之色)이 있었다. 또한 나라를 망하게 한 비선실세로서 사악한 종교인도 있었다. 고려 말 공민왕 때의 요승 '신돈' 등이다. 우리는 대통령의 아들이나 형, 아우 등과 같은 친인척 그리고 정치적 사조직 등이 비선실세로서 나라를 혼란스럽게 한 사태를 염증 나게 경험하였다.

그런데 이제 또다시 비선실세의 국정농단 사태를 경험

하게 되니 그 참담함은 이루 말할 수 없는 것이다. 이 모두는 우매한 지도자가 사악한 무리들에 현혹되어 정도의 정치를 버렸기 때문이다. 우리는 그저 낙담만 하고 있을 수는 없다. 이번 사태를 반면교사로 삼아서 아픈 만큼 성숙한 내일이 되도록 해야 할 것이다. 이번 사태에서 우리가 명심해야 할 것이 있다.

'임금은 임금의 도리를 다하고 신하는 신하의 직분을 다해야 한다.' 만약 '임금이 임금의 도리를 다하지 못하고 신하가 신하의 직분을 다하지 못하면 임금과 신하가 더불어 함께 천하와 국가를 다스리지 못할 것이다. 오늘 우리는 국가지도자가 지도자로서 도리를 다하지 못하고 신하가 신하로서의 직분을 다하지 못했기에 국정의 혼란과 국민의 신뢰를 잃은 것이 아니겠는가. 크고 작은 지도자는 '순리(順利)'를 거역하지 말아야 한다는 것이다. '하늘의 이치를 따르는 자는 살고 하늘의 이치를 거역하는 자는 죽는다.(順天者 存 순천자존, 逆天者 亡 역천자망)'라 하였다. 하늘의 이치란 정도(正道)이며 순리(順理)다.

태조 이성계가 정실부인의 소생을 후계자로 책정하는 순리를 무시하고 계비의 소생을 후계자로 택하려 했기에 그 피비린내는 왕자의 난이라는 재앙을 불러일으킨 것이다. 이번 사태 역시 국가지도자의 비선조직에 의존한 국정운영, 불통의 정치, 이와 같은 역천적(逆天的) 통치 능력이 국정혼란의 탈과 지도자의 재앙을 불러옴이 아니겠는가. 그렇다. 누구나 걸어가는 길은 정도(正道)이어야 한다. 우리는 어떤 지위에 대한 소유권을 갖고 있지 못한다. 내 것이 아닌 것에 집착하니 결국 남는 것은 허무와 분노뿐이다. 사람은 땅 표면의 먼지에서 나왔기에 땅으로 다시 돌아가야 할 운명이고, 우리 모두가 그렇다. 인간과 인간이 만든 어떤 집단도 결국 먼지로 변한다. 문명도, 국가도, 부의 제국도, 모두 영원하지 않다

'화무십일홍(花無十日紅), 권불십년(權不十年)' 이라 했다. 아무리 붉고 탐스런 꽃이라도 열흘을 붉지 못하고 천하를 호령하는 권력이라도 10년을 넘기기 어렵다는 말인데, 머리 좋고 학력 좋다던 그들은 왜 이 단순한 진리를 외면했을까? 프랑스에서는 대통령을 엘리제궁 5년 세입자라고 부른다. 제왕적 대통령이라도 엘리제궁에 5년 임대 계약을 한 세입자에 불과하다는 것이다. 계약기간을 채우지 못하는 우리나라 대통령이 나올 수도 있을 것 같기에 하는 말이다. <채근담>에 총명함이 길을 막는 병풍이라고 했다. 잘난 체하며 안하무인인 사람의 앞날에는 많은 장애물이 놓인다는 뜻이다.

불가의 <법구경>에도 자신이 조금 아는 것이 있다고 거만하게 구는 것은 맹인이 등불을 들고 빛을 밝혀주면서 정작 본인은 그 빛을 보지 못하는 것과 다름없다고 했다. 그러니 권력과 승리감에 도취되어 자만하지 말고 겸손해야 한다. 인간의 본성에는 한 가지 약점이 있다. 조그마한 성공이나 실패에도 쉽게 자기 자신을 잃어버린다는 것이다. 나를 놓는 순간 스스로 헤어나올 수 없는 깊은 심연에 빠지게 된다.

사람들이 후회할 일을 저지르는 이유는 대부분 자제력이 약하기 때문이다. 유혹을 뿌리치지 못해 하지 말아야 할 일을 하는 것이다. 해도 되는 일과 해서는 안 되는 일에 확실하게 선을 그어야 하는데 말이다. 하늘이 내 몸을 피로하게 만들면 편안한 마음가짐으로 자신의 몸을 돌봐야 하고, 하늘이 내 삶을 곤경으로 몰아넣으면 경건한 마음으로 도를 닦아 벗어나야 한다. 독일의 시인 괴테는 그의 불후의 명작 <파우스트>에서 끊임없이 자신을 가다듬는 자는 결국 구원을 얻을 것이라고 했다. 사실 자기 자신을 가장 잘 도울 수 있는 사람은 바로 자신이기 때문이다. 하늘은 정도를 지키고 땀과 눈물과 지혜를 다해 심혈을 기울이지 않는 자에게 월계관을 허락하지 않는다. 고통과 불행에 시달릴 때 불공평한 운명에 불만을 늘어놓을 수는 있지만, 스스로를 돕지 않는 자는 하늘도 돕지 않는다.

석가는 세상에 모든 것은 변하며, 변하지 않는 고정된 실체란 없다고 했다. 좋은 시절은 연속되지 않는다는 말이다. 좋은 시절이 잠시 계속되는 동안 새로운 선장축의 아이템을 찾아내지 못하면, 개인도 기업도 국가도 반드시 위기가 찾아오는 법이다. 여기에는 절대로 예외가 없다. 나는 삶의 경험을 통해 후배들에게 "젊은 날은 금세 저물고, 좋은 시절은 잠깐이다."라는 말을 자주 해준다. 어쩌면 이게 마지막 기회가 될 수도 있다는 마음가짐으로 사심 없이 주어진 일에 최선을 다해야 한다. 그것이 자신과 가족을 지킬 수 있는 길이고, 훗날 후회하지 않을 수 있는 길이다.

　　조선시대 2인자로 권력에 취해 과욕을 부리다가 실족한 홍국영은 정조가 왕위에 오를 당시 지지 세력이 거의 없는 상황에서 목숨을 걸고 정조의 시대를 열개한 일등 공신이었다. 그로 인해 정조의 총애를 한 몸에 받으며 문고리 권력 도승지(지금의 청와대 비서실장)가 된다. 왕의 오른팔 역할도 모자라 그는 자신의 여동생을 후궁으로 넣고 조카가 왕위를 잇도록 하는 일까지 꾸민다. 그러면서 학문과 덕이 높은 고위 관직에 있는 어른들을 능멸하고 안하무인격으로 대하는 일이 빈번해졌다. 권력을 가진 자일수록 처신을 조심해야 한다는 것을 잊은 것이다. 사심을 제거하고 그 선을 넘지 않았어야 했다.

결국 홍국영은 7년 만에 정조에게 내침을 당해 겨우 목숨만을 부지한 채 낙향하고 만다. 사람이란 때때로 자신의 장점이 단점이 될 수 있다. 시대의 풍운아였던 홍국영의 가장 큰 장점이자 약점은 바로 야망이었다는 것을 깨닫는다.

불가에서는 사물에 불변하는 실체가 존재하지 않고 사람에게도 불변하는 실체가 존재 하지 않는다고 하는데, 불변하는 것에 대한 집착 때문에 우리는 많은 고통을 안고 살아간다. 눈사람을 만들고 있는 어린 꼬마는 자신이 만든 눈사람에게 장갑과 모자, 목도리를 기꺼이 내어주며 좋아했다. 그런데 밤사이 눈사람은 허무하게 녹아버렸다. 영원히 있으리라 믿었던 꼬마의 마음은 무척 괴롭고 슬펐다. 모든 사물에는 불변하는 실체가 없다는 사실을 분명히 아는 순간 우리는 사물에 대한 집착에서 벗어날 수 있고, 동시에 우리의 마음은 고통에서 빠져나올 수 있는 것이다. 그러니 살아가면서 인연이 마주쳤을 때는 만끽해야 하지만 인연이 다 되었다 싶으면 집착을 버려야 하는 것이다. 우리 선조들이 오는 사람 막지 말고 가는 사람 붙들지 말라고 하지 않던가. 어디 변하지 않던 사람 있던가. 똥차 가면 벤츠 온다고, 생각이 바뀌면 우울할 필요가 없다. 불가에서 모든 것은 내 마음이 지어낸 것일 뿐이라고 가르치는 것은 겪지 않아도 될 고통에서 벗어날 수 있음을 가르치는 말이다.

누구나 자신의 늙어가는 모습을 거울을 통해 확인하면 마음이 편치 않을 것이다. 지금보다 훨씬 젊었을 때의 모습을 마음에 담아 두고 그때의 얼굴을 찾으려는 치열한 집착이 우리를 불안하게 만든다. 텅 빈 통장의 잔고를 보았을 때도 우리의 마음은 우울해진다. 예전 그득했던 통장 잔고에 집착하고 있으니까 그렇다. 인생에서 가장 좋았을 때, 가장 행복했을 때의 모습을 진정한 자기 모습이라고 믿고 싶은 것이다. 어떻든 불변하는 자아가 있다고 믿고 그것에 집착하는 순간 고통이라는 반갑지 않은 손님이 찾아오는 법이다. 위대한 현자들이 인간을 허영덩어리라고 했던 것도 다 이런 이유에서일 것이다. 양파껍질처럼 가면 뒤의 거울은 가면이었다는 어느 시인의 말을 다시 한 번 새겨본다. 사물이든 사람이든 모두 변한다. 변하지 않는 것은 오직 모든 것은 변한다는 사실뿐이다.

16

길이 끝나면 그 다음이 시작이다

"돌아가는 길이 빠를 수 있다.
인생은 곡선이다.
일찍 피는 꽃도 있지만 늦가을에 피는 국화도 있다."

오늘을 기준으로 시간을 반으로 접으면 과거와 미래는 딱 절반이다. 매 순간 옛 시간은 지나가고, 새 시간이 온다. 현재는 과거의 꽃이 지고, 미래의 싹이 나는 지점이다. 끝났을 때 비로소 새로운 시작이 열린다. 우리는 종종 이걸 잊고 산다. 나는 끝났다는 말을 달고 살지 마라. 여기 대나무 꽃 이야기가 있다. 대나무 꽃은 100년에 단 한 번 핀다는데 개화와 낙화의 과정이 특이하다고 한다. 일단 개화가 시작되면 사방 수백 킬로미터 밖까지 주변의 모든 대나무에 꽃이 피어난다. 그리고 꽃을 피워 씨를 맺은 다음 일제히 죽는다.

이런 돌연변이 현상을 개화병(開花病)이라고 하는데, 전하는 바로는 기근이 들어 아사 직전의 사람들이 미쳐나가는 바로 그때 갑자기 대나무에 꽃이 핀다는 것이다. 대나무 숲에는 그 씨를 먹는 쥐들이 불어나고, 굶주린 사람들은 쥐를 잡아먹고 목숨을 부지하게 된다. 그리고 흙 속에 떨어진 대나무 씨앗이 새로이 움트며 인간과 먹을거리들 사이의 순환이 다시 시작된다. 대나무가 다시 꽃피는 시기는 종말과 동시에 시작을 의미하는 것이다. 끝과 시작은 한 몸이다. 우리는 자연에서 세상 이치를 배워야 한다. 모든 게 끝이라고 생각하지 마라. 그때가 바로 시작이다.

인생에도 변곡점이 있다. 어떤 날을 기준으로 삶의 방향이 달라질 수 있는 순간이 오는데 그 변화가 시작되는 순간에는 이 사실을 모른다. 한참이 지난 후에야 아, 그때가 나를 성장시키기 위한 순간이었다는 것을 깨닫는다. 문이 닫히는 순간 언제나 새로운 문이 열린다. 문이 닫히더라도 실망하지 마라. 미래는 보이지 않지만 절벽은 없다. 시인 박노해는 〈길이 끝나면〉이라는 시에서 이렇게 말한다.

> 길이 끝나면 거기
> 새로운 길이 열린다.
> 한 쪽 문이 닫히면 거기
> 다른 쪽문이 열린다.
> 겨울이 깊어지면 거기
> 새봄이 걸어온다.
> 내가 무너지면 거기
> 더 큰 내가 일어선다.

자신의 의지를 굽히지 않고 좌절하지 않으며 자신이 추구하는 것을 얻고자 노력하는 시인의 삶이 너무 멋져 보인다. 시인 정호승은 이 세상 사람들 모두 잠들고 어둠 속에 갇혀서 꿈조차 잠이 들 때 홀로 일어난 새벽을 두려워 말고 벽을 보고 걸어가는 사람이 되라고 노래한다. 세월의 달력 한 장을 뜯어낼 때 가슴이 덜컹 내려앉는다. 내 나이를 확인해본다. 얼핏 스치는 감출 수 없는 주름 하나를 바라보며 거울에서 눈을 돌리는 때가 있다. 가는 걸 알면서도 어떻게 할 수 없는 것들이 주위에 너무 많아지고 있다. 시드는 꽃을 누가 어떻게 멈춰 세운단 말인가. 흐르는 강물을 어떻게 붙잡아 둘 수 있는가. 지는 저녁 해를 어떻게 거기 붙잡아 둘 수가 있는가. 시간 속에 영원히 살아있는 것은 없다.

낡고, 때 묻고, 시들지 않은 것은 없다. 분명히 사랑한다고 말했는데 그 사람도 없고 사랑도 없다. 분명히 둘은 서로 뜨겁게 사랑했는데 그 뜨겁던 사랑은 간 데가 없다. 사랑이 어떻게 사라지고 만 것인지 생각해본다. 피할 수 없는 이별의 시간이 다가오는 것을 알면서도 속절없이 바라만 보고 있어야 할 때가 있다. 아무리 몸부림쳐도 이미 늦어버린 인연의 시간을 손으로 잡을 수 없는 날이 있다. 그래서 억장이 무너지는 저녁이 있다. 높이 나는 독수리의 모습을 간직하고 싶어 우리가 만들어 낸 것이 박제이고, 지는 꽃을 가장 아름답게 꽃피던 모습으로 멈춰 세운 것이 조화다. 하늘을 잃어버린 독수리와 향기가 없는 꽃을 만드는 것, 거기까지가 우리의 한계 아닌가. 모습이 많이 달라진 것을 느끼는 날이 있다. 사실 가장 많이 변한건 나 자신인데 그걸 한참 늦게야 깨닫는다. 살면서 잡을 수 없는 것 중에 하나가 바로 나 자신이었음을 그동안 모르고 있었다. 붙잡지 못해 속절없이 바라만 보고 있어야 했던 것이다. 흘러가고 변해가는 것을 그저 망연히 바라만 보고 있어야 했던 것이 바로 나인 것을 왜 이제야 깨닫는지 억장이 무너질 때가 있다.

성경(누가복음)에 나중 된 자가 먼저 된다고 했다. 최근 들어 후발주자가 시장을 주도하고 있다. 구글, 페이스북, 알리바바, 네이버, 샤오미 등은 선발주자가 아니었다. 이들은 선발주자가 있는 시장에 뒤늦게 뛰어들었지만 그들이 가진 한계를 극복하면서 1위에 올랐고 억만장자가 되었다. 1998년 구글이 창업할 당시 포털업계는 야후가 시장을 장악하고 있었다. 세계 1위인 페이스북도 2004년 창업할 당시 마이스페이스라는 선발주자가 있었다. 2011년 8월 중국 샤오미의 스마트폰이 정식 출시되는 시기에 삼성, 애플과 같은 거대 기업이 시장을 장악하고 있었다. 창업 4년째 2014년 샤오미는 삼성을 제치고 중국 스마트폰 시장에서 1위에 올랐고, 글로벌 스마트폰 시장에서 5위를 차지하고 있다. 2015년에는 연간 판매량 1억대를 돌파할 전망이라고 한다. 스마트폰 연간 판매량 1억대를 넘기는 기업은 애플, 삼성, 샤오미가 전부다. 샤오미를 창업한 레이쥔의 말에 의하면 사업에 성공하기 위해서는 선두주자냐 후발주자냐는 중요하지 않다. 이보다는 뜨는 산업인지 그렇지 않은 산업인가가 중요하다. 그는 "태풍의 길목에 서면 돼지도 날 수가 있다."는 유명한 말을 남겼다.

네이버가 1999년 6월 창업할 당시 국내 포털시장은 다음이 장악하고 있었다. 그러나 오늘날 다음은 네이버에 밀려 2위를 벗어나지 못하고 있다. 누가 시장을 선점했느냐에 연연하지 말라. 지금의 선두주자보다 더 나은 서비스를 어떻게 제공하느냐에 집중해라. 나중 된 자가 먼저 된다는 성경구절의 의미를 새겨야 할 것이다. 먼저 된 자는 자칫 교만에 빠져 자신의 한계를 잊게 될 수 있다. 성경은 일어선 줄로 생각하는 자여 넘어질까 조심하라(고린도전서)고 말한다.

새롭고 새로워지기 위해 변화와 혁신을 하지 않으면 밀릴 수밖에 없다. 기업뿐만이 아니라 개인도 마찬가지다. 나날이 새롭고 새로워져야 한다. 거지가 바라보는 것은 재벌이 아니다. 그들은 좀 더 나은 거지를 바란다. 왜 거지라는 벽을 깨지 못하는지. 바라보는 관점을 디자인해야 한다. 전화위복(轉禍爲福), 화가 복이 되기도 하고 복이 화가 되기도 한다는 말이다. 화를 복으로 회복시키는 탄력성을 키워야 한다. <영혼의 비타민>이라는 책을 쓴 일본작가 아키히로의 글 중 '나를 도와줄 사람의 숫자는 내가 도와준 사람의 숫자와 같다'는 문장을 읽다가 정말로 정신이 번쩍 들었다. 돈만 벌려고 애를 쓰다가 사람을 벌지 못한 게 한스럽다는 후회가 몰려왔다.

모든 일은 당신에게 달려있다

"모든 사건의 뇌관은 바깥이 아니라, 바로 나 자신에게 있다."

'그가 믿은바, 하나님은 죽은 자를 살리시며 없는 것을 있는 것으로 부르시는 이시니라. 바랄 수 없는 것 중에 바라고 믿었으니' 성경(로마서)의 이 말씀은 바랄 수 있는 상황에서 누구나 바라고 믿으면 이루어진다는 희망이며, 바랄 수 없는 상황 속에서도 바라고 믿는 뚝심을 가져야 한다는 말이다. 어떤 상황에도 불구하고 끝까지 머릿속에 그림을 그리고 막막한 문제 앞에서도 하던 일을 묵묵히 실행하며, 행여 안 될 것이라는 의심을 품지 않는 스스로의 생각과 말을 진심으로 귀하게 여겨야 한다. 그럴 때 신비하게도 이런 응답이 온다. "나는 내가 가진 최고를 너에게 줄 것이다."라고 하나님은 말한다. 뇌 과학자들에 의하면 사람은 딱 자기가 바라고 믿는 만큼의 사람이 될 확률이 높다고 한다. 바라고 믿지 않으면 그 어떤 것도 이루어내기 힘든 것이라고. 나는 정년이 되면 다 내려놓고 조용한 서재에 틀어박혀 젊어 읽지 못했던 책이나 실컷 읽었으면 했었다.

그런데 어느 날 책 속에 파묻혀 책을 읽고 글을 쓰다가 소름이 끼칠 정도로 화들짝 놀랐다. 내가 정년 전에 생각했던 바로 그만큼의 모습을 하고 있는 지금의 나 자신을 발견한 것이다. 우리가 하는 말이나 생각은 모두 우리 스스로에게 무의식적인 최면을 걸고, 결국 그 방향으로 가도록 유인하고 있다. 그러니 바랄 수 없는 중에도 바라고 믿으며 묵묵히 견디는 뚝심을 가져야 한다. 아무 것도 가진 게 없는 사람이라고 자책하지 말라. 바라고 믿으면 하나님이 당신에게 최고의 것을 주겠다고 하지 않던가.

'칠전팔기(七顚八起)'라 했다. 사람은 경험 때문에 현명해지는 것이 아니라 경험을 받아들일 수 있는 능력에 따라 현명해지는 것이다. 일곱 번이 아니라 70번을 넘어져도 그 경험을 받아들일 수 있는 능력을 키우지 못하면 일어설 수 없는 것이다. 꿈이란 달성하기 전까지는 당신을 가혹하게 다룰 것이다. 언제까지나 계속되는 불행은 없다. 행복은 그 자체가 긴 인내이기 때문이다. 독일 철학자 니체는 가혹한 시련과 불운한 자신의 운명을 사랑한 사람을 초인이라고 말했다. 경영의 신으로 꼽히는 일본의 마쓰시타 고노스케는 94세의 나이로 세상을 떠날 때까지 13만 명에 달하는 종업원들과 570개의 기업을 거느렸던 초인적인 기업가다. 그는 아버지의 파산으로 초등학교 4학년을 중퇴해야 했고 젊은 시절을 너무 어렵게 보냈지만 결국은 성공한 기업인이 되었으며, 일본의 어머니들은 아이들에게 고노스케를 닮으라고 한다.

고노스케는 성공의 비결을 묻는 질문에 자신은 하늘의 3가지 큰 은혜를 입고 태어난 덕분이라고 대답한다. 첫째는 가난하게 태어난 것이고, 둘째는 허약하게 태어난 것이며, 셋째는 못 배운 것이라고 했다. 그는 가난하게 태어났기 때문에 부지런히 일하는 습관을 익혔고, 허약하게 태어났기 때문에 건강의 소중함을 깨닫고 부지런히 몸을 단련시켜 건강하게 태어난 사람들보다 더 건강했으며, 초등학교 4학년을 중퇴했기 때문에 누구라도 배울 점이 있으면 부끄럼 없이 배우려 함으로 지식과 지혜를 쌓을 수 있었다고 말했다. 보통사람 같으면 좌절하고 포기했을 환경이었음에도 고노스케는 그것을 오히려 성공의 발판으로 만들어 자신의 운명을 사랑하고 긍정적으로 승화시킨 기업인이다. 가혹한 시련을 성장하는 데 필요한 절호의 조건으로 생각한 것이다. 나무가 강하게 자라기 위해서는 거친 폭풍우가 필요한 것처럼 위대한 인간으로 성장하기 위해서는 시련과 역경을 끈질기게 이겨내야 한다. 고노스케는 자신의 생애에 가장 힘들었던 시기야말로 자신의 발전에 가장 큰 도움이 되었던 시기라고 말했다.

삼성생명 FC 명예상무 배양숙은 연봉이 10억 원을 훌쩍 넘는다. 3만 명이 넘는 FC 중 1, 2위를 다툰다. 그녀는 집안 형편이 너무 어려워 부산여상을 졸업하고 간절히 원했던 대학 진학의 꿈을 접었다. 고졸 출신으로 10억대의 연봉을 받는 것은 아주 드문 얘기는 아니다. 하지만 그가 '수요포럼 인문의 숲' 기획자이자 대표라는 사실, 그 포럼에 매년 1억 원의 돈을 기꺼이 내놓는다. 2015년 1월 세계 석학들을 초청해 '서울 인문포럼'도 열었다. 사재 3억 5천만 원을 들여 초청자로부터 프로그램까지 모든 것을 스스로 기획했다. 어지간한 인문학 내공으로는 감당하기 어려운 일이지만 스토리를 알면 궁금증이 풀릴 것이다.

　삼성생명에 입사한 지 30년이 족히 넘는 그는 입사 후 순전히 독학으로 내공을 키웠다. 대학을 포기한 지식의 갈증을 독학으로 채운 것이다. 대학의 인문학 과정을 수차례 수강했고, 2006년부터는 세계지식포럼에 등록해 매년 수백 명의 석학을 만난다. 서울대 최고지도자 인문학과정도 수료했다. 국내든 해외든 자신의 실력을 살찌우는 자리라면 시간과 비용을 아끼지 않았다. 관심 있는 교수의 특강을 듣기 위해 영국 켐브리지까지 날아가기도 했다. 그가 인문적 사유를 키우기 위해 얼마나 많은 책을 읽었는지는 쉽게 짐작이 간다. 그의 주 고객은 자수성가한 고액 자산가들이다. 일에 쫓겨 상대적으로 취미나 교양활동에 소홀한 그들에게 자신이 읽고, 듣고, 본 모든 것을 나눠준다. 고객들의 기업 활동에 도움이 될 만한 자료나 데이터도 수시로 보내준다.

　'함께 더불어 행복하게' 라는 수요포럼의 케치프레이즈를 몸소 실천한다. 그는 앎의 결핍을 느꼈고, 그 결핍을 독학으로 채웠다. 대학 졸업장은 지식의 보증서가 아니다. 대학 교육은 사회로 내보내기 위한 기초 지식에 불과하다. 이런 기초

지식만으로는 스타플레이어가 될 수 없다. 갈고 닦아 자신만의 주특기를 만들어야 한다. 흙 수저로 태어났다고 스스로를 비하하지 말라. 독학으로 흙 수저를 금 수저로 바꾼 배양숙 씨가 모범 사례다. 학교에서 배운 정기교육만으로 세상을 살아가기에는 한계가 있다. 직장 업무와 동떨어진 지식이 대부분이고, 그나마도 졸업 후 몇 년 만 지나면 눈 녹듯 사라진다. 결론은 학창시절 배운 지식보다 그 이후에 습득한 지식에 좌우된다.

하루히코가 쓴 〈독학〉에 보면 독학은 습(習)이라고 말한다. 습이란 알에서 깨어난 어린 새가 날갯짓을 하는 것과 같다. 〈논어〉 학이편에도 어린 새가 하늘을 날기 위해 수없는 날갯짓을 반복하는 것처럼 배우기를 끊임없이 익히라는 말이 나온다. 책을 벗하는 것이 독학의 시작이며, 당신을 유능한 전문가로 만드는 길이다. 세상이 빨리 변할수록 새로운 지식은 더 필요해진다. 배움을 행하면 날마다 더 새로워진다. 노자는 그의 〈도덕경〉에서 누구도 배움 없이는 새로워지지 못한다고 말했다. 독학의 뜻만 세우면 도처에 스승은 널려있다. 도서관에는 동서고금의 세계적인 석학들이 즐비하게 모여 있다. 인터넷은 독학에 더 없이 유용한 도구인지 다 안다. 공부할 시간이 없다고 말하지 말라. 당신은 거짓말을 하고 있다. 공부할 마음이 아직 없는 것이다. 지금 너무 힘들다고 하지 말라. 아직 배움이라는 유효한 카드가 남아있지 않은가. 당신의 삶을 놀랍게 변화시킬 신의 한 수는 독학이다.

바랄 수 없는 것을 바라는 소망

"해본 일에 대한 후회와 해보지 않은 일에 대한 후회는 다르다. 해본 일에 대한 후회는 오래가지 않지만 안 해본 일에 대한 후회는 오래간다. 사랑이든 일이든 그것이 왔을 때 용기를 내라"

피터 카소비츠 감독의 〈제이콥의 거짓말〉이란 영화가 있다. 내용은 대략 이렇다. 1944년 독일군 점령하의 폴란드 게토지역은 높다란 담벼락과 철조망이 둘러싸고 있다. 유태인들은 기차에 실려 수용소로 끌려가기 전까지 이곳에 철저히 격리되어 있다. 라디오조차 듣지 못하는 철저한 감시 속에서 그들은 외부 소식에 목말라 있다. 주인공 제이콥은 바람에 날려 굴러다니는 신문 한 장을 주우러 쫓아가다가 통행금지 위반으로 잡혀간다. 독일군 사령부까지 끌려간 그는 그곳에서 독일군 라디오방송을 듣게 된다. "독일군이 폴란드 접경에서 러시아군을 무찔렀다!" 폴란드 접경에서 전투가 벌어졌다는 것은 불과 400㎞ 밖까지 러시아 군대가 다가왔다는 것을 의미한다. 구사일생으로 사형을 면하고 풀려난 제이콥은 유대인에게 매우 희망적인 이 소식을 누구에겐가 전해야 된다고 생각한다.

고향 게토H 돌아온 그가 목격한 것은 동족들의 비참함 모습뿐이다. 가스실로 끌려가는 사람, 하루하루의 삶에 지쳐 자살하는 사람, 무모한 탈출을 꿈꾸는 사람. 제이콥은 이들에게 400㎞ 밖까지 러시아군대가 진격했다는 희망적인 소식을 전한다. 이 말은 단 하룻밤 만에 마을전체의 모든 유태인들에게 퍼졌다. 그들은 제이콥이 몰래 숨겨놓은 라디오를 가지고 있고, 확실한 정보를 전하고 있다고 믿게 된다. 제이콥은 라디오에서 들은 최신 뉴스라며, 있지도 않은 러시아군의 진격소식을 지어낸다. 독일군이 패배했다, 미군이 참전했다, 종전(終戰)의 가능성이 있다. 거짓말은 점점 눈덩이처럼 불어난다. 거짓말이 탄로 난다면 얼마나 더 큰 절망에 빠질 것인가? 이러한 걱정은 결국 현실로 나타난다. 독일의 비밀경찰이 라디오의 실체를 찾아 추적을 시작했고 결국은 파국이 다가온 것이다. 그러나 이야기의 초점은 거짓말이 아니다. 그 거짓말 때문에 많은 사람들이 희망을 가지게 되었다는 사실이다. 자살

하려던 사람들이 자살을 멈추었다. 삶을 포기했던 사람들이 잠시나마 삶의 의욕을 되찾는다.

어딘가 희망을 걸고 있다는 것! 그것은 인간을 낙심과 좌절로부터 일어나게 만든다. 고난을 이기고 아픔을 참게하며 삶의 의욕을 불러일으킨다. 바랄 수 없는 것을 바라는 희망, 즉 사람의 생각으로는 불가능한 현실임을 알면서도 가능성을 기대하는 절대적 희망이다. 오늘 우리에게 필요한 것이 바로 이러한 희망이다. 바라는 것이 없는 인생은 죽은 것과 마찬가지다. 당신도 혹 바랄 수 없는 것을 바라고 있는가. 희망을 가지라고 말하면 우리는 곧잘 자신의 형편을 얘기한다. 내게 있는 것들 중에 기대할 것이 뭐가 있단 말인가? 학력이 좋은가? 재산이 있는가? 권력이 있는가? 지위가 있는가? 뭔가는 가진 것이 있어야만 희망이 있다는 생각이다. 조건이 좋으면 희망을 많이 가질 수 있을까? 어떤 신문에서 재미있는 기사를 본 적이 있다. 요행이나 기적을 믿느냐는 질문에 대해서 학력이 높을수록 덜 믿고, 학력이 낮을수록 많이 믿는다는 답이 나왔다고 한다. 또한 가난할수록 요행이나 이적을 많이 믿고, 부유할수록 안 믿는다는 것이다. 사회적 조건이 좋은 사람일수록 자기가 가진 것 이상의 것을 기대하지 않는다. 즉 조건이 좋은 사람일수록 오히려 삶에 대한 기대감이 적다는 뜻이다. 그러므로 희망을 얘기할 때에 따지지 말아야 할 것이 몇 가지 있다.

　소유를 따지지 말기 바란다. 데이빗 심스 부인이 이런 얘기를 쓴 것을 보았다. 어느 날 큰 아이의 야구 시합을 보러 야구장엘 갔다. 야구장 근처에는 잘 다듬어진 공원이 있었다. 큰 아이가 야구 시합에 열중하는 동안 두 아들은 잔디밭에서 공을 차면서 놀고 있었다. 그런데 그 공원에는 한 부랑자가 더러운 옷을 입은 채로 오락가락 하고 있었다. 심스 부인은 그런 부랑자와 마주치는 것도 싫었고, 근처에 있는 것도 싫었다. 그 때에 둘째아들 체이스가 외치는 소리가 들렸다. "에릭, 멈춰!" 막내아들 에릭이 공놀이를 하다가 굴러가는 공을 쫓아 고속도로를 향해서 달려가고 있었다. 차들이 쌩쌩 달리고 있는데 아이는 오직 공에만 관심이 있고, 아무리 소리를 질러도 듣지 못한다. 그냥 놔두면 고속도로로 막 뛰어들 판이다. 절박한 순간에 어떤 사람이 쏜살같이 에릭의 앞을 가로막았다. 바로 그 부랑자 덕분에 아들의 목숨을 건진 것이다. 그녀는 지갑을 뒤져서 있는 돈을 모두 주려했으나 그는 사양하며 말한다. "그저 도와주려고 한 것뿐입니다." 조금 전까지만 해도 저런 사람은 왜 사는가라는 회의적인 생각을 품었는데, 이제 다시 바라보니 그 사람이 천사로 보였다. 누더기 옷을 입은 희망도 없는 무가치한 인생으로 보이던 부랑자가 내 자식을 지켜 주니까 갑자기 천사가 된 것이다. 과거를 따지지 마라.

성경에 기생 라합이라는 여자가 등장한다. 기생은 매춘부, 창녀를 뜻하는 말로 천한 신분이다. 도덕성뿐만 아니라 사회적으로 문제가 있는 사람이다. 그런 여자에게 무슨 기대를 걸 수 있겠는가. 그런데 하나님은 여인 라합에게 중요한 사명을 맡기셨다. 라합은 여리고성을 정탐하러 갔던 이스라엘의 두 정탐꾼을 숨겨 주었다. 잘못하면 목숨을 잃을지도 모르는 일이다. 그녀가 목숨을 거는 모험을 감행한 덕분에 여리고성은 쉽게 정복되었다. 하나님은 아무 쓸모도 없을 것 같은 신분을 통해서 이스라엘 역사의 한 부분을 감당케 하셨다. 우리는 종종 사람들의 과거를 문제 삼는다. 과거의 범죄, 과거의 직업, 과거의 사생활, 과거의 직책… 과거 때문에 한 사람에 대한 미래의 기대를 포기한다.

얼마나 어리석은 일인가. 과거가 어떻든지 기대를 잃지 말기를 바란다. 내가 가진 모든 것에 희망을 가져야 한다. 사랑하는 자녀들에게 희망을 가져라. 공부 못한다고 닦달을 하지 말라. 매년 우리나라는 23만 명의 학사, 4만 명의 석사, 5000명의 박사가 나온다. 그 많은 학위가 인생의 성공과 무슨 상관이 있단 말인가. 미국의 경제 전문지 포브스가 조사한 결과를 보면 2000년도 미국의 최고 갑부 400명 중에 대학을 나오지 않은 사람은 108명으로 전체의 25%가 넘는다. 그런데도 우리는 오직 학력에 매달리는 우를 범하고 있지는 않은가. 자식이 학교 잘 가면 기대하고, 학교 못 가면 기대하지 않는다. 여러분, 늙어서 후회하지 마라. 공부 잘 한 자식, 출세한 자식은 죽을 때 옆에 없어도 공부 못한 자식이 효도하는 일이 많다는 사실을 잊지 마라.

부부 사이에도 희망을 가져야 한다. 예전 CF 중 '애인 같은 아내'라는 유명한 광고 카피가 있었다. 화장품을 잘 써서 애인 같이 느껴졌다는 말인지, 예쁜 외모와 잘 차려입은 옷 때문에 애인 같이 느껴졌다는 말인지? 아무튼 나는 그 카피를 보면서 이런 생각을 했다. 애인이란 말의 뜻이 무엇일까? 보고 싶고 만나고 싶은 여자, 만나면 기쁨이 생기고 뭔가 내게 좋은 기분을 만들어 주는 여자. 말하자면 기대할 것이 있는 여자란 뜻이다. 결혼 생활 10년, 20년을 지나다 보면 기대감이 없어진다. 내 마누라한테 무슨 새로운 것이 나올 수 있겠나 싶은 기대가 사라지니 기쁨도 사라지고, 행복도 사라진다. 아내들도 마찬가지다. 저런 남자에게 뭘 기대할 것이 있겠나 하여 기대하지 않음으로 나오는 것도 없다.

⑲ 몸이 덥혀지면 마음도 녹는 법이다

"원만한 인간관계를 맺으려면 어느 정도 거리가 필요하다.
너무 밀착되어 있으면 마주보고 대화하는 것이 불가능하다."

옛날 추운 겨울날이면 가족들이 화롯가에 둘러앉아 아침 밥상을 기다린다. 학교에서는 나무를 때는 난로 가에 둘러서서 몸을 녹이며 선생님을 기다렸다. 친구들끼리 모닥불을 피워놓고 나누던 이야기는 아련히 기억난다. 화롯불이든, 난로불이든, 모닥불이든 불 앞에서 몸이 덥혀지면 마음이 녹아 누구도 화를 내거나 큰소리를 치지 않는다. 정답고 고즈넉하며 도란도란 따뜻함이 흘러넘친다. 똑같은 이야기라도 따뜻한 커피를 마실 때의 예스와 노의 비율이 현격하게 다르다고 한다. 그만큼 온기가 사람의 마음을 덥힌다는 말이다. 불을 놓고 나누는 이야기의 효과는 청춘사업뿐 아니라 리더십에도 발휘된다고 한다. 어쩐지 감동적이고 진지해진다.

일본 전국시대 도요토미 히데요시는 주군의 신발을 가슴으로 덥혀 신게 한 충직한 후계자였다. 어머니가 한겨울 눈에 젖은 신발을 부뚜막에 덥혀서 내놓는다. 잊을 수가 없다. 그래서 혹독한 추위가 오면 어머니가 더욱 그립다. 불 앞에서 나누는 이야기는 많은 추억거리를 남긴다. 소통에는 온기가 필요하다. 지금 힘들어하는 모든 이들에게 대하드라마 <대장금>에서 한 상궁이 했던 대사를 전하고 싶다. "장금아, 사람들이 너를 오해하는 게 있다. 네 능력은 뛰어난 것에 있는 게 아니라 쉬지 않고 가는데 있다. 모두가 그만두는 때에 눈을 동그랗게 뜨고 또다시 시작하는 것, 너는 얼음 속에 던져져 있어도 꽃을 피우는 꽃씨야. 그러니 얼마나 힘들겠어." 당신의 능력은 쉬지 않고 가는데 있음을 격려하면서, 그러니 얼마나 힘들겠는가를 알아주는 마음. 우리 서로에게 그것이 필요한 시대가 아닐까 싶다.

대니얼 고틀립의 <샘에게 보내는 편지> 중에 이런 글이 나온다. '내가 어두운 터널 속에 있을 때 난 나를 사랑하는 사람과 함께 있고 싶다. 터널 밖에서 어서 나오라고 외치며 출구를 알려주는 사람이 아니라 기꺼이 내 곁에 다가와 나와 함께 어둠 속에서 앉아 있어줄 그런 사람! 우리 모두에게 그런 사람이 필요하다. 샘! 상처를 입으면 널 사랑하는 사람 곁으로 가거라. 널 비난하지도, 충고하지도 않는 네 아픔을 함께 해줄 사람 곁으로, 어둠 속에 함께 앉아 있어줄 누군가에게로.' 비 오는 날 우산을 받쳐주는 사람이 아니라 함께 비를 맞고 걸어줄 그런 사람이 있었으면 싶다는 말이다. 행복은 내가 가진 것에서 오는 것이 아니라 그것을 대하는 태도에서 오는 것이다. 행복은 목표가 아니라 삶의 방식인 것이다.

<인턴>이라는 영화를 관람한 적이 있다. 경험 많은 70세 인턴사원과 열정 많은 30대 CEO의 직장생활을 그린 영화였다. 특히 직장생활 40년의 노하우, 산전수전 공중전을 다 치른 시니어 인턴은 주변을 피곤하게 하는 꼰대가 아닌 어르신으로 환영받는데 그 비결은 한 마디로 기다림이었다. 그는 대우받으려 하거나 자신의 노하우를 전수하려 하지 않는다. 지적하지 않고, 묵묵히 지원해준다. 필요하면 조언해 줄 지혜를 갖췄으되 먼저 오지랖 넓게 간섭하지 않음으로써 젊은 이들이 그에게 모여든다.

"손수건은 상대방에게 빌려주기 위한 것이다"라고 말하는 대사는 실로 감동하는 바가 크다. 사람들에게 빌려주기 위한 손수건은 늘 갖춰놓고 있으되 울기 전에 미리 닦아주는 성급함은 절대로 범하지 않는다. 이것이 바로 꼰대가 되지 않는 어르신의 경륜이다. 꼰대가 뭔가. 고리타분하게 자기주장만 강하고, 주는 것 없이 받기만 좋아하는 노인이다. 지갑과 귀를 열고 입을 닫으며 대가 없이 베풀기 좋아하면 어르신인데, 자기 하고 싶은 말만 속사포로 내뱉고 듣기 싫은 말이

나오면 몸과 마음을 비비 꼬아 귀를 닫으면 노추(老醜)인 것이다. 추레하고 초라해진다. 꼰대가 될지, 꽃대가 될지는 하기 나름 아닌가. 폼 나는 어르신이 되고 싶은가. 젊은이들과 좋은 관계를 원한다면 영화 〈인턴〉을 보라.

―
다섯번째이야기
―

나만의 계절을 사는 사람들

하는 일이 유난이 벅찰 때가 온다.
모든 것을 다 내려놓고 싶을 때도 온다.
이럴 때 고개를 숙이면 부딪치는 법이 없다.
나를 좀 낮추면 금방 해결될 일인데도 긴 시간 마음 고생 몸 고생,
시간낭비를 하게 되는 경우가 허다하다.
치망설존(齒亡舌存)이라는 말이 있다. 단단하고 강한 이는
깨지더라도, 부드러운 혀는 훨씬 더 오래 남는다는 말로
강하고 모진 것은 망하고, 부드럽고 순한 것은 오래 간다는
노자의 가르침이다. 인간관계에서부터
정치, 경제 모든 분야에서 적용되어야 할 지혜다.

하고 있는 일이 잘못된 방향으로 가고 있는데도 욕심과 오기로
집착에서 벗어나지 못한다면 그 대가는 본인이 치러야 한다.
불교에서는 이를 업보(業報)라고 한다.

가령 하고 싶은 것을 못할 때 괴롭고, 사고 싶은 게 있는데
살 수 없어 괴롭고, 가고 싶은 데가 있는데, 갈 수 없어서 괴로울 때,
특효약이 있다. 그저 "내가 안 하기로 했어" 하면 해결될 일 아닌가.
못하는 것과 안 하는 것은 크게 다르다.
우리 마음을 괴롭히는 것은 "못하는 것" 때문이다.

내가 하지 못하는 것을 안 하는 것으로 생각을 바꾸면 되는 일이다.
사고 싶은 것은 많은데 돈이 없어 못 사는 게 아니라, 안사는 것이다.
내가 안 하기로, 안 사기로 선택하는 것이다.

금강경에 이런 글이 나온다.
"강을 건넌 다음에는 뗏목을 버리라"

강을 건넌 뒤에도 뗏목을 메고 다니는 것은 어리석은 일이다.
자신이 무사히 강을 건넜으면 그 뗏목은
다른 사람이 사용하도록 내려놓고 가라고 가르친다.
버리는 것은 채워본 사람만이 알 수 있는 일이다.
나무가 꽃을 버려야 열매를 얻는 것이 자연의 섭리다.
때가 되면 내려놓고 또 내려놓는 것이 내가 만든 계절이다.
나만의 계절은 올라가는 계절이 아니다. 내려가는 계절이다.
부모가 자식들 사이에 내려가 보고,
기업가들이 소비자들에게 내려가 보고,
한 나라의 지도자가 국민들 속으로 내려가 봐야
생생한 바닥을 읽어낼 수 있을 것이다.
우리는 항상 위로 올라만 가야하는 것에 익숙해졌다면
이제 내려가는데 익숙해져야 한다.

서두르지 말고 천천히 기다리는 게 나만의 계절이다.
조금만 더 기다리면 큰일 없이 풀릴 일을
대개는 성급함 땜에 일을 망칠 때가 많다.
달이 가득 차면 이지러지고, 그릇은 가득차면 엎질러진다.

옛 선인들이 한 말이다.
가다가, 걷다가, 달려라. 빨리 가는 직선만 고집하지 말고
돌아가는 곡선을 외면하지 말라.

숫타니파타에 쓰여진 글이다.
그물에 걸리지 않는 바람처럼
진흙에 더럽혀지지 않는 연꽃처럼
무소의 뿔처럼 혼자서 가라.

큰 가슴을 가진 사자는 주위의 작은 소리에 놀라지 않는다.
사자나 호랑이를 봐라. 혼자서 다닌다. 새가슴을 가진 것들만 떼지어 다닌다.
형체가 없이 자유롭게 살아가는 바람에 그물은 아무 소용이 없다.
연꽃은 진흙 웅덩이 속에서도 자신의 올곧은 모습을 제대로 드러낸다.
나는 젊은 시절부터 숫타니파타의 명언에 매료되었고
그로 인해 내 속은 한층 깊어졌다.
그래서 나만의 계절이 만들어졌나 싶다.

다섯 번 째 이 야 기

나만의 계절을 사는 사람들

나는 드디어 자유를 찾았다

"곤경에 직면해보지 못한 아이들은
곤경이 닥칠 때마다 그것을 피하려고만 한다."

고려 후기 유학자 우탁이 나이 듦을 한탄하는 탄노가(嘆老歌)를 읊는다.

춘산(春山)에 눈 녹인 바람
문득 불고 간데없네.

잠깐만 빌어다가

머리 위에 붙게 하고 싶구나.

한 손에 막대 잡고

한 손에 가시 쥐고

늙는 길 가시로 막고

오는 백발 막대로 치려고 했더니

백발이 제 먼저 알고 지름길로 오더라.

늙지 않으려고

다시 젊어보려 하였더니

청춘이 날 속이고 백발이 거의로다.

이따금 꽃밭을 지날 때면 죄지은 듯 하더라.

고려 말 신흥 사대부로 막강한 권력과 부귀를 누리던 우탁이 막대와 가시를 양손에 들고 늙음을 쫓고자 했던 그 마음을 알 것 같은 나이가 되지 않았는가. 지금으로 따지면 가장 바쁘고 제일 잘 나가던 정점에서 우탁은 자신을 내려놓고 멀리 山을 바라보면서 자신의 나이 듦을 관조할 수 있었던 멋진 선비였다. 지난해 보건복지부의 통계에서 우리나라 40대의 돌연사가 세계최고 수준이라고 했다. 공자는 마흔을 가리켜 어떤 것에도 흔들리지 않는 불혹(不惑)이라 했건만 우리의 현실은 40대 과로와 스트레스 미래에 대한 불안으로 언제 꺼질지 모르는 바람 앞의 등불과 크게 다르지 않다. 우리에게도 지친 심신을 쉬게 할 권리가 있다. 마틴 루터 킹 목사의 묘비명에 '나는 드디어 자유를 찾았다'라고 쓰여 있다. 이 땅에서 내 생명이 끝난 후 "드디어 자유를 찾았다"고 외치는 것보다 "지금 나는 쉬고 싶다"고 외치고 컴퓨터와 휴대폰 전원을 off시키고 잠시라도 여행을 떠나보라.

중국 속담에 '기적은 하늘을 날거나 바다 위를 걷는 것이 아니라 땅에서 걸어 다니는 것이다'라고 했다. 갑자기 허리가 뻐근하기 시작했다. 대수롭지 않게 생각했었는데 웬걸, 침대에서 일어나기도 힘들고 세면대에서 허리를 굽혀 세수하기도 어렵고, 바닥에 떨어진 물건을 줍거나 양말을 신는 일, 기침을 하는 일이 더 이상 쉬운 일이 아니다. 언제나 내 마음대로 될 줄 알았던 나의 몸이 이렇게 기습적으로 반란을 일으킬 줄은 상상조차 못했던 터라 어쩔 줄 몰라 쩔쩔맨다. 그렇다. 반듯하게 걷는 게 결코 쉬운 일이 아님을 실감한다.

괜한 말이 아니라 '아프기 전과 후가' 이렇게 명확히 갈라지는 게 몸의 신비가 아니고 무엇이랴. 혼자서 일어나고, 걷고, 좋아하는 사람과 웃고, 이야기하며 함께 식사를 하고, 산책을 할 수 있다는 사소한 일이 기적이구나 하고 깨달을 때는 대게는 이미 늦었다는 사실이 너무 안타깝다. '땅 위를 반듯하게 걷는 것' 쯤은 당연한 줄 알고 살았는데… '남에게 일어나는 일은 나에게도 일어날 수 있는 일'이라는 사실을 명심하자. 아침에 벌떡 일어나는 일이 '감사'한 일임을 알아야 한다. 돈과 명예를 얻기 위해 건강을 소홀히 하는 사람이 너무 많아지고 있다. 돈이나 명예가 삶의 수단이지 목적이 될 수는 없지 않은가. 성경(마태16:)에서는 "사람이 만일 천하를 얻고도 제 목숨을 잃으면 무엇에 유익 하느냐?"라고 한다.

산은 산이요 물은 물이다

"말을 물가에 데려갈 수는 있지만 물을 마시게 할 수는 없다. 자신을 바꿀 수 있는 사람은 자신 밖에 없다."

중국의 역사서 사마천의 사기를 읽다가 이글을 쓰게 되었다. 지록위마(指鹿爲馬)란, '사슴을 가리켜 말이라 한다'는 뜻으로, 윗사람을 농락하여 권세를 휘두르는 경우를 말한다. 요즘 순실이 사태를 보면서 생각나는 말이다. 옛날 중국의 진(秦)나라 시황제를 섬기던 환관 중에 조고(趙高)란 악당이 있었다.

조고는 시황제가 죽자 아직 어리고 어리석은 호해(胡亥)를 내세워 황제로 옹립한다. 그래야만 자기가 권력을 마음대로 휘두를 수 있기 때문이었다. 조고는 호해를 온갖 환락 속에 빠뜨려 정신을 못 차리게 한 다음 교묘한 술책으로 원로 중신들을 처치하고 자기가 승상이 되어 조정을 완전히 한 손에 틀어쥐었다. '이제 내 세상이다.' 조고는 입을 다물고 있는 중신들 가운데 자기를 좋지 않게 생각하는 자를 가리기 위해 술책을 썼다.

어느 날 사슴 한 마리를 어전에 끌어다 놓고 호해한테 말했다. "폐하, 저것은 참으로 좋은 말입니다. 폐하를 위해 구했습니다." 호해가 말한다. "승상은 농담도 심하시오. 사슴을 가리켜 말이라 하니 무슨 소리요?" "아닙니다. 말이 틀림없습니다." 조고가 짐짓 우기자, 호해는 중신들을 둘러보며 물었다. "아니, 제공들 보기에는 저게 뭐 같소? 말이오, 아니면 사슴이오?" 그 당시 기세등등한 환관 조고의 기세에 눌린 신하들은 '사슴이 아니라 말'이라고 거짓으로 답한다. 누구도 감히 조고의 말에 반대하는 자가 없었다. 호해는 스스로의 판단력을 의심하고 황제에서 물러나게 되고, 이후 악정 속에 몇 년간 지탱하던 진나라는 결국 망하게 된다. 그 역사적인 사실로부터 유래한 사자성어가 바로 '지록위마(指鹿爲馬)'이다. 사슴을 말이라 거짓으로 일컫는, 즉 진실과 거짓이 제멋대로 조작된 상황을 말하는 것이다. 진실은 밝혀져야 한다. 사슴을 사슴이라고 말하고 말을 말이라고 할 수 있는 진실 말이다.

　국회 국정조사나, 특검 조사에도 누구 하나 진실을 토해내는 사람은 없고 진실 앞에 부끄러워하는 사람 하나 없으니 말이다. 진 나라는 망했다. 역사를 배워야 하는 이유가 분명해졌다. 큰 스님이셨던 성철스님의 말이 생각난다. "산은 산이요 물은 물이다"라고 하신 말. 미국의 대통령 링컨은 "사람을 잠시 속일 수 있고, 한 사람을 오래도록 속일 수는 있을지 몰라도, 모든 사람을 영원히 속일 수는 없다"고 말했다. 서산대사가 입적 전에 제자들에게 남긴 시가 생각난다.

　　삶이란 한 조각구름이 일어남이오.
　　죽음이란 한 조각구름이 없어짐이오.
　　구름은 본시 실체가 없는 것.
　　죽고 살고 오고 감이 모두 그와 같도다.

　세상에 영원히 변하지 않는 것은 없다. 이 세상은 우리가 잠시 다니러 온 것뿐이니 얼기설기 어울려 살아가야 한다. 서산대사는 다 구름 같고 바람 같다 하지 않던가. 만남도,

이별도, 기쁨도, 슬픔도, 다 한 순간이다. 사랑이 아무리 깊어도 산들바람이고, 외로움이 아무리 지독해도 눈보라일 뿐이다. 다 바람 같은 것, 영원히 내 것이란 없기 때문인데 무엇 때문에 이 세상 난리인지 알 수가 없구나. 성철 큰 스님의 '물은 물이요 산은 산이다' 라고 하신 말씀을 이해할 것 같다.

03
기다리지 못한 사람들

"살다보면 망할 수도, 실패할 수도, 헤어질 수도 있다.
이럴 때 '지금은 힘들지만 이건 내 삶에 중요한 자산이 될 거야.' 라고
받아들일 수도 있고, 나는 정말 되는 일이 없어 라고 생각할 수 있다.
똑같은 상황인데 각기 다른 셀프 텔러가 찾아온다."

3.1운동에 참여했던 민족대표 33인 중에 변절자가 왜 나왔을까? 그들에게는 희망이 없었다는 것이다. 즉 언젠가는 이 나라에 해방이 오리라는 믿음이 없었다는 게 변절의 이유였다. 왜정 말기 일본이 전 세계를 지배하리라는 전망이 너무나 우세해지자 그들은 춥고 시린 겨울을 보내기가 두려워 더 이상 이 조국의 해방을 기다리지 못하고 변절자 대열에

합류하고 말았다. 춘원 이광수, 육당 최남선 등 안타깝기 짝이 없는 인물들이다.

영화 〈애수〉에 나오는 여주인공 비비안 리도 사랑하는 남편을 기다리다가 전사했다는 오보를 접하자 그만 타락하고 만다. 그러다가 남편이 살아서 돌아왔으니 그 여자의 처지가 얼마나 딱하게 되었는지 모른다. 언젠가는 남편을 다시 만나게 되리라는 믿음이 있었다면 타락한 여인으로 인생을 살지 않았을 것이고 남편을 다시 만났을 때 떳떳하게 맞이할 수 있었을 것인데 한 여인의 절망적인 후회가 애석하기 그지없다.

영화 〈마음의 행로〉는 기억상실로 사랑하는 사람을 알아보지 못하는 안타까움이 너무도 컸지만, 기다리고 기다린 마지막에 기억이 돌아온다. 한 개인을 놓고도 그렇다. 기다림과 기다리지 못한 차이다. 어제가 어떠했는지를 잘 알고 이해하면 오늘을 옳게 사는 일이나 내일을 내다보는 일이 그리 어렵지 않을 것이다. 영국의 시인 셸리는 "우리의 가장 진실한 웃음에는 고통이 스며있다"고 말했다. 통쾌하게 웃는 것 같지만 그 웃음의 배후에는 말 못할 고통이 있는 법이다. 결국 '고통을 겪고 나서야 가장 진실한 웃음이 터져 나온다.'는 말 일게다. 태어나고, 나이 들고, 병들어 죽는 생로병사(生老病死)를 우리는 인생이라 부른다. 생로병사야 말로 마음대로 할 수 없고, 또한 피할 수 없는 인생길이다.

무학불식(無學不識)했던 어부였던 예수의 수제자 베드로는 "모든 육체는 풀과 같고, 그 모든 영광은 풀의 꽃과 같은 것이니, 풀은 마르고, 꽃은 떨어지되 오직 주의 말씀은 세세토록 있다(베드로전)"고 말했다. 인생의 폭풍우 속에서 남다른 마음의 태도를 갖고 인생을 완주하려면 좋은 책을 손에서 놓지 않는 것이야말로 인생 완주의 흔들리지 않는 비법 중의 하나일 것이다. 제일 좋은 책을 추천하라하면 단연 논어와 성경이다. 삶과 죽음이 언제나 길 위에 함께 있다는 것을 생사봉도(生死蓬道)라 한다. 즉 잘난 사람도, 못난 사람도, 가진 사람도, 못 가진 사람도, 배운 사람도, 못 배운 사람도 피해 갈 수 없는 길이 생로병사의 길이다. 이같이 생사봉도의 의미만 깨우쳐도 허투루 인생을 살지 않을 것이다.

부귀영화를 한없이 누렸던 이스라엘 왕국의 솔로몬 왕이 인생 마지막에 남긴 말이 성경에 기록되어 있다. "헛되고 헛되니 만사가 헛된 것이다. 해 아래 새것이 없고, 인생은 아침 이슬과 같도다(전도서)"고 말했다. 일인지하 만인지상(一人之下 萬人之上)인 총리를 두 번씩이나 했던 정객 김종필씨가 90을 넘기면서 이렇게 말했다. '살아온 것이 다 헛 산 거구나!' 인생의 온갖 부귀영화를 다 누려본 노 정객도 그러하거늘 하물며 왕후장상(王侯將相)도 아니요, 장삼이사(張三李四)인 우리네들이야 어떠하랴. 그러니 사람은 다 그렇게 산다. 죽음에 임박해서야 좀 더 덕을 쌓고, 베풀지 못한 것을 후회하는데 그게 인생이지 뭐. 중국 속담에 '독만권서 행만리로(讀萬卷書 行萬里路)라 했다. 만 권의 책을 읽고 만 리을 걷다 보면, 깨닫는 게 있다는 말이다. '아! 내가 아직 부족한 게 많구나.' 하는 느낌을 자주 갖게 되어 인생의 깊이가 채워지기 시작한다는 뜻이다. 여인에게는 어릴 적 얼굴이 남아있어야 아름답지만, 남자의 얼굴에는 인생이 담겨야 아다운 것이다. 걸어가는 뒷모습이 멋스런 그런 남자!

04 단종의 유배지 영월 땅

"인간은 이 사람과 함께 있으면 자유롭게 행동할 수 있다는 생각이 들었을 때 사랑을 실감할 수 있다."

강원도 영월은 예부터 명산준령과 산간계곡이 조화를 이룬 천혜의 비경을 간직한 산간 오지 마을로 꼽혀왔다. 그런데 깊은 산골에서 한과 슬픔이 묻힌 역사의 현장으로 바뀐 것은 조선의 제6대 왕 단종의 유배지가 되면서 부터다. 상왕에서 노산군으로 강봉당한 뒤 청령포에 유배되었다가 관풍헌에서 사약을 받고 장릉에 묻히기까지 영월 곳곳에는 단종의 흔적이 남아 있다. 숙부 수양대군(세조)에게 왕위를 빼앗긴 단종은 멀고 먼 영월 땅으로 유배 길에 오른다. 창덕궁 대조전에서 유배교서를 받고 1456년 음력 6월 22일 돈화문을 출발해 한강나루에서 남한강 뱃길을 따라 양주, 광주, 양평, 여주, 원주를 거쳐 닷새 만에 영월 땅 주천에 당도했다고 한다.

단종의 유배 행렬은 험준한 군등치를 넘고 다시 굽이굽이 산길을 돌아 배일치에 힘겹게 올랐다. 배일치 고갯마루에 이른 단종은 자신을 위해 죽어간 사육신을 떠올리며 궁궐이 있는 서쪽을 향해 고마운 마음으로 큰절을 했다. 지금 배일치 고갯마루에는 절을 하는 단종의 조각상이 세워져 있다. 배일치를 넘고 물길을 돌아 도착한 곳이 청령포다. 서울에서 이곳까지 오는데 이레가 걸렸다고 한다. 청령포는 3면이 서강으로 둘러싸여 반도를 이루고, 나머지 한 면은 육육봉의

층암절벽으로 막혀 있어 육지이면서도 외딴 섬이나 다름없다. 나룻배가 아니고서는 드나들 방법이 없는 천혜의 유배지인 이곳에서 단종은 두 달간 유배 생활을 했다고 한다. 선착장에서 배를 타면 청령포까지 3분 남짓 걸린다. 맑은 강물과 빽빽하게 늘어선 소나무가 유배지가 아닌 유원지 같은 느낌을 준다. 어디까지나 청령포를 자유롭게 드나들 수 있는 사람들의 생각이다.

이곳에 갇혀 꼼짝할 수 없었던 단종에게는 그야말로 창살 없는 감옥과도 같았을 터. 배에서 내려 소나무 숲에 발을 디디면 단종을 따라 온 궁녀와 관노가 생활하던 행랑채가 보인다. 그 옆에 단종어소가 있다. 처음 단종이 유배되어 왔을 때에는 따르는 궁녀가 한 명도 없었다고 한다. 단종어소에는 특이한 소나무 한 그루가 있다. 담장 밖에서 단종어소를 향해 절을 하듯 굽은 모양새가 눈길을 끈다. 단종의 시신을 수습해 지금의 장릉에 묻은 엄홍도의 충절을 기려 '엄홍도 소나무'라고 불린다. 단종어소를 나오면 수령 600년으로 추정되는 관음송이 웅장하게 서 있다. 키가 30m에 달하는 이 나무는 우리나라에서 자라는 소나무 중 가장 키가 크다. 아랫부분에서 두 줄기가 하늘로 높이 뻗어 오른 모습이 품위 있고 자태가 아름답다. 관음송은 단종의 유배생활을 지켜본

증인이다. 그래서 단종의 비참한 모습을 보고 오열하는 소리를 들었다 하여 '볼 관(觀)', '소리 음(音)' 자를 써서 관음송이라 이름 붙였다.

관풍헌에서 사약을 받고 죽은 단종의 시신은 수습되지 않고 동강에 버려졌다. 아무도 시신을 거두는 이가 없었다. 세조가 "시신을 거두는 자는 삼족을 멸한다."는 엄명을 내렸기 때문이다. 단종은 죽은 후에도 편안할 수 없었던 것이다. 그러던 중 영월 지방의 호장이었던 엄흥도가 목숨을 걸고 동강에 나가 버려진 단종의 시신을 거두었다. 엄흥도는 지게에 단종의 시신을 싣고 능선을 오르다 노루가 잠자던 자리에 눈이 쌓여 있지 않은 것을 보고 그곳에 시신을 암매장했다. 세월이 흐른 뒤 영월에 부임하는 군수들이 줄줄이 죽는 괴이한 일이 발생했다. 누구도 영월군수로 오려고 하지 않았는데, 박충원이라는 사람이 용기를 내 부임했다. 어느 날 박충원의 꿈에 단종의 혼령이 나타나 산 속에 묻힌 사실을 알려주었고, 그곳을 수색한 결과 단종의 시신이 발견되어 봉분을 정성스레 조성했다. 그 후로 영월군수가 변을 당하는 일이 없어졌고 영월 땅도 평안했다고 한다.

숙종 24년(1698)에는 단종을 복위시켜 그의 무덤을 장릉이라 했다. 죽어서도 한을 풀지 못했던 단종이 숙종에 의해 241년 만에 제자리를 찾은 것이다. 높은 언덕 위에 자리한 장릉은 울창한 소나무 숲에 둘러싸여 있다. 무덤으로 오르는 길에도 예외 없이 소나무들이 사열하듯 늘어서 있다. 신기한 것은 소나무가 예를 갖춰 능을 향해 절을 하듯 굽어 있는 모양이 많다는 사실. 우연이겠지만 비통한 죽음을 맞은 단종의 넋을 기리는 듯했다. 중국의 시인 맹사성은 <아! 인생이란 무엇인가?>란 시를 이렇게 읊는다.

> 공수래 공수거(空手來 空手去)
> 빈손으로 왔다가 빈손으로 가는 것
> 세상사 여부운(世上事 如浮雲)
> 세상사 모든 것은 뜬 구름 같더라.
> 성고분 인산후(成古墳 人散後)
> 봉분을 만든 후 사람들은 제각기 흩어진다.
> 산적적 월황혼(山寂寂 月黃昏)
> 산속은 적막하고 달빛만 황혼이더라.

세상에 영원히 가질 수 있는 것은 없는 법, 죽고 나면 후손들이 시신을 묻은 뒤 모두 흩어지고 깊은 산 속에 쓸쓸히 누워있을 자신을 생각해보라는 시인의 가르침 아닌가. 젊은 날 건성으로 찾았던 여행지를 배낭여행으로 다시 찾아 세심하게 둘러보니 이제야 제대로 된 여행을 하는 것 같다. 첫날은 단양 고수동굴과 구인사를 둘러보고 둘째 날은 영월 단종의 장릉과 청령포를 셋째 날은 태백산을 오르고 하산 길에 태백 탄광 체험학습과 태백 탄광 박물관을 둘러보는 알찬 여행을 한 것 같다.

구약성경(창세기)을 읽으면서 우리는 우리의 삶을 되새겨 볼 필요가 있다. 사건의 장소는 에덴동산에서다. 아담과 그의 아내 하와는 하나님이 준비해 주신 동산에서 살게 되었다. 일하지도 않고, 배고픔도 없고, 옷가지도, 필요하지 않은 상태로 살게 되었다. 이 에덴동산에는 먹음직도 하고, 보암직도 한, 선악나무가 있었다. 그러던 어느 날 하나님이 아담에게 명하길 "동산 각종 나무의 실과는 네 임의로 먹되, 선악을 알게 하는 나무의 실과(금단의 열매)는 먹지 말라, 네가 먹는 날에는 정녕 죽으리라 하시니라." 그러나 간교한 뱀의 꼬임에 넘어간 하와는 그 실과를 따먹고 자기와 함께한 남편에게도 주매 그도 먹은 지라. 하나님의 말씀을 의심하게 된 것이다. 하나님이 "정녕 죽으리라" 하신 말씀 보다는 오히려 뱀의 간사한 말, "결코 죽지 아니 하리라"는 그것을 더 믿게 되었다. 이 시대 어느 누구가 이 같은 유혹을 물리칠 수 있단 말인가.

이것이 바로 오늘 인간들의 큰 비극의 근원이 되고 만 것이었다. 교만하고 오만한 마음이 싹트게 되었다. 하나님을 우러러 사모하고 예배할 생각 보다는 하나님과 동등하게 되기를 원했다. 이 얼마나 무서운 교만인가. 그들은 만족함을 몰랐다. 하나님께서 아담과 하와에게 모든 것을 다 주시지 아니 했던가. 그러나 '오직 하나만'을 금했다. 그런데 아담과 하와는 그 하나까지 탐냈으니 이 어찌 슬픈 일이 아니겠는가. 그들의 탐심은 하나님의 명령을 불순종한 죄로 에덴에서 쫓겨나야만 했다. 오늘을 살아가는 우리를 향해 던지는 메시지 같아서 하는 말이다. 욕심을 부르지 말아야 할 금단의 열매, "정녕 죽으리라" 그까짓 열매에 눈이 멀지는 안 했는지 우리의 불행은 꼭 지켜야 할 것들을 의심하고, 교만스러움에서 시작된다.

시인 오세영은 '양귀비꽃'을 이렇게 읊는다.

다가서면 관능이고
물러서면 슬픔이다.
아름다움은 적당한 거리에만 있는 것
너무 가까워도 너무 멀어도
안 된다.

다가서면 눈멀고

물러서면 어두운 사랑처럼

활활

타오르는 꽃

아름다움은 관능과 슬픔이 태워 올리는

빛이다.

철학자 쇼펜하우어는 '아름다운 거리'를 '호저의 거리'라고 표현했다. 호저는 몸 전체가 가시로 덮여 있는 동물이다. 추위를 이겨내기 위해서 몸을 바짝 붙이면 서로의 가시에 찔린다. 떨어지면 추위를 견디기 어렵다. 호저들은 너무 가까이도 너무 멀리도 하지 않는 거리로 추위를 이긴다. 불가근 불가원(不可近 不可遠)의 가르침이다. 그래서 좋은 관계란 난로처럼 대하라 하지 않던 가. 가까이 하면 데고 멀리하면 춥다. 칼린 지브란의 '사랑을 지켜가는 거리'와 같은 뜻일 게다. 나에게 남은 삶은 '호저의 거리'를 유지할 거라고 다짐을 해본다.

지난 주중에 속리산 종주를 하려고 '말티재 자연 휴양림 303호'에서 1박, 법주사를 지나 올라오면 '세심정'에 이른다. 문장대와 천황봉으로 갈라지는 곳이다. 이곳에서 '관수세심(觀水洗心)'라는 글을 보고 잘 왔다는 생각을 했다 '물을 봤으니 마음을 깨끗이 씻어라'는 말이지 않는가? 아직도 내려놓지 못한 욕심을 내려놓고 가리라. 2시간 30분 만에 문장대에 올라 도시락을 먹고 문수봉, 신선대, 입석대, 비로봉을 거쳐 천황봉(1057m)정상에 이르렀지만 원래 정상은 오래 머무는 곳이 아니다. 종주를 마친 시간이 예전 같으면 6시간이면 충분했었는데 7시간 30분을 넘겼다. 이제는 몸이 예전 같지 않다.

05
세상이 보이기 시작했다

"인간관계의 중심에 '경쟁'이 있으면
인간은 영영 인간관계에 대한 고민에서
벗어나지 못하고 불행에서 벗어날 수도 없다."

'세상사에 통달한 사람은 남의 말을 살피고, 표정을 잘 관찰하여 사려 깊게 남에게 자신을 낮춘다.'는 뜻으로 공자는 여이하인(慮以下人)이라 했다. 진심으로 남의 말과 표정을 살펴서 인식하고 자신을 낮춰 상대방의 눈높이로 표현하면 세상이 보이기 시작한다. 사람을 이해한다는 말을 영어로는

understand이다. 바로 '아래에 선다.'는 말이다. 남 앞에서는 자신을 낮추라는 공자의 '여이하인'이란 말과 같은 뜻이다.

사람의 감정은 말로 다 표현할 수 없다. 그러나 말로 할 수 없어도 많은 것을 보여줄 수 있다. 언어적인 것보다 비언어적인 것이 더 중요한 경우도 흔하다. 공자처럼 세상사를 넓게 보면 세상사도 마케팅과 다르지 않다. 그래서 마케팅이고 컨셉인 것이다. 애덤 스미스는 인간이 부자가 되려는 이유를 이렇게 말한다. '물질이 주는 안락함보다는 주위 사람들로부터 존경과 인정을 받기 위해서다.' 부자가 최고급 승용차를 구매한다는 것은 그 차가 주는 안락함을 넘어서 남들의 존경과 인정을 받으려는 '지위 상징'을 구매하려는 것이다.

브랜드 있는 고급차를 타고 아웃도어를 입어야 자신도 고급 브랜드처럼 매력적으로 보일 것이라는 기대 때문이다. 하지만 공자는 '남이 나를 알아주지 않아도 성내지 아니하니 가히 군자라 할 수 있다.'고 했다. 남이 나를 알아주기를 안달복달해서야 어디 세상이 보이겠는가. 공자가 말한 '여이하인, understand의 의미를 이해하면 세상이 보이기 시작한다. 남북전쟁이 한창일 때였다. 군사작전을 놓고 링컨과 참모총장 사이에 갈등이 생겼다. 서로 한 치의 양보도 하지 않았다.

결국 링컨은 자기 뜻대로 작전을 강행했다. 하지만 작전은 실패로 끝났고 많은 희생자가 생겼다. 참모총장은 잔뜩 화가 났다.

링컨은 비서를 시켜 참모총장에게 짧은 메모를 보냈다. 그 쪽지에는 'I am sorry'라고 씌어 있었다. 링컨의 쪽지를 받은 참모총장은 화를 참지 못하고, "이 멍청한 녀석"이라고 욕을 해버렸다. 그 소리를 들은 비서는 당황한 표정으로 돌아왔다. 링컨은 "참모총장이 뭐라고 하더냐?"고 묻는다. 비서는 말을 하지 못하고 우물거렸다. 링컨이 계속 다그치자 사실대로 보고했다. 그 말을 들은 링컨은 호탕하게 웃으며 말했다. "그 양반 사람 하나는 잘 보는구먼!" 링컨은 마음이 바다처럼 넓은 사람이었다. 남북 전쟁당시 국방장관을 맡았던 스탠턴은 원래 링컨의 정적이었다. 스탠턴은 변호사 시절부터 링컨을 얕잡아보았다.

그런데 링컨이 대통령에 당선되어 내각을 구성하면서 가장 중요한 국방장관 자리에 그를 앉히려 했다. 참모들이 "어떻게 원수를 요직에 임명하려고 하시느냐?"고 반대하자 "원수! 마음 속에 이미 없애 버렸네."라고 대꾸 했다. 후에 링컨이 암살자의 총에 맞아 숨지자 스탠턴은 링컨을 부둥켜 안고

"여기 가장 위대한 사람이 누워있다!"고 슬퍼했다. 링컨은 자신의 정적까지도 과감하게 끌어안았다. 그런 포용력으로 전쟁을 승리로 이끌어 분열된 나라를 구했다. 링컨이 오늘날까지 위대한 영웅으로 뭇 사람들의 입에 회자되는 까닭이 여기 있다. 사실 링컨은 잘생긴 얼굴이 아닌데도 후세 사람들은 링컨의 사진을 보면서 남자라면 이 정도는 생겨야지!'참 잘났다고 칭찬을 아끼지 않는다.' 성경(마태복음)에 베드로가 예수께 다가와 말한다. '주님 내 형제가 나에게 자꾸 죄를 지으면 내가 몇 번이나 용서하여 주어야 합니까? 일곱 번까지 해야 합니까?' 예수께서 대답하신다. '일곱 번 아니라 일흔 번 이라도 해야 한다.'

유대인들의 〈탈무드〉에서는 '나 자신을 믿고 따르라' 는 주장을 단호하게 거부한다. '당신은 그렇게 당당한 사람인가? 당신은 혼자서도 온갖 난관을 이겨 낼 수 있을 정도로 탄탄한 존재인가?' 라고 묻는다. 사람은 자신의 노력으로 원하는 것을 성취할 수도 있지만, 성취할 수 없는 일도 있다. 삶에는 내가 통제할 수 없는 영역이 매우 크다는 깨달음이 있어야 철이 들기 시작하는 것이다. 그래서 유대인들은 "자신의 관 위에 흙이 뿌려지는 마지막 순간까지 하나님의 자비를 구해야 하는 존재일 수밖에 없다"는 것이다.

스스로 인생을 개척하는 자세도 중요하지만 자신이 불완전하고 나약한 존재라는 사실을 잊지 말고 자만하거나 교만해져서는 안 된다고 말한다. 왜 그럴까? 삶에서 고통을 겪을 이유가 없는 사람에게도 극심한 고통이 주어지는 것을 자주 목격한다. 착하게만 살아온 사람에게 까닭을 알 수 없는 고통이 주어지기 때문이다. 그래서 유대인들은 복을 베풀어달라는 기도와 함께 고통에 대응할 수 있는 능력을 달라고 간곡한 기도를 생활화 하며 하나님의 자비와 인간의 노력 사이에 적절한 조화와 균형을 잡는 삶을 살아낸다.

스스로 인생을 개척해 나가는 자세도 중요하지만, 자신이 불완전한 존재라는 사실을 깨닫고 하나님께 간구하고 기도하는 겸손한 자세를 가지라는 것이다. 아무리 강한 사람이라도 아기가 엄마를 본능적으로 찾듯 언제나 기댈 곳을 찾는다. 이렇게 나약하고 외로움을 타는 게 인간이다. 나를 내가 아닌 입장에서 생각해야 나를 더 돌아보게 되고 겸손해지는 법이다. '내가 아닌 남이 되어보는 과정'을 통해 우리는 나날이 새로워지는 것이다. 유대인의 작가 '스타인 버그'는 "나무의 크기는 그림자로 측정되지만, 한 사람의 크기는 겸손으로 측정된다"고 말했다. 하늘로 솟아있는 나무의 크기를 사람이 도구 없이 측정할 수는 없다. 단, 그림자를 보면 나무의 크기를 가늠할 수 있다. 사람의 경우, 그 내면의 깊이와 넓이를 가늠할 수 있게 하는 것은 겸손이다. 즉 자신을 낮추는 것이 한 인간의 됨됨이를 보여주는데 얼마나 중요한지를 강조하는 말이다.

누군가가 어떤 사람인지를 알고 싶다면 그가 얼마나 겸손한지를 유심하게 보라고 한다. 그 속에 답이 있기 때문이다. 그렇다면 무엇이 겸손한 삶인가? 모래사막에 모래폭풍이 몰려올 때가 있다. 그때 낙타는 조용히 무릎을 꿇는다. 그렇게 무릎을 꿇은 채로 모래폭풍이 지나가기를 하염없이 기다린다. 사막의 달인 낙타도 거센 모래폭풍 앞에서는 그저 인내로서 기다릴 수밖에 없다. 흔히 기도의 사람들을 〈낙타무릎〉이라고 부른다. 너무도 많이 무릎을 꿇었기에 굳은살이 박여서이다. 하늘은 우리 모두가 낙타무릎 갖기를 원한다. 그 속에서 인생의 해답을 찾고 은혜를 경험할 수 있으니까.

06 승자 독식 사회

"인간관계에서 상처를 받지 않는 것은 기본적으로 불가능하다.
그 고민을 없애려면 우주공간에서 홀로 살아가는 수밖에 없다."

2017년 조사에 의해 놀랄만한 세계 부자들을 살펴봤다.

1위 빌게이츠 (미국) 마이크로소프트 785억 달러

2위 아만시오 오르테가 (스페인) 인디텍스 795억 달러

3위 워런버핏 (미국) 버크셔 해서웨이 673억 달러

4위 제프 베저스 (미국) 아마존 676억 달러

5위 마크저커버그 (미국) 페이스북 560억 달러

세계 부자 순위 1위는 우리나라 돈으로 환산하면 대략 86조 7000억 원 정도 된다!! 억도 아닌 조 단위 이런 게 실제로 존재한다니…. 마크 저커버그 페이스북 CEO가 갓 태어난 딸에게 쓴 편지에는 아빠가 된 설렘 외에도 '기부' 이야기가 있어 이목이 쏠렸다. 우리나라 재벌들이 경영권 보장 등을 위해 재산을 자녀에게 상속하는 것과는 대조를 이루기 때문이다. 저커버그 CEO는 자신의 페이스북 페이지를 통해 생전에

페이스북 지분의 99%를 기부하겠다고 밝혔다. 이는 대략 450억 달러(약 52조 원)로 추정된다. 구체적으로 '법인을 세워 매년 10억 달러 가치의 페이스북 지분을 앞으로 3년간 사회에 환원하겠다.'는 것이다. 다만 상당 기간 동안 의결권을 가진 지분을 계속 보유할 것이라며 전액은 내놓지 않았다. 페이스북 경영권을 갖고 있기 위한 것으로 풀이된다.

저커버그의 사회 환원은 이번이 처음은 아니다. 그는 이미 지난 2006년 빌 게이츠 마이크로소프트(MS) 회장과 워런 버핏 버크셔해서웨이 회장이 주도해 재산의 대부분을 사회에 환원하기로 약속하는 '기빙플레지(Giving Pledge)'에 서명했다. 약 16억 달러의 기부금은 교육과 헬스케어, 환경분야에 쓰여졌다. 저커버그의 통 큰 기부는 해외에서 이례적인 일은 아니다. 대표적으로 게이츠는 아내인 멀린다와 함께 설립한 '빌 앤 멀린다 게이츠재단'에 자신이 보유한 MS주식 434억 달러 가량을 투입했고 팀 쿡 애플 CEO도 올해 초 전 재산 기부를 약속했다. 특히 저커버그의 기부에 대해 30대 초의 비교적 젊은 나이의 억만장자 공약이 빛났다는 평가가 잇따른다. 버핏과 게이츠 등 글로벌 부호들은 최소 40대에 자신들의 부를 세상에 환원하겠다고 공표했다. 지난 2000년 게이츠재단을 설립했을 당시 게이츠의 나이는 45세였고 버핏도 75세가 됐을 때 게이츠

재단에 자신의 버크셔 주식을 환원 하겠다고 결정했다. 이러한 해외 부호들의 기부 서약은 선순환이 되고 있다는 점에서 의미가 크다.

"저커버그의 재산 환원 약속은 슈퍼리치들 사이에서 기부 촉진제가 되고 있다. 특히 젊은 글로벌 부호들의 '생전에 기부하자'는 선호도와 맞물리면서 기부는 더욱 더 확산될 것으로 보인다. 저커버그를 비롯해 게이츠, 버핏 등 글로벌 부호의 공통점은 자수성가형이다. 세계 억만장자 가운데 상위 10명은 모두 자수성가형 거부들이다. 이들은 평등과 도덕적 의무 등을 이유로 자식들에게 부를 세습하지 않는다. 게이츠는 지금까지 280억 달러가 넘는 거액을 기부했지만 자신의 아이들에게는 막대한 재산 가운데 아주 소액(0.02%)만 줄 것이라고 약속한 바 있다.

이들은 성경말씀에 항상 귀를 기울이고 있다. "주라. 그리하면 너희에게 줄 것이니 곧 후히 되어 누르고 흔들어 넘치도록 하여 너희에게 안겨 주리라 너희가 헤아리는 그 헤아림으로 너희도 헤아림을 도로 받을 것이니라."(누가복음) 또 "우리가 선을 행하되 낙심하지 말지니 포기하지 아니하면 때가 이르매 거두리라"(갈라디아서)라고 말한다. 마크저커버그의 명언을 들어보자 "가장 큰 위험(risk)은 위험을 피해가는 것이다. 모든 것이 급변해가는 시대에 위험을 피해가는 전략으로는 반드시 실패한다." 시도해보고 실패를 통해서 학습하는 것이 아무것도 하지 않는 것보다 낫다.

우리나라는 미국 등 선진국 부자와는 차이가 많다. 재벌닷컴 조사에 따르면 슈퍼리치 35명 가운데 상위 10명 모두 재벌가 출신의 상속형 부자다. 또 재산 대부분을 사회에 환원하겠다고 약속한 해외 부호들과 달리 한국 재벌가는 상속세를 줄이기 위해 편법이 많이 발생하고 있을 뿐 아니라 경영권을 두고 형제의 난을 벌이는 사례가 허다하지 않은가. "행복이란 가족, 연인, 친구 등 인간관계 속에서 기쁨, 즐거움, 설렘 등의 쾌감을 자주 느끼는 것이다"라고 연세대학 진화심리학 서은국 교수는 <행복의 기원>이라는 책에서 주장한다. '돈'은 어느 정도의 문화생활이 가능한 수준을 넘어서면 행복감에 별반 영향을 미치지 못하기 때문에 큰 것 한 방 보다는 자잘한 즐거움이 끊이지 않도록 이어가는 게 유리하다는 연구 결과다. 그래서 행복이란 '쾌감의 강도가 아니라 빈도'인 것이라고 봐야 맞는 것이다.

권력, 명예, 돈은 그걸 같이 기뻐해주고 인정해주는 사람들의 무리 속에 있을 때 뇌의 행복 중추에 불이 번쩍번쩍 들어오는 것이지 모두가 슬슬 피하고 흉을 보는데 혼자서 방에 돈다발을 쌓아 놓거나 임명장을 벽에 걸어 놓고 쳐다보면 무얼 하나? 무인도에서 혼자 돈다발만 만져도 흥분되어 미치겠다는 예외적인 종자도 있겠지만… 결국 가족, 연인, 친구 등의 관계가 불편해지면 행복감은 사라지는 것이다. 중년을 훨씬 넘긴 나이에 가족들마저 슬슬 피하고, 마땅히 편하게 불러낼 친구하나 없어 외로워 죽겠다고 푸념하는 사람이 의외로 많아졌다. UN 발표 <2015년 행복 보고서>에 따르면 행복지수가 높은 국가 1위에서 5위는 스위스, 아이슬란드, 덴마크, 노르웨이, 캐나다로 밝혀졌다. 이들 나라들의 공통점은 서은국 교수가 말하는 행복메커니즘(쾌감의 강도보다는 빈도)과 일치한다고 볼 수 있다. 결론적으로 경쟁을 통한 '승자 독식' 사회는 절대로 행복해 질 수 없다는 것이다. 큰 것 한 방만 노리는 개인이나 기업, 국가는 행복해질 가능성이 크지 못하다는 말이다. 행복지수가 대만은 38위, 일본은 46위, 한국은 47위 라고 한다.

작은 것에 감사해야 하는 이유

"중요한 것은 무엇이 주어졌느냐가 아니라
주어진 것을 어떻게 활용하느냐이다."

사소한 것을 소중히 여기는 것이 우리에게 충분한 만족을 주지는 못할지 모르지만 적어도 불안감이나 좌절감을 주지는 않는다. 스페인의 철학자 우르데가는 말한다. "작은 것을 알지 못하는 사람에게 큰 것도 큰 것이 아니다." 작은 것의 가치나 고마움을 알지 못하는 사람이 큰 것의 가치를 제대로 깨달을 리가 없다. 사소한 것들의 중요성을 깨닫는 사람만이 큰 것의 진정한 가치를 찾을 수 있기 때문이다. 어린 아이의 웃음을 보며 미소 짓는 얼굴은 얼마나 아름다운가. 당연한 것으로만 생각했던 내 가족의 건강이 얼마나 고마운가. 작은 것 사소한 것에 대한 발견은 우리 삶에 감사해야 할 것들이 얼마나 많은지를 깨닫게 한다. 인도의 작가 라즈니쉬는 이렇게 말한다. "한 줄기 산들바람에게도 기꺼이 감사하라. 문득 사소한 것들이 나의 주변에서 사라짐을 느낄 때 우리는 깊은 적막과 외로움에 빠지게 된다."

우리 모두는 사소한 것들 때문에 살아가는 사람들이다. 큰 돈을 벌지 못해도, 가진 돈이 많지 않아도, 크게 출세하지 못했어도, 우리는 수 없이 많은 감사의 제목을 가지고 있다. 고대 중국의 대표적인 고전 '회남자'에 이런 말이 있다. "사슴을 쫓는 사람은 토끼를 돌아보지 않으며, 천금을 거래하는 사람은 푼돈을 보고 다투지 않는다." 큰일을 이루려는 사람은 작은 일에 얽매이지 않고, 큰 이익을 얻으려는 사람은 작은 이익에 얽매이지 않는다는 뜻이다. 또 "짐승을 쫓는 사람은 주위의 태산을 돌아보지 못한다."고 했다. 명예나 이익에 눈이 어두워 위험과 도리를 돌아보지 못한다는 뜻이다. 토끼를 잡으려다 사슴을 놓치고 푼돈에 얽매여 천금을 놓치지 말라는 말이다. 태산을 돌아보지 못하고 짐승 쫓는 일에만 매이지 말라는 것이다. 나무를 보지 말고 숲을 보라고도 한다. 시인 조동화씨는 <나 하나 꽃피어>라는 시에서

나 하나 꽃피어,
풀밭이 달라지겠느냐고
말하지 말아라.
너도 꽃피고,
나도 꽃피면 결국 풀밭이 꽃밭이 되는 것 아니겠느냐.
나 하나 물들어,

> 산이 달라지겠느냐고 말하지 말아라.
> 나도 물들고 너도 물들면,
> 결국 온 산이 활활 타오르는 것 아니겠느냐.

거대한 숲을 이룰 수 있었던 건 땅을 뚫고 세상 밖으로 나온 작은 씨앗의 시작으로부터다. 거대한 바다를 이룰 수 있었던 건 새벽녘 잎사귀에 내려앉은 작은 이슬 한 방울의 시작으로부터다. '나 하나쯤'이라는 생각을 버리자. 나부터, 내가 먼저 변해봐라. 척박한 세상을 그래도 살만하게 만든 건 눈을 비비며 일어난 작은 아이의 해맑은 미소가 있었기 때문 아닌가. 이슬방울이 개울을 만들고 강을 만들고 바다가 되듯, 작은 씨앗에서 시작하여 아름드리나무가 되듯, 모든 큰 것은 작은 것에서 비롯된다. 불가능한 기적이 아니라 자연의 순리다. 그러나 모든 씨앗이 싹을 틔우는 것이 아니며 싹을 틔운다 하더라도 모든 싹이 아름드리나무로 크는 것은 아니다.

한 움큼의 햇볕이라도 더 받아내기 위해서 태양을 향해 가지를 뻗고, 수분을 조금이라도 더 빨아들이기 위해 습한 곳으로 뿌리를 뻗는다. 그래서 나무는 바쁘다. 이런 경쟁에서 뒤처지면 다른 나무의 그늘에 가려 성장이 정체된다. 모든 큰 것은 작은 것에서 비롯되며 작지만 모이면 큰 힘을 발휘할 수 있다. 작은 생각에서 비롯되었지만, 그 생각들이 열정으로 뭉쳐서 혁명의 물결도 만들어 낸다. '누구나 시작은 어린 떡잎이었다. 누구나 처음엔 걷지도 못했다. 세상에 나올 때 누구나 처음은 다 그랬다. 같이 가자. 손잡고 함께 가자'고 시인 고영성씨는 말한다.

무엇이 나를 지키게 하는가

"모든 사람은 이것이든 저것이든 하나를 선택한다. 그리고 그들의 결과에 책임을 져야 한다."(ts 엘리엇)

내가 본 것만 알고, 내가 아는 것만 믿고, 내가 믿는 것만 실행하면서 그것을 세상의 기준으로 삼고 세월을 보낸다면 그것은 대단한 착각이며 고집이라 할 수 있다. 사람은 누구나 시간의 덫에 빠지기 쉽다. 자기가 살아온 시간 속에서 겪은 경험의 틀 속에서만 생각하고 판단하는 버릇이 있기 때문이다. 또 사람은 공간의 덫에 걸리기도 한다. 자기가 살아오고, 살고 있던 곳, 자기 주위의 환경에 익숙해지면서 그 공간에서 느낀 것, 그 공간에서 통용되는 것을 세상의 기준이라고 착각하기 때문이다. 이같이 자신이 경험해온 시간과 자기가 몸담아온 공간의 잣대로 세상을 재단하는 마음이 고착된 상태, 그것이 바로 아집인 것이다.

예를 들어 한국 음식이 세상에서 가장 맛있다고 생각하는 건 자유지만, 그것이 객관적 진리는 아니다. 모두에게 다 맛있는 음식이란 존재하지 않는다. 한국사람 중에도 대구 사람은 대구 음식이 맛있다고 하고, 전주 사람은 전주 음식이 제일 맛있다고 한다. 일본에서 태어난 사람은 일본 음식이 가장 익숙하고, 중국에서 나고 자란 사람은 중국 요리가 가장 편한 것이다. 그건 어릴 때부터 그 고장에서 살고 그 고장의 음식에 길들여져 있기 때문에 당연한 일이다. 그러나 그 익숙함 때문에 새로운 것, 바깥 것, 낯선 것을 몰아내서는 안 된다. 새롭고 낯선 것을 '얄궂다'고 배척하기 보다는 '새로우니까' '다르니까' 오히려 익숙한 것보다는 더 넉넉하게 받아들이려는 자세여야 한다. 이것이야말로 열린 자아를 만드는 동력이 될 것이다.

사람들은 한 살 한 살 나이를 먹어 갈수록 우리는 더욱더 수비벽을 높이 친다. 자기를 바꾸려 하지 않고, 지키려고만 하기 쉽다. 그렇기 때문에 나이를 먹을수록 오히려 자기가 알고 있고, 믿고 있는 것을 되돌아보고 의문을 품는 연습을 해야 한다. 그러나 그것은 매우 어려운 일이다. 내가 누구인지 말해줄 사람이 있는가?" 대개의 인간은 한계에 놓여야만 비로소 지금까지의 자기 자신과 정면으로 맞닥뜨리게 된다. 부모를 잃고 나서야 부모의 은혜를 알게 되고, 사랑하는 이를 잃고 나서야 그 소중함을 뼈에 사무치게 된다. 추위와 배고픔을 겪고 나서야 주위 사람의 고통에 공감한다. 모든 것을 잃고 나서야 다른 사람의 존재를 느끼게 된다. 철들자 이별이라고 하지 않던가? 깨달음의 시간은 너무 늦게야 찾아오는 법이다.

사람의 인생은 단 한 번뿐이다. 우리는 연습 없이 태어나고 실습 없이 인생을 살아야 한다. 그러므로 삶은 누구에게나 낯설고, 고통스럽다. 그러나 그 고통으로부터 숨기 위해서 자아의 둘레에 벽을 쌓아 올리려고 해서는 안 된다. 딱 한 번뿐인 이 소중한 삶을 후회 없이 살기 위해서는 우리가 가장 먼저, 가장 자주해야 할 연습은 무엇일까? '내가 누구인지' 스스로 물어보는 일, 내가 믿고 있는 것이 정말 진리인지 끊임없이 질문하는 일, 다른 사람의 생각에 귀 기울이는 일일 것이다.

미국의 소설가 리처드의 <버튼 버튼>이라는 소설의 한 대목에 "부인, 당신은 정말로 당신 남편을 안다고 생각하십니까?" 사람을 안다는 게 무엇인가? 라는 질문을 던지고 있다. 우리는 주위의 가족과 친구를 정말로 제대로 알고 있긴 하는가. 순진하다고만 생각했던 친구의 모습에서 냉혹한 전략가의 풍모를 보았는가. 그저 어머니라고만 생각했던 사람에게서 '여자'의 모습을 보았는가. 내가 지금까지 알던 사람과 전혀 다른 사람으로 내 앞에 있을지 모른다. 진실이란 때론 이처럼 섬뜩한 것이다. 그렇기에 아무리 귀찮고 힘들어도 허상에 휘둘리지 말고 용모와 말과 태도 뒤에 숨은 진면목을 찾아야 한다. 허상 속에서 진실을 찾으려는 노력의 과정이 지성적인 것이다.

논어 위정편에 공자가 사람의 진면목을 알아보는 방법을 '시기소이(視其所以)가 하는 바를 보고, 관기소유(觀其所由) 그 행동이 비롯된 이유를 살피고, 찰기소안(察其所安) 그 사람이 무엇을 만족해하는가를 자세히 성찰하면, 인언수재(人焉誰哉) 어찌 그 사람이 감춰질 수 있겠는가'라고 했다. 보는 것은, 관찰하는 것만 못하고, 관찰하는 것은 성찰하느니만 못하다고 한다. 사람의 행동에는 그 사람만의 패턴이 있으므로 그 반복되는 패턴을 살피면 그가 왜 그런 행동을 하였는가를 알 수 있고 그 사람이 어떤 때 무엇을 좋아하는지를 곰곰이 살피면 그 사람을 알게 된다는 것이다.

우리는 좋든 싫든 많은 사람들과 함께 살아야 한다. 다른 사람들의 생각을 제대로 파악하려면 남들이 정해놓은 기존의 평가에 의존하지 말고 어디까지나 자신의 눈으로 파악해야 한다. 또한 그 사람이 가진 단면만 보지 말고 여러 측면을 봐야 한다. 그 사람의 양지만 보지 말고 음지도 봐야 한다. 성공했을 때와 실패했을 때, 기뻐할 때와 슬퍼할 때, 얻었을 때와 빼앗겼을 때, 평온할 때와 위급할 때, 올라갈 때와 내려올 때를 두루 고려해야 한다. 더 나아가서는 그 사람의 언행과 그것이 반복되는 유형을 오래 볼 수 있어야 한다.

물론 말과 행동 중에서 더 진실에 가까운 것은 행동이다. 그 사람의 말은 그 사람을 대표하지 않는다. 말은 너그러우면서도 행동은 이기적이고 각박한 사람이 많기 때문이다. 또한 그 사람이 결코 양보하지 않는 가치가 무엇인가를 보면 그 사람이 잘 보인다. 어떤 사람은 '돈'이라면 어떤 경우도, 누구에게도 양보하지 않는 사람이 있고, 돈은 양보할 수 있지만, 명예와 관련된 사항은 절대 양보하지 않는 사람이 있다. 이념이나 자신의 목표를 위해 목숨까지 버릴 각오가 되어 있는 사람이 있는가 하면, 신앙이나 종교를 위해 모든 것을 희생하는 사람도 있다.

적어도 지성인은 타인이 던지는 것을 그대로 받아들여서는 안되며 소문을 그대로 믿지 않고, 다른 사람이 만들어 놓은 허상과 타협하지 않는 사람이다. 적어도 남의 말, 남의 신념에 도취된 꼭두각시가 되지는 않아야 한다. 그러므로 자신의 판단이 외부의 해석이나, 설득이나, 선전에 휘둘리지 않고 세계와 타인과 자신을 스스로의 힘으로 판단해야 한다. 그 길이 아무리 피곤하고 힘들다 해도 우리는 스스로 주인공이 되는 노력을 멈춰서는 안 된다. 끊임없이 진리를 찾는 사람만이 아집과 무지와 편견으로부터 해방될 수 있기 때문에 하는 말이다. 열길 물속은 알아도 한길 사람 속은 알 길이 없다고 하지 않던가. 상대가 어떤 사람인가를 안다는 게 힘든 것은 사실이나 귀찮고 힘들다고 포기하면, 이다음에 내가 그때 왜 그처럼 경솔했지 하며 크게 후회할 때가 꼭 찾아오는 법이다.

⑨ 다 버리고 싶은 때가 있다

"인간은 멀리 볼 수 있기 때문에 인간인 것이다.
두 발로 선 인간은 먼 곳을 바라보며 산다. 지금 여기 발밑이 아니라
더 넓은 지평을 꿈꾸며 산다. 이것을 '비전'이라 한다.
비전을 잃으면 인간의 모든 것을 잃게 된다."

살다 보면 그런 날이 온다. 다 버리고 새로운 인생을 시작하기엔 이미 늦을 것 같고, 가던 길을 그냥 가기에는 왠지 억울한 순간, 이렇게 살수도 없고, 죽을 수도 없는 나이에 속수무책으로 무너져 이대로는 안되겠다 싶은 그런 날. 자신의 한계에 도전하기 위해, 현재의 위기를 이겨내기 위해, 당신은 어디로 향하고 싶은가? 삶에 지쳐 허기진 당신을 위한 길, 그 길이 산티아고 순례길이다. 외롭고 지치고 힘들어 멈춰버리고 싶지만, "공간의 이동이 삶의 흐름을 바꾸기도 한다."는 것을 아는 당신이 찾아나서야 하는 길이 있다. 배낭 하나에 모든 걸 담아 집을 떠나 찾는 길. 삶이 던진 질문에 대한 답은 이미 자기 안에 있다는 것을 알게 해주는 길. 일생에 꼭 한번은 걸어야 할 길. 치유의 길, 생명의 길, 이 길은 당신을 무너뜨리는 동시에 다시 일으켜 세운다.

아! 그 이름 산티아고 순례길. 예수의 12제자 중 야보고가

복음을 전파하기 위해 걸었던 길. 9세기 스페인 산티아고 데 콤포그텔라에서 야보고의 유해가 발견되자 스페인의 수호성인으로 모시게 되면서 오늘 날 순례길이 생긴 것이다. 유네스코 지정 세계문화유산으로 지정된 지상 최고의 보도 여행길이다. "모든 이에게 열려 있다. 아픈 자도, 건강한자도 카토릭 교도뿐 아니라 무신론자에게도, 이교도에게도, 방랑자에게도 열려있다"고 13세기 산티아고 순례길을 노래한 시다. 이 길은 해마다 수만 명의 순례자가 다니는 길이다.

최근에는 순례의 목적이 서서히 바뀌고 있다. 성 야보고를 모시는 대성당에 있는 사도의 묘지가 아니라 그곳에 이르는 자체가 목적이 되고 있다. 우리는 10분 거리도 귀찮아 버스를 갈아타는 요즘, 800km가 넘는 길을 30여 일 동안 하루에 25~30km 정도씩 주구장창 걷다 보면 생각마저 끊기고 그 빈자리에 답이 생긴다는 길이다. 이 길은 삶에 지쳐 허기진 당신의 등을 떠밀어 보내주고 싶은 길이다. 이 길을 통해 나와 당신 그리고 우리 모두의 비밀을 기다려주는 길이기 때문이다. 그래서 눈물로 떠났지만 웃으며 돌아오게 되는 길이다.

이슬람의 창시자 마호메트는 공간 이동을 동굴 속에서, 예수는 공간 이동을 40일 광야에서 답을 얻게 됩니다. 광야는 거칠고 메마른 곳이다. 낮에는 뜨거운 햇볕이 내리쬐고 밤에는 추위가 엄습하는 곳이며 거친 모래바람이 불고 들리는 것은 짐승들의 울음소리뿐이다. 편히 누울 곳도 먹을 양식이 풍성하지도 않는 곳이다. 당시 제사장의 아들이었던 세례요한도, 애급의 화려한 궁궐생활을 뒤로한 모세도, 이스라엘 다윗왕도 왕이 되기에 앞서 10년 동안 광야에서 도피생활을 하면서 수많은 시를 남겼다. 구약 성서 시편은 다윗왕의 고통스런 광야 생활에서 얻어진 것이다.

부처는 공간이동을 보리수나무 밑으로 이동해서 6년의 명상을 계속한 것이다. 맥도날드의 창업자 레이크록은 사막을 누비다가 사업의 아이템을 얻었다. 제주도 출신 전직 기자 서명숙씨가 산티아고 순례 길을 걷다가 착안한 답이 제주 '올레길'이다 이처럼 익숙하지 않은 공간, 새로운 혼자만의 공간을 통해 깨달음을 얻고 삶의 답을 얻은 것이다. 넘어지는 게 익숙해져야 혼자 가는 힘을 얻을 수 있다. 무리 지어 다니면서 성공한 사람은 없다. 무리 지어 다니는 것들은 다 빈약하다. 밀림의 왕 사자는 혼자 다닌다. 혼자 있는 시간을 이용해서 혼자가 아니고는 할 수 없는 세계를 즐길 수 있다면 70을 넘어도 충실한 삶을 살 수 있다.

혼자 있는 시간을 즐길 수 있는 습관, 즉 고독의 기술을 익혀야 한다. 혼자 있을 때 외로움을 감당하지 못해 술집에서 잡담을 나누다가 돌아와 잠자리에 드는 인생이라면 고독하지는 않을지 몰라도 후회 없이 살았다는 생각을 하기는 어렵지 않은가. 혼자 있는 시간을 어떻게 보내느냐가 자신의 미래를 결정하는 것이다. 함께 있다고 해서 다 좋은 영향을 주고받는 것은 아니다. 끝까지 나를 밀어줄 사람은 나뿐이기 때문이다. 혼자서도 잘 살 수 있어야 함께도 잘 살 수 있다. 적극적으로 혼자만의 시간을 가지면서 자기 안의 샘을 파고 지하수를 퍼 올려야 한다. 이렇게 축적된 내공을 꺼낼 수 있는 사람은 누구에게나 매력적이다. 혼자여도 괜찮다는 당당함이 여유로움과 안정감으로 이어지기 때문이다.

10
삶과 죽음이 하나가 아니겠는가

"꽃이 떨어져야 열매가 맺힌다. 꽃이 떨어졌다고 슬퍼할 일이 아니다.
그래야 어른이 되어 간다."

중국 도연명의 시 '귀거래사(歸去來辭)'는 그가 41세 때 심양도 팽택 현령으로 재직하면서 상급기관의 관리들에게 굽신거려야 하는 현실을 두고 '내 어찌 쌀 다섯 말의 봉급을 위해 그렇게 허리를 굽혀야 할 것인가' 하고 사직을 한 다음 집으로 돌아오는 길에 지은 작품이 귀거래사다. 그는 죽을 때까지 전원으로 돌아가 몸소 농사를 짓고 청빈생활을 하며 술과 국화를 사랑하고 독특한 시를 남겼다.

표표하소사(飄飄何所似)
이리저리 떠도는 내 신세 그 무엇과 비교하리.
천지일사구(天地一沙鷗)
천지간을 외로이 떠도는 갈매기 한 마리일세라.

표표는 바람에 날리어 이리저리 떠도는 모양을 가리키며, 일사구란 한 마리 외로운 갈매기를 뜻한다.

서산대사의 시 '생야일편부운기(生也一片浮雲氣), 사야일편부운멸(死也一片浮雲滅)'이란 시가 떠올려 진다. 무슨 말인가. '덧없는 우리 인생이 구름 한 점 같은 것일진대, 사람들은 천년을 살 것처럼 욕심을 부리고 야단들이다'는 뜻이다. '반야심경'에 나오는 공즉시색(空卽是色) 색즉시공(色卽是空)이란, 색(色)이란 모든 형체가 있는 만물을 뜻하는데 우리가 만질 수 있는 것이다. 그런데 이런 만물은 모두 일시적인 모습일 실체의 것이 아닐 뿐, 공(空) 즉, 텅 빔이라는 거다. 그러니 色은 곧 空 아닌가.

성경에서도 보이는 것은 잠깐이요, 보이지 않는 것은 영원하다. 잠깐 있다가 사라지는 안개와 같은 것에 주목하지 말라고 가르친다. 밤과 낮, 불행과 행복, 실패와 성공도 서로 맞물려 돌아간다. 역시 생사일여(生死一如), 삶과 죽음도 맥을 같이 하는 말이다. 대통령이었던 고 노무현은 2009년 5월 흐르는 강물처럼 삶과 죽음이 하나 아니겠는가. 원망하지 말고, 화장을 해달라는 짧은 유서를 남기고 세상을 등진다. 이처럼 예전이나 지금이나 산다는 명제 앞에서 누구나 뒷모습은 쓸쓸한 것이다. 이룬 것도 없고 정착할 곳도 여의치 않은 노인의 모습은 병으로 육신마저 노쇠하고 뒤돌아 쓰라린 인생 여정이 착잡하기만 한데 그 처지는 모래밭에 앉아 있는 한 마리 새와 다름없는 듯 고독이 배어 있다. 허허로운 서산의 빈 바닷가 모래톱에 작은 조각배가 걸려 있다. 물이 들어오고 달이 솟아오르면 밤배는 어디로 갈까?

시인 박목월은 한탄조(恨歎調)란 시에서 이렇게 읊었다.

보게!

자네 내말 들어보게

자식도 품안에 자식이고

내외도 이부자리 안에 내외지

야무지게 산들 뾰쪽할 거 없고

덤덤하게 살아도 밑질 거 없네.

속을 줄도 알고 질 줄도 알아야지.

니 주머니 든든하면

날 술 한잔 받아주고

내 돈 있으면 니 한잔 사주고

너요 내요 그렇게 뭐꼬

거물거물 서산에 해지면

자넨들 지고 갈 건가 안고 갈 건가.

성경(마태6장)은 '내일 일을 위하여 염려하지 말라. 내일 일은 내일에 염려할 것이요. 한 날의 괴로움은 그 날로 족했다.' 누가 걱정한다고 해서 자기 키를 한 자나 더 크게 할 수 있겠느냐? 고 묻는다. 사람이 정말 두려워하는 것은 죽음 자체가 아니라 철저하게 혼자되는 것이다. 외로움보다 더 견디기 힘든 게 무관심이다. 죽음이란 개별적이다. 태어날 때는 어머니의 고통과 함께하지만 죽음은 홀로 겪는다.

헤르만 헤세는 '혼자'라는 시에서 세상에는 수많은 길들이 있지만 도착지는 모두 같다. 걸어가는 사람, 말을 타고 가는 사람, 차를 타고 가는 사람, 둘이서, 셋이서 갈 수도 있다. 그러나 마지막 한 길은 혼자서 가야 한다고 한다. 우리 모두는 혼자서 죽는다. 죽은 이후의 우리는 아무것도 보지도 느끼지도 못한다. 죽음 뒤에는 죽은 자의 몫이 아니라 산 자의 몫일뿐이다. 죽음이 생의 끝에 있는 줄 알지만, 그렇지 않다. 어깨동무를 하고 있다. 삶 속에 죽음이 항상 숨어 있다는 말이다. 예측하지 못한 대형 사고가 발생했다. 수많은 사상자 누구도 자신이 죽게 되라고 알지 못했다. 이처럼 길모퉁이를 돌아서면 죽음과 마주치게 될 날이 언제일지 알 수 없다. 그래서 평소에 성찰하고 준비하는 것이 맞다. 이웃나라 일본만 해도 초딩부터 죽음학을 가르치고 장례식장에서 현장학습을 한다. 유럽은 중고생부터, 미국은 대학에서 죽음학을 이수한다. 이집트의 귀족들은 잔치가 벌어질 때마다 '관'을 갖다 놓고 술을 마시는 습관이 있다고 한다. 우리 모두 죽으면 이렇게 된다는 것을 깨우치게 하려고 하는 것이다. 이집트인들은 죽음을 삶의 현장 속으로 끌어들임으로써 삶의 강력한 불꽃을 타오르게 한다. 우리는 천년만년 살 것 같은 착각 때문에 삶의 의미를 잃어가고 있다. 집을 나오며 내가 다시 이집에 돌아올 수 없을지도 모른다고 생각을 해야 삶이 진지해지는 것이다. 어영부영 살아서야 되겠는가. 한 세대가 다음 세대에게 물려줄 수 있는 최고의 선물은 오랜 경험에서 묻어 나오는 지혜일 것이다. 중광 스님의 묘비명에 '괜히 왔다 간다.'고 한 말이 생각난다.

11
사랑으로 구속하지는 마라

"사랑은 함께 있다고 빛나는 게 아니다. 그 사람을 내주는 것도 사랑이다.
비극의 시작은 '사랑'이 없음이 아니라 소통이 없음이니라.
자식이기는 부모 없다는 말은 '사랑'이 큰 쪽이 지는 법이다."

지나치면 모자람보다 못하다는 것을 '과유불급(過猶不及)'이라 한다. 지나침과 모자람의 적당한 사이를 정한다는 게 참 딜레마다. 독일의 철학자 쇼펜하우어의 〈수상록〉에 나오는 우화 "호저의 딜레마" 생각이 나서 글을 쓴다. 북극에 사는 '호저'라는 동물이 만들어내는 적절한 '사이'가 떠올라서다. 호저는 고슴도치처럼 온몸에 날카로운 바늘이 돋친 짐승이다. 그런데 어느 추운 날 산속에서 호저 두 마리가 서로 몸을 가까이하여 체온을 높여 추위를 이겨낸다. 하지만 가까이 가 몸을 붙이자 날카로운 바늘이 서로를 찌른다. '아이, 따가워!' 서로가 몸을 가까이 하게 되면 따뜻하지만 서로의 몸에 난 가시털이 서로를 찔리게 되는데 어려움이 있다. 그렇다고 떨어지면 체온이 낮아져 추위를 견딜 수 없다. 그래서 호저들은 서로의 간격을 좁혀 나가다가 상대의 가시에 찔리지 않고 추위도 이길 수 있는 '적당한 거리'를 찾아낸다. 그래서 쇼펜하우어는 "사람과 사람 사이" 그것은 호저들의 안타까운 모순 속에 숨어 있다고 말한다.

어릴 적 어머니는 늘 말씀하셨다. "사이좋게 놀아라." 그러나 그때 우리는 '사이'라는 말이 무슨 뜻인지 모르고 지금까지 살았다. 지혜로운 호저는 찔리지도 춥지도 않는 '사이'를 찾아낸다. 어머니가 말씀하신 것처럼 사이좋게 살기 위해서 나무 위에, 전신줄 위에 모여 앉아 있는 새들의 모습을 보면 오선지 위의 음표처럼 자로 잰 것처럼 '일정한 사이'를 두고 떨어져 앉아 있다. 새들은 혼자 날아갈 때를 위하여 함께 모일 때에도 날개를 펼 만큼의 거리를 둔다. 아주 많이 사랑하면서도 반드시 지켜주어야 할 '적당한 거리'. 친하다고, 가깝다고 이걸 무시하는 것은 서로를 찔러 상처를 주게 된다. 칼린 지브란은 〈사랑을 지켜가는 간격〉을 이렇게 노래했다. "함께 있되 거리를 두라. 그래서 하늘 바람이 너희 사이를 춤추게 하라. 서로 사랑하라. 그러나 사랑으로 구속하지 마라."

공자는 논어에서 군자는 화이부동(和而不同)한다고 했다. 차이에 대한 인식을 넘어 '서로를 미워하지 않고 바라보는 방법' 아닌가. 남과 사이좋게 지내기는 하나, 무턱대고 어울리지 마라는 뜻이다. 적당한 간격을 불가원 불가근(不可遠 不可近)이라 한다. 너무 멀리도 너무 가까이도 하지 말라는 뜻이다. 속된 말로 사이란 난로를 대하듯 하라는 것이다. 너무 가까이 하면 데고, 너무 멀리하면 추위를 이길 수 없기 때문 아닌가. 적당한 간격을 지켜내기가 참으로 어렵다.

<어린왕자>를 쓴 프랑스의 소설가 생텍쥐페리는 "사랑은 서로 마주보는 것이 아니라 함께 같은 곳을 바라보는 것이다."라고 했지만 제대로 사랑하며 살려고 하는 사람이라면, 생텍쥐페리의 생각과는 달리 함께 같은 방향을 바라보는 것이 아니라 서로 마주보는 것이 사랑 아닌가 싶다. 하지만 사랑한다는 아내의 얼굴을, 남편의 얼굴을 서로 마주본다는 건 정말 똥줄 빠지게 힘든 일이다. 그래서 저 '웬수' 하지 않던가. 그런 힘을 기꺼이 감내할 때에만 우리는 누군가 사랑하고 있다고 말할 수 있는 것이다. 사랑에 빠진 연인은 처음에는 서로의 얼굴을 응시하지만, 어느 정도 시간이 지나면 마주보는 것보다 흥미진진한 영화를 보면서 시간을 보내기 마련이다.

엄마의 얼굴만을 마주보던 아이가 어른이 되어가면서 이제 다른 것을 본다. 이것을 '다 컸다'고 왜곡한다. 남편이 돈을 잘 벌어올 때는 마주보다가 은퇴한 후 수입원이 없어지자 아내는 다른 쪽을 보게 된다. 이것을 우리는 '변 했네'라고 한다. 이처럼 사람들은 설혹 사랑하지 않더라도 서로의 유익 때문에 마주보면서 마지못해 살아가는 사람들이 허다하다. 결혼을 해서 아이를 가졌다면 아이에게, 종교를 가진 사람은 신에게, 이도 저도 아니면 텔레비전에 정신을 빼앗기고 마주보기를 싫어한다. 서로 마주보려는 노력을 하지 않는 걸 정당화할 정도로 충분히 재미있다고 생각하는 것이라면 무엇이든지 그 자리를 대신해 버린다.

사랑하는 사람은 같은 방향을 바라봐야 하는 일종의 동지가 되는 것도 아니며, 그렇다고 신도가 되는 것도 아니고, 아이에게 매달리는 부모가 되는 것도 아니다. 같은 방향을 보느라고 서로를 무관심에 방치해 두는 것이 어떻게 사랑일 수 있다는 말인가. 그건 단지 사랑의 제스처, 혹은 거짓된 사랑일 뿐이다. 그러니 진짜 사랑은 서로 마주보려는 노력을 똥구멍 빠지게 해야 한다. 서로 마주보려는 노력을 하기 싫다면 묶여진 사랑을 차라리 풀어야 한다. "나는 당신만을 사랑합니다." 이게 진실이라면 엄마가 아이를 보듯 아이가 엄마를 보듯 언제든지 마주볼 수 있어야 하는 것 아닌가 싶어 하는 말이다. 함께 시간을 보내야 꼭 행복해 질거라는 강박에서 자유로울 필요가 있다.

"따로 때론 함께" 즐길 수 있어야지, 나를 귀찮은 존재로 여기지 않아야 행복한 것이다. 카네만 교수는 '기분 좋은 시간이 길면 길수록 행복하다'고 했다. 짐이 되지 말자, 답답하다는 소리 듣지 않게 살자. 그러려면 변해야 한다. 새로워져야 한다. 책을 보고 공부에 게을러서는 안 된다. 건강하게, 그리고 품위 있게, 늙어가는 게 모든 사람의 바람이다. 늙음은 누구에게나 찾아온다. 여자는 갱년기가 지나면서 대체로 성에 대해서 무관심해지기 시작하지만, 남자는 죽는 순간까지 성에 대한 집착을 버리지 못하고 언제라도 뿌릴 기회가 있을 것이라는 기대를 품고 산다고 한다. 그러다가 하초에 힘이 빠지고 소변 줄기가 멈출 때가 오면, 남자의 허무는 극도에 달한다. "남자가 흘리면 안 되는 것은 눈물만이 아닙니다."라는 공중화장실 남자 소변기 앞에 적힌 경구보다 더 노골적인 경구도 있다. '65세 이상인 분은 좌변기를 이용해 주세요.' 중국화장실에는 '한 걸음만 다가서면 문명도 한 단계 나아간다.(一步前進, 文明一進)'는 경구도 있다. 이처럼 '발기 불능'은 남자에게는 죽음이나 마찬가지다. 자신의 성기가 소변

전용기로 전락하면서 엄청난 심리적 좌절감을 느끼는 것이다. 더 이상 반응 없는 성적 욕망이 희미한 눈 동작에만 남아있는 처연한 모습이 노인이다. 한 노인이 젊은 여자의 몸을 바라본다. 그 여자의 움직임을 쫓아 노인의 고개는 왼편으로 갔다가 오른편으로 돌아간다. 그 여자의 모습이 사라질 때까지 멍하니 바라본다. 걸을 힘조차 없어 보이는 노인에게도 여자의 몸을 보는 일이 그토록 쓸쓸하면서도 비루한 인간의 본질을 나타내는 표상처럼 여겨질 때가 온다.

이창동 감독의 영화 <시>를 관람한 적이 있었다. 거동조차 부자유스러운 노인이 병수발을 온 중년의 도우미 여자의 몸에 눈빛을 보낸다. 그 절실한 노인에게 건네는 중년 아낙네의 육보시(肉普施)는 경건하기까지 하다는 느낌이 들 정도였다. 중국 문화권에는 젊은 여자의 체취가 노인에게 '불로초(不老草), 선약'이라는 오래된 전설이 전해진다. 서양도 다르지 않다. (구약성경 열왕기상 1장 1절에) 다윗 왕이 늙어 이불을 덮어도 몸이 더워지지 아니함에 어린 소녀를 하나 구해서 품에 안고 자도록 보살폈다는 기록이 있다. 성경에서 이 소녀는 왕을 수종 봉양하였으나 동침은 하지 아니하였다. 라는 사족을 달아두고 있긴 하지만…

'비아그라'의 발명으로 한약의 수요가 급감하는 엄청난 변화가 생겼다. 철철이 지어먹던 보약은 특정한 증상이 있어서라기보다는 정력제로써 큰 효용이 있는 것으로 허준의 동의보감에 기록되어 있다. 심청전에 나오는 인당수 험한 바다에 뱃길을 연 남경상인은 실제 늙은 아버지의 잠자리를 시중해줄 동녀(童女)를 구하기 위해 쌀 삼 백석을 지불하는 효성 지극한 아들이었다고 한다. 고려와 조선조 내내 서해안에 출몰하여 어린 여자를 잡아간 왜구나 오랑캐들에 관한 흉흉한 민담도 전해오고 있었다. 의식을 잃고 누워있는 S그룹 총수의 소문이 얼마전 화제가 된 적이 있었다. 한꺼번에 여러 여성을 불러 성을 산 정황이 담긴 동영상이 공개된 적이 있었고, 국회의장까지 지낸 70대 후반의 정치인이 골프장 캐디를 상대로 찐한 성적 접촉을 시도하다 법정에 서는 망신을 당한 적도 있었다.

사회적 지위나 이미지에 걸맞지 않은 노년의 일탈이 추한 모습으로 백일하에 드러나고 있는 게 한 둘이 아니지 않은가? 문지방을 건널 다리 힘과 종잇장을 들어 올릴 힘만 있으면 섹스가 가능하다는 오래된 속설이 있다. 인생의 황혼기에 들면서 더욱 성에 집착하는 것이 사내들의 생리이다. 자신이 살아있다는 증거를 성적 능력에서 확인하고 싶어 하는 것이다. 소변 조절 기능이 떨어져 기저귀를 차고 다니면서도 죽기 전까지 젊은 여성과 섹스를 했다는 재벌 총수의 신화도 있다.

새벽이 되어도 일어설 줄 모르는 '발기불능'은 단순히 신체적 불능만을 의미하지 않는다. 체면과 남성성을 조롱하고 인격까지 모독하는 비극적 단어다. 인류사에 수많은 비극이 있지만, 커플이 간절하게 섹스를 시도하는데 발기가 안 되어 뜻을 이루지 못하는 그런 비극보다 더 지독한 비극은 찾기 힘들다. 그 순간 자살 충동을 받는다는 사례도 있다. 그래서 '새벽에 음경이 서지 않는 사내에게는 돈도 빌려주지 말라'는 일본 상인들의 속담도 있다.

인생에 3대 재앙 중 '소년등과'나 '중년 상처'보다 더 치명적인 게 '노년 궁핍'이다. 자본주의 사회에서 노년의 최대 권력은 돈이다. 연륜이 쌓인 지혜도 재물이 동반되어야 권위가 서는 법인데, '젊은 시절 골프치고, 술값 펑펑 던지고, 아들 집사주고, 마누라 밍크 코트 사주고 살다가 70대 후반에 택배, 경비, 폐지 줍는 노인들이 부지기수인데, 이걸 '실버 파산'이라고 하지 않던가? 아들은 부모를 간병할 수 없다. 고령의 부모를 간병하는 준 고령이 된 아들이 간병이 되겠는가? 오히려 학대할 위험이 높다는 연구 결과다. 성장기에 훈련된 효도 의식도 준 고령이 된 아들에게는 무의미해진다. 그래서 '긴 병에 효자 없다.'는 우리 속담도 있다.

소설가 박범신은 "너의 젊음이 너의 노력으로 얻은 상이 아니듯이, 내 늙음도 내 잘못으로 받은 벌이 아니다."라고 소설 〈은교〉에서 말했다. 애절한 늙음의 허무와 비애가 찐하게 전해오는 말 아닌가?

시인 고은은 〈순간의 꽃〉이라는 시에서 누리던 권력을 잃은 노인의 비참함을 이렇게 표현한다.

내려갈 때 보았네.
올라갈 때 보지 못한,
그 꽃

세월이 차면 생명도 가기 마련이다. 생명이 다하면 돈도 명예도 무슨 소용인가. 시신에 입히는 '수의(壽衣)에는 주머니가 없다' 하지 않던가. 늙은이들이 노욕 때문에 추하게 늙어가서는 안 된다. 돈 따라 권력 따라 노구를 이끌고 이곳저곳 기웃거리고 다니는 모습은 실로 민망스럽지 아니한가.

12
다산초당(茶山草堂)을 찾아서

"괴로움이 남기고 간 것을 맛보아라.
고통도 지나고 나면 달콤한 것이다." <괴테>

　　배낭을 메고 친구와 둘이서 전남 강진에 있는 다산 정약용의 초당을 찾았다. 조선의 22대 왕 개혁군주 정조는 정약용이 있었기에 정조일 수 있었고, 정약용은 정조가 있었기에 정약용일 수 있었다. 사실 정약용을 이야기 할 때 정조를 빼놓을 수 없다. 두 사람은 18년 국정운영에 의기투합하여 바른 세상을 만들기 위한 운명적인 만남이었다. 그러나 정조가 붕어한 뒤 정약용은 18년이라는 긴 세월을 강진에서 귀양살이를 하면서도 자존심을 잃지 않았다.

　　주역에 '감이후지(坎而後止)' 라는 글이 있다. 감(坎)자는 구덩이라는 '감' 자다. 물은 항상 낮은 데로 흐르고, 빈자리를 채우고 나서야 다시 흐른다. 흐르던 물이 구덩이를 만나면 멈추고, 구덩이가 채워져야 밖으로 나아갈 수 있다. 누구라도 살다보면 구덩이에 빠질 수 있다. 내가 실수하여 빠질 수도 있고, 남의 모함으로 그럴 수도 있다. 이미 빠져 있다면 발버둥치고 허우적거려봐야 소용이 없다. 꾸준히 웅덩이에 흘러들어가서 가득 채우고 나서야 제갈 길을 가는 것이니 인내하고 기다려야 한다.

　사람의 그릇은 역경과 시련, 고통 속에서 분명하게 드러난다. 구덩이에 갇혀 자신을 할퀴고 절망에 빠져 남을 원망하고 포기 하는 사람이 있는가 하면, 웅덩이를 채워 넘칠 때까지 원인을 분석하고 과정을 반성하며 마음을 다잡아 재기를 다짐하는 사람이 있다. 이 깊은 산속, 인적이 드문 곳에서 18년의 긴 세월 유배생활을 어떻게 견뎌냈을꼬? 그가 할 수 있는 것은 백련사(白蓮寺)가 있는 만덕산(萬德山 405m)을 아침저녁으로 오르내리고, 수많은 책을 읽고, 쓰는 일이 다였다. 목민심서(牧民心書) 등 수많은 역작은 이곳에서 탄생한 것들이다. 사람들은 곤궁한 처지에 빠지면 스스로 자존심을 버린다. 비굴하게 변할 수 있다. 아니 불법적인 줄 알면서도 눈을 감는 경우가 허다하다. 다산의 집안은 매우 청렴하여 지금의 남양주에 거주할 때도 약간의 토지에서 소출되는 곡식으로 여러 형제가 함께 나누며 근근이 살았다. 더구나 정조가 죽은 뒤에는 참으로 비참한 생활이 지속될 수밖에 없었다. 가족들은 다산이 유배에서 풀려나 중앙 관직에 복귀하여 가족들의 생계를 꾸려주기를 간절히 바라지만 그런 상황은 오지 않고 집안은 너무도 어려워지기만 했다.

이런 다산에게 중앙 조정에서는 유혹이 그치지 않았다. 그를 유배지에 보낸 세력들에게 고개를 조아리고 '잘못했으니 나를 당신들 편에 서게 해달라고만, 하면 유배지에서 풀려날 뿐만 아니라 중앙 관직에 복귀시켜주고 특혜를 주겠다.'는 유혹이 줄을 대고 있었다. 힘겹고 고통스런 생활에 지쳐가던 다산의 가족들 역시 흔들렸다. 마침내 다산의 아들이 아버지에게 편지를 쓴다. 가족들을 위해 한 번만 고개를 숙이면 어떻겠느냐는 내용이다. 이 편지를 쓰는 아들 역시 심장을 도려내는 아픔이 없었겠는가.

이 편지를 받은 다산은 아들에게 답신을 보낸다. '천하에 두 가지 기준이 있다. 그 하나는 옳고 그름의 기준이고, 다른 하나는 이롭고 해로움의 기준이다. 옳은 것을 지켜 이익을 얻으면 참으로 좋겠지만, 나쁜 것을 쫓아 이익을 얻는 것은 절대로 받아들여서는 안 된다'고 쓴다. 다산은 자신을 유배 보낸 세력들에게 고개를 숙이고 그들과 한 통속이 되어서 살아간다는 것은 나쁜 것을 쫓아 이익을 얻는 것이고, 마침내 이익도 얻지 못하고 해만 있는 것이다. 이는 해를 입지 않기 위해서가 아니라 정의로움이 무엇이고 자신을 지키는 일이 무엇인지를 알아야 한다고 썼다.

고려 말에 충신이던 정몽주의 단심가(丹心歌)와 이성계의 아들 이방원의 하여가(何如歌)가 떠오른다. 이방원이 고려 충신 정몽주를 자기편으로 끌어들이기 위해 지은 시를 단심가(丹心歌)라 한다.

이런들 어떠하며 저런들 어떠하리
만수산(지금의 송악산) 드렁칡이 얽혀진들 어떠하리
우리도 이같이 얽혀져 백년까지 누리리라.

이 유혹을 물리친 정몽주가 답신으로 보낸 시를 하여가(何如歌)라 한다.

이 몸이 죽어 죽어 일백 번 고쳐 죽어
백골이 진토되어 넋이라도 있고 없고
임 향한 일편단심이야 가실 줄이 있으랴

또 중국 전국시대 오나라 계찰의 감명 깊은 글이 생각난다. "곧지만 오만하지 않고, 굽히면서도 비굴하지 않는다." 바로 이게 다산의 생각과 일치한다. 초당 1경은 다산이 직접 쓴 정석(丁石)인데, 자신의 성씨 정(丁)자와 돌(石) 자는 다산의 성품을 그대로 나타내주고 있다. 다산은 편지 말미에

"아무리 어려워도 비루하게 살지는 말자. 명예롭게 살다가 빛나게 죽자"라고 쓴다. 어려운 처지에 있어도 양심과 영혼을 팔아서야 되겠는가. 세상을 살아가다보면 큰돈으로 유혹을 하는 일이 비일비재한다.

지금 세상이 그렇게 변해버렸다. 영혼을 잃은 정치인과 관료들이 거대 자본과 손을 잡고 백성들의 마지막 생명 줄인 국민 연금까지 축을 내고, 심지어는 돈이 되는 일이라면 자연도 파괴하는 일까지 덤벼 왔다. 성경에 "의인은 없나니 하나도 없으며, 깨닫는 자도 없고, 하나님을 찾는 자도 없고, 선을 행하는 자도 없나니, 하나도 없도다. 저희 목구멍은 열린 무덤이요, 그 혀로는 속임을 베풀며, 그 입속에는 독사의 독이 가득하고, 그 입에서는 저주와 악독이 가득하고, 저희 눈앞에 하나님을 두려워함이 없다"고 기록되어 있다. 또한 선지자 요한은 요단강에서 유대인들에게 "회개하라"고 소리 쳤다. 오늘의 사태를 두고 하는 말 같지 않은가. 어느 누구하나 내 탓이라고 자복하고 책임지겠다는 사람이 없다. 선지자 세례 요한의 '회개하라'는 울부짖음을 이해할 것 같다.

13
사람들은 어느 때에 가장 행복해 할까

"하나를 얻어서 즐거웠는데
두 개를 얻은 사람이 있다는 것을 알게 되면
기쁨은 사라지고 분노가 치민다."

손녀딸에게 기시미 이치로의 <미움 받을 용기>라는 책을 선물하면서 이런 질문을 했다. "사람들은 어느 때에 가장 행복해할까?" 손녀는 너무나 당연하고 쉬운 것을 묻느냐는 표정으로 이렇게 대답한다. "그거야 물론 돈을 셀 때지요" 나는 그만 깜짝 놀라지 않을 수 없었다. 그 순간 무언가에 들킨 사람처럼 좌우를 두리번거리며 살피지 않을 수 없었다. 벌거벗은 임금님을 향해 모두가 아름답다고 경탄했을 때 "임금님은 벌거벗었다"고 소리 지르던 아이들의 목소리처럼 그것은 충격적이면서 신선했다. 솔직히 말하자면 이 시대 많은 사람들도 돈을 세면서 가장 행복해 할 것 같았다. 나만 해도 그랬다. 내가 직장에서 월급봉투를 받았을 때 나도 봉투 안에 든 돈을 꺼내 몇 차례나 세어보면서 감사하고 행복해 했던 것도 사실이다. 어머니가 노쇠하셔서 거동을 제대로 하실 수 없을 때 나는 천 원짜리 뭉치, 만 원짜리 뭉치, 돈 다발을 갖다 드리며 세어보시라고 했었다. 돈을 셀 때 나도 행복했었으니까? 역시 어머니도 싫지 않은 모습이 분명했었다. 그러나 돈에 대한 어린 손녀의 대답이 정곡을 찌른 대답이라고 시인하기에는 무언가 부끄럽고, 두렵고, 난감했다.

평소에 아이들에게 돈에 탐닉한 모습을 보여주었다면 '돈 보기를 돌처럼 보라'고 강조했던 우리 어른들이 어찌 부끄럽지 않겠는가. 굳이 변명할 생각도 없고 돈쯤을 우습게 여길만한 처지도 못 되지만 돈과 행복과의 관계를 다시 한 번 생각해보지 않을 수 없다. 사람들이 돈을 셀 때 행복해하는 것은 다름 아닌 자신의 노력에 대한 대가에 감사하고 감격한 것 아닐까? 그것은 마치 봄부터 가꾼 수학을 가을걷이하다가 울려오는 종소리에 지순하게 고개 숙인 밀레의 그림 〈만종〉의 분위기처럼 눈물겨운 순간일 것 같다. 대부분의 사람들이 바로 자신의 소중한 시간을 바쳐서 얻은 신성한 대가에 대한 경의를 표하는 것이리라. 물론 나도 그 중 한 사람이었다. 그러나 대부분의 현명한 사람들은 깨달을 것이다.

욕망을 무한히 키워놓고 그 욕망을 위해 허우적거리는 가운데서는 결코 행복이 존재하기 힘들다는 것을, 젊고 의욕이 많은 사람들은 욕망을 늘려가면서 행복하기도 하지만, 점차 나이가 들면서는 차츰 자신의 욕망을 줄이면서 또 다른 행복을 만끽하기도 한다. 그러고 보면 행복은 크고, 빛나고, 풍요롭기도 하지만, 작고 조촐하고 절제된 가운데도 있는 것이다. 높은 산을 오르며 땀을 뻘뻘 흘리는 사람은 저 가까이 산 정상이 보이므로 행복해할 것이고 낮고 조용한 골짜기를 따라 내려오며 발밑에서 바스락거리는 낙엽 밟는 소리와 산골 물소리에 또한 행복해할 것이다. 우리는 하루에도 몇 번씩 삶의 이쪽인 천국과 저쪽 끝인 지옥을 뜨겁게 오르내리며 살아간다. 내 생명을 다한 노력의 결실에 감사하고 즐기는 마음만 있다면 우리는 행복하다고 큰소리쳐도 되지 않을까? 그러고 보면 행복은 멀리 있는 게 아니라 내 두 팔 안에 있음이 분명해진다.

누구나 궁핍하면 초라해진다. 궁핍하면 심성이 꼬이고 인심도 사나워지기 마련이다. 공자는 "군자는 궁핍해도 참지만 소인은 궁핍하면 나쁜 생각을 품는다"고 했다. 또 맹자는 "일정한 재산이 있어야 변치 않는 마음이 생기는 것이니 항산(恒産)이 없으면 항심(恒心)도 없다"는 말이다. 목구멍이 포도청이라고 굶주리게 되면 불가피하게 나쁜 짓을 하게 된다. 삶이 고단하면 누구나 마음이 심각해져 잘못을 저지를 수 있다는 말이다. '사흘 굶으면 담 안 넘어갈 사람 없다'고 하지 않던가. 먹을 게 있어야 마음의 여유가 생기지. 그래서 옛날 사람들은 '곳간(광)에서 인심 난다'고 했다. 쌀독에서 인심 난다는 말이다. 당연히 삶의 풍요는 돈에서 나오는 게 사실이다.

　청년들이 일자리로 신음하는 것도 다 돈 때문이고 은퇴 이후 불안해하는 것도 결국 돈 때문 아닌가. 돈! 악착같이 벌어라. 하지만 삶의 목적을 돈에만 맞추고 돈만 쫓으면 꿈이 빈약해질 수 있다. 돈은 삶의 목적이 아닌 수단으로써 소중한 것이되 내 머리 위에 두어서는 안 된다. 언제나 발아래에 두고 충직한 종으로 부려야 한다. 돈 없다는 사람은 있어도 돈 남는다는 사람은 없다. 돈 있어 못난 놈 없고, 돈 없어 잘난 놈 없다. 세상에 돈 싫다 하고 열 계집 마다는 놈 있던가. 내 곳간이 텅 비면 심성이 거칠어지고 남의 곳간이 넘쳐나면 심사가 불편해지는 것이 사람의 마음이다. '말 타면 종 부리고 싶어진다고 한다.'는 말이 있다. 처음에는 말만 타고 싶었는데, 막상 올라타고 보니 종을 부리고 싶어지는 게 사람 마음이다.

　'바다는 메워도 사람 욕심은 못 메운다.'는 속담이 있다. 우리 인간의 욕심에 대해 이보다 더 실감나게 잘 표현한 말이 없다. 너 나 할 것 없이 이 전지전능한 신, '돈'을 많이 갖기 위해 정신이 하나도 없다. 우리 사회의 수많은 비극들이 거의 다 이 돈 때문이다. 이미 2천 년 전부터 인간은 돈 앞에 노예였다. '사기'라는 불후의 명작을 남긴 중국의 역사학자 사마천은 돈에 대해 이렇게 적었다. '자기보다 10배 부자면 헐뜯고, 자기보다 100배 부자면 두려워하고, 자기보다 천 배 부자면 고용당하고, 만 배 부자면 노예가 된다'는 것이다. 이보다 더 예리하게 인간의 심리를 파헤칠 수 있겠는가.

돈이면 안 되는 게 없고, 그래서 돈을 쫓아 허둥지둥 헐레벌떡 정신이 내달아가고, 그러다 보니 노예 신세가 되는 건 당연한 것이다. 노예에게 있어서 가장 큰 비극은 자기 자신이 노예라는 사실을 모르는데 있다. 노예가 스스로 노예인 것을 깨닫지 못하면 영원히 노예 상태에서 벗어날 수가 없는 것이다. 돈이 부족하면 삶이 좀 불편한 건 사실이다. 그러나 돈이 삶의 목적이여서는 안된다. 돈은 삶의 수단으로서 소중한 것이지만 내 머리 위에 두어서는 안된다. 언제나 발아래에 두고 충직한 종으로 부려야 한다. 돈에 대한 무조건적인 굴종의식에서 벗어나 돈의 유혹으로부터 나를 보호하고 지킬 수 있는 힘을 길러야 한다.

바로 몇 년 전 카이스트 대학에서 자살하는 학생이 줄줄이 생겼다. 그야말로 자타가 공인하는 머리 좋은 학생들이 모인 대학에서 실연 때문도 아니요, 염세 때문도 아니요, 가

정사 때문도 아닌 다름 아닌 성적 때문이었다. 총장이 성적 나쁜 학생들에게 등록금을 두 배로 내게 하는 벌을 내렸다. 그래도 성적이 오르지 않으면 또 두 배로 올렸다. 그럼 그 학생 입장에서 "나 성적이 나빠서 그 벌로 등록금을 두 배로 내야하니 두 배로 주세요." 하고 부모에게 이 말을 할 수 있겠는가. 이 학생이 선택할 수 있는 길은 자살 밖에 없었다.

서울의 랜드마크 123층, 555m(기억하기 좋게)라는 제2롯데월드타워가 준공된다고 한다. 롯데 신격호 총괄회장의 30년 숙원사업이었다. 국내에서는 가장 높고 세계에서는 5번째, 여의도 63빌딩은 이제 10위권 밖으로 밀려난다. 잠실 석천호수 길 산책을 하려고 갔다가 롯데 123층 홍보실에 들려 이것저것 살펴보고 많은 생각을 하게 되었다. 실질적인 그룹 2인자로 일했던 이인원 부회장의 자살 소식이 전해지면서 더욱 그랬다. 그는 스스로 목숨을 끊으면서 유언으로 남긴 말 가운데 '비자금은 없다'고 했다. 정말 깨끗하다면 스스로 목숨을 끊을 이유가 없지 않은가.

형제 간의 경영권 분쟁이 본격화 되면서 불거진 비자금 조성 의혹, 탈세, 횡령, 배임 등으로 검찰 조사를 앞두고 생긴 불미스런 사건이다. 두 형제 간에 탐욕이 부른 사태다. 억(億)

이라는 글자는 사람인(亻)변에 뜻의(意)자가 합쳐진 글자다 무슨 뜻이냐 하면 그건 실재하는 숫자가 아니라 사람의 마음에나 있는 숫자라는 뜻인데 지금은 억(億)을 만 배 넘는 조(兆)가 예사로 쓰이고 있고 몇 십조는 예사가 되고 있다. 롯데 그들의 '건물은 높아졌지만 그들 일가의 인격은 더 낮아졌다.' 그들은 돈은 많이 벌었지만, 어떻게 살 것인가를 잊은 것 같다. 이게 롯데만의 일이 아니다. 부모의 소유가 많으면 자식들 분쟁은 일반 가정에서도 똑같다. 인생을 아는 건 참으로 어려운 일인가보다. 그래 감히 누가 인생을 안다고 할 수 있는가.

　　세익스피어는 인생을 두고 이렇게 말했다. "너무 이르면 알 수 없고, 알고 나면 너무 늦다." 아는 것은 모르고 모르는 것은 더욱 모른다. 맞다! 인생이 이런 거구나 깨닫는 순간 죽음 앞에 서있고, 돈이 소중한 것임을 알게 될 때는 이미 돈을 붙잡을 수 없는 나이가 되어버린다. 고대의 현인이었던 세네카는 "지금이라도 제대로 살아라. 하루하루를 단 한 번뿐인 인생인 것처럼 생각하라."고 말한다. 크고 많은 것이 자랑거리인 시대가 가고 있다. '다운 싸이징(downsizing)'이 주목받는 시대가 오고 있다. 스몰, 다이어트, '다운싸이즈'가 문명의 새로운 패러다임이다. 새들은 적게 먹고 적게 배설한다. '새들은 날기 위해 뼛속까지 비운다.' 뼛속까지 비웠다고 새들이 행복하지 않다는 증거도 없다. 비우니 자유롭게 하늘을 날지 않은가.

　　제 욕망을 채우느라 삶을 잃은 어리석음에 빠지지 않는다. 필요 이상으로 많은 것을 소유하고자 할 때, 탐욕을 버리지 못할 때 사람들은 불행해지기 시작한다. 바라는 것이 적으면 불행도 작아진다. 부족할 때보다 풍족했을 때 더 괴로움이 많았던 것임을 신은 알고 계신다. 많이 가지려 하면 괴로움도 덩달아 커지는 법이다.

14
사내는 세 뿌리를 조심해야 한다

*"좋은 곳을 여행하고 좋은 책을 보는 이유는
지금 내가 어떻게 살아가고 있는지 모니터하고 싶어서이다.
아… 이게 내 모습이고 내가 이런 걸 놓치고 살았구나! 을 알게 되고,
이렇게 살아야 하는 구나! 를 깨닫게 된다."*

　　우리가 살아가면서 겪게 되는 재앙의 원인을 살펴보면 외부환경에 의한 것과 스스로 초래한 것으로 나누어 볼 수

있다. 그런데 외부환경에 의한 재앙은 내가 통제할 수 없이 예기치 않게 다가오는 경우이다. 예를 들면 2008년 세계 금융위기는 나의 통제 밖에 있는 외부적인 요인에 의해 발생한 것이다. 이때 우리 국민은 너도나도 장롱에 숨겨둔 금 모으기 운동으로 말미암아 그로 인해 겪었던 고난을 극복해 낼 수 있었다. 그러나 스스로 만든 재앙은 그 재앙의 원인이 나 자신에게 있음을 말하는 것으로 개인이든 가정이든 망하는 원인이 모두 자신에게 달려있다는 말이다. 스스로를 잘 지키고 다스린다면 어느 누구도 넘볼 수 없지만, 대부분의 경우 안타깝게도 사람들은 자신의 잘못으로 인해 무너지고 있다는 것을 자각하지 못한다.

요즘 하루도 빠지는 날이 없을 정도로 들려오는 뉴스를 보면 스스로 만든 재앙을 이기지 못해 개인은 낭떠러지로 추락하고, 가정은 해체되고, 기업은 파산하는 경우가 허다하다. <주역>에 "티끌만한 실수가 엄청난 차이를 만든다."고 말하고 있는데 이는 지극히 작고 하찮은 것으로 생각한 실수가 큰 재앙으로 다가온다는 말이다. 그리스 철학자 아리스토텔레스는 "사람들은 한 가지 방법으로 좋지만 온갖 방법으로 나쁘다."라고 말한다. 좋은 것은 바른 도덕성이 기반이 되어야 함으로 오직 한 가지 길이라고 할 수 있지만, 망할 때는 여러 가지 잘

못에 의해 무너진다는 말이다. 그런고로 우리 조상들이 예로부터 '사내는 자고로 3뿌리를 조심해야 한다.'고 했다. 입(말)조심, 손(발)조심, 그것(생식기)조심하라는 말이다.

첫째가 입조심, 말조심 하라는 것이다. 예로부터 구시화문(口是禍門), 입이 화가 들어가는 문이라 하였다. 무심코 던진 돌멩이에 개구리 박 터진다는 말이 있다. 가족들이 모처럼 모여 있는데 "넌 언제 결혼할 거야?", "취직은 되는 거야?" 등 질문은 듣는 사람 입장에서는 심한 상처다. 물론 듣는 사람 입장에서는 그저 웃으면 답이 되는 소이부답(笑而不答 웃음으로 대답)이 상수이지만 그러질 못한다. 갑자기 주착, 망령, 푼수가 되어 집안이 썰렁해진다.

둘째가 손(발)조심이다. 손놀림 발놀림을 잘못해 비싼 대가를 치루는 경우가 부쩍 늘어나고 있다. 치밀어오는 감정을 조절하지 못하고 방망이로 폭력사태를 일으키거나 가서는 안 되는 곳을 찾는 발걸음이 재앙을 불러오는 경우를 우리는 허다하게 본다.

셋째가 그것(생식기)조심하라는 것이다. 지나치게 여색을 탐하다 성희롱, 성폭행 등으로 한 순간에 추락하여 아이의 아버지로서 남편으로서 더 이상 존재가 불가능해지는 경우다. 이 얼마나 민망한 일인가. 필로폰이나 대마초 같은 마약은 모두 성문란으로 이어지는 것이다. 사회지도층은 물론 유명인사 연예인등 생식기 조절이 안되어 추락하고 화목한 가정이 해체되고 있는 현상이 부지기수다.

나는 어렸을 적부터 어머님으로부터 세 뿌리를 조심해야 된다는 말씀을 누차 들었지만 어른이 되어가면서야 이해를 할 수 있었다. 일제 강점기에 일본 도쿄에서 장래의 꿈을 키우던 고학생 청년이 괴테의 〈젊은 베르테르의 고뇌〉라는 책을 읽고 깊은 감명을 받는데 그 청년이 후일 재벌기업의 총수가 된 최고의 중년 남자였다. 그가 창업한 '롯데'는 일본과 고국에서 성공한 브랜드로 소설의 여주인공 '샤를로테'의 애칭이라고 한다. 그는 실제로 소설의 여주인공을 1977년 '미스 롯데' 선발대회에서 청년시절 그의 의식에서 지배해왔던 청순한 여주인공 이미지를 완벽하게 구현한 어린 여성을 찾아냈고, 끈질긴 구애 끝에 아내로 맞는다. 그에게는 아주 낭만적인 사랑이었다. 그에게 37세 아래인 아내의 의미는 무엇인지 궁금하기 짝이 없다.

사랑도 권력관계다. 누가 더 많이 사랑하느냐에 따라 갑, 을 관계가 결정된다. 대개는 젊은 예쁜 여자가 甲이고, 나이든 남자가 乙인데 이걸 역전시키는 방법은 돈이다. 중년 남자가 사랑의 주도권을 잡을 수 있는 것은 돈과 권력을 쥐고 있기 때문이다. 어느 사회에서나 남자가 돈을 쥐고 있는 한 '원조교제'가 가능한 게 현실이다. 철저한 자본주의 논리에 따라 움직이는 남녀관계다. 많은 남자들이 중년의 위기에서 열정의 불을 지피고 싶을 때 시도하는 보편적 방법이 외도(外道)나 원조교제다. 실제로 젊은 여성은 돈 많은 중년 남자가 원하는 것을 주게 된다. 그가 주는 것에 감사하고, 그가 가려고 하는 장소에 따라 나선다. 중년의 사내는 새로운 성적충동에 눈을 뜨고, 마치 삶이 회생하는 것 같은 기분이 죄의식이나 미안함을 느끼지 않게 한다. 자신의 성적 능력을 되살리는 일이 너무 급한 나머지, 아내나 자식들의 입장이나 감정을 돌아볼 여유가 없어지는 것이다. 중년에 접어들면, 더 이상 섹스를 통해 남성다움을 인정받으려는 생각을 버려야 한다.

섹스 아닌 대화로 감정을 표현하고 운동, 독서, 취미생활에서 성취감을 느끼도록 해야 한다. 아무리 섹스를 많이 해도, 행위 뒤의 허탈감을 지울 수 없고, 아무리 많은 여자를 만나도, 돌아서면 적막감의 늪에 빠지기 때문이다. 그러기에 아버지 역할을 하는 남자와 딸 역할을 하는 여자 커플은 재앙을 향해 달려갈 확률이 높다. 남자가 너무 큰 짐을 지기 때문이다. 하지만, 엄마 역할을 하는 아내와 아들 역할을 하는 남자 커플 사이는 쉽게 안정을 찾게 된다. 놀라운 일이 아니다. 아무리 나이를 먹은 남자라도 그 내면에는 아이가 있기 때문에 죽을 때까지 모성을 그리워한다는 것이다. 대개 결혼한 지, 15년 내지 20년이 지나면 아내는 자녀 교육에 몰입한 나머지 남편의 잠자리 보살핌에는 관심이 없게 된다. 이 답답한 사정이 탈선의 변명이 될 리 없지만, 남자의 성욕이란 때로는 어이없이 악마의 유혹에 굴복하기 쉽다는 것이다. 이게 사내들의 치명적인 약점이다. 중년파산으로 치닫는 첩경이다.

다윗이 이스라엘 왕이 되자마자 친구인 우리아의 아내 밧세바가 목욕하는 모습을 보고 욕정을 이기지 못해 범죄를 저지른 사건이 구약성서에 기록되고 있다. 김유신 장군이 한때 천관이라는 여인에게 빠졌다가 어머님의 훈계를 듣고 애마의 목을 내리치고 나서야 그녀와의 인연을 끊었다는 역사적 기록을 볼 수 있다. 공자는 40은 불혹(不惑)이라 했는데 이 말은 '유혹에 흔들리지 않아 어른인 것이 아니라 흔들려서는 안 되기에 어른인 것'이라는 말 아닌가. 난도직언으로 여자는 사기꾼과 제비를 조심해야 하고 남자는 꽃뱀의 유혹을 이겨야 할 것이다.

성경(사사기14:6)에 11세기경 하나님의 선택에 의해 괴력의 힘을 가지고 태어난 삼손(Samson)은 맨 손으로 사자를 염소 새끼 찢듯 맨 손으로 때려잡을 만큼 힘이 강했다. 요즘시대 영화 속 인물로 보자면 헐크 같은 힘을 가진 자다. 하지만 삼손은 하나님에 대한 헌신을 서약한 '나실인'으로서, 시체를 가까이하여 몸을 더럽히지 말고, 독주를 마시지 않아야 하며, 머리를 깎지 말고 몸을 거룩하게 지켜야 한다. 그런데도 삼손은 시체를 만지며 술을 마실 뿐 아니라 적의 앞잡이인 '데릴라(미색을지닌스파이)'의 유혹에 빠지게 된다. 강한 힘을 가졌다는 자체를 나무랄 일은 아니지만 그 힘을 잘못 사용하는 게 문제다. 삼손만 해도 그 몸에 주어진 힘을 가지고 자신을 붙잡으러 온 블레셋(팔레스타인) 군사 일천 명을 나귀 턱뼈 하나로 물리친 장군이었지만 그에게 약점이 하나 있었다. 자신의 마음을 조절할 줄 몰랐다는 것이다. 특히 여자를 너무 밝혔다는 것이 치명적인 약점이었다. 하지만 이를 알고 경계하면 큰 탈을 피할 수 있겠지만 삼손은 자기 자신을 살필 줄 몰랐다. 너무 강남자여서 두려움이 없었기 때문에 자신을 돌아보면서 근신하려 하지 않았다.

이런 삼손의 약점을 적들(불레셋사람들)이 가만둘 리가 없었다. 삼손의 여인이었던 데릴라를 매수해 삼손의 초인적인 힘의 비밀을 파내려 하였다. 진심으로 삼손을 사랑하는 게 아니었던 이방여자⁽팔레스타인⁾ 데릴라는 이 전략에 홀딱 넘어간다. 여자를 너무 밝혔던 삼손은 이런 사실조차 모르고 '당신의 엄청난 힘의 근원이 어디냐'라는 데릴라의 끈질긴 물음 앞에 대답해주고 싶어 안달이 난다. 데릴라가 날마다 재촉하며 조르매 삼손의 마음이 번뇌하여 죽을 지경이다. 결국 그녀의 집요한 물음에 견디다 못해 태어날 때부터 깍지 않은 머리카락이 그 힘의 원천이라고 데릴라에게 발설하고 만다.

누구든 한 생애를 살아가면서 이런 순간을 한두 번쯤 맞이해 보았을 것이다. 유혹이든 시험이든 자신의 전 존재를 흔들어 놓는 문제로 인해 번뇌하며 죽을 지경인 순간 말이다. 그래서 우리는 신앙을 가졌든 안 가졌든 기도해야 하는 것이다. 기도란 자신의 힘으로 어찌하지 못하는 그것을 신 앞에 엎드려 비는 것이다. 삼손은 끝내 기도하지 않았고 고비를 넘기지 못했다. 비밀에 노출된 삼손은 데릴라의 무릎에서 잠이 든다. 그 사이에 그녀는 삼손의 머리카락을 모두 밀어버린다. 그 후부터 힘을 쓰지 못하자 블레셋 군사들에게 붙잡혀 두 눈을 뽑힌 채 청동족쇄를 차고 옥에서 맷돌을 돌리는 비참한 신세로 전락한다. 누구보다도 강하고 위대한 힘을 가진 일국의 장군이라는 사람이 여자의 유혹에 홀라당 넘어가 비참한 노예 신세가 된 것이다.

불후의 명작 〈실락원〉을 쓴 영국의 시인 존 밀턴의 〈투사 삼손〉이라는 책에 '삼손의 위대함은 이때부터 시작된다.'고 말한다. 블레셋 사람들은 그들의 신전(다곤)에서 제사를 드릴 때 삼손을 웃음거리로 만들기 위해 삼손을 불러다 놓고 그의 비참한 모습을 비웃어준다. 그 기회를 놓치지 않고 삼손은 신전을 바치고 있는 두 기둥 사이에 자신의 몸을 기대게 해달라고 간청한다. 그리고 이때 삼손은 다음과 같이 기도를 간절하게 드린다. "하나님이여 구하옵나이다. 이번만 나를 강하게 하사 나의 두 눈을 뺀 블레셋 사람들에게 원수를 갚게 하소서." 보통 사람 같으면 자신의 허물로 인해 자초한 것 이러지도 저러지도 못한 채 무기력한 모습으로 자포자기 해버리고 말았을 것이다. 그러나 삼손은 그가 지은 죄를 참회하고 "이번만은 나를 강하게 하소서"라는 장엄한 기도를 드림으로써 조국 이스라엘을 블레셋 사람들로부터 지켜내야 할 자신의 못다한 마지막 사명을 이루려 한다.

강(强), 약(弱), 이후의 강(强)이 정말 강하다는 사실을 아는가? 쉬운 말로하면 고난이 결국 축복이 된다는 사실을, 자신의 어리석음으로 모든 걸 빼앗긴 그 폐허의 자리에서 다시 하나님을 찾으며 기도할 때 그 전과는 비교할 수 없는 강력한 힘이 주어진다는 것을 삼손은 알고 있었다. 그리하여 '이번만

나를 강하게 하소서'라는 기도 후에 혼신의 힘을 다해 신전의 기둥을 힘껏 껴안고 밀자 두 개의 신전 기둥이 쓰러지면서 신전 안에 있던 삼손도, 수천 명의 블레셋 사람들도 모두가 그 아래 깔려 죽고 만다. 성경 기록에 의하면 '삼손이 죽을 때에 죽인 자가 살았을 때 죽인자 보다 많았더라'라고 한다. 놀랍지 않은가?

우리는 여기서 그 장엄했던 순간이 결코 순간적으로 주어진 게 아니라는 것을 파악해야 할 것이다. 삼손의 그 전무후무한 힘은 그가 두 눈이 뽑힌 채 맷돌을 빙빙 돌렸던 고난의 세월 속에서 길러졌음을 우리는 알아야 할 것이다. 고난 중에 축적된 마지막 힘이야말로 절체절명의 순간에 엄청난 힘을 발휘하게 된다는 것을 삼손의 죽음을 통해 깨닫기를 바라는 마음에서 이 글을 적는다. 우리는 우리가 이제껏 어떻게 살아왔느냐 보다 더 중요한, 남은 생을 어떻게 보낼 것이냐의 문제를 심각하게 고민해야 할 것이다. 동서고금을 막론하고 세 뿌리 조심은 재앙을 사전에 막으려는 스스로의 노력도 중요하지만, 사회 지도층부터 모범이 되어야 한다. "아는 것이 남과 다름이 없다면 지도자가 될 수 없다." 사회 지도층이라면 '다른 사람이 보지 못하는 재앙'을 보고 대비하는 선도적 역할을 할 수 있어야 '리더'인 것이다.

⑮ 아름다운 엔딩을 위하여

> "빈손으로 왔다가 빈손으로 가야 하는 삶이기에
> 수의(壽衣)에는 주머니가 없다."

　노년을 맞는 부모를 두신 분, 아니면 본인이 여기에 해당된다면 한 번쯤 깊게 생각해봐야 할 것 같다. 우리나라 통계청 발표에 의하면 80세에 남은 기대수명의 경우 평균, 남자는 20년, 여자는 26년으로 나타났다. 이시기가 되면 육체적 정신적으로 쇠약해지고 질병의 고통이 커지면서 삶에 대한 의지 또한 점차 약해진다. 따라서 80세에 접어들었다면 인생의 마무리를 해야 한다는 말이다. 다가올 죽음에 대한 마음의 준비를 해야 한다. 날아오는 화살은 피해갈 수 있어도 오는 세월은 비껴갈 수는 없다. 우리 속담에 '개똥밭에 굴러도 이승이 낫다'는 말이 있다. 은퇴준비란 결국 길어진 이승을 저승보다 나은 곳으로 만들기 위한 준비 아닌가. 그러니 자신만의 은퇴 달력을 펼쳐 점검하고 준비하고 실행해야 한다. 하루라도 더 먼저 시작할수록 유리하지만 금방 지쳐 포기해서는 안 된다. 누구나 알고 있다. 시작이 있으면 끝도 있다는 것을, 당연히 삶이 있으면 죽음도 있다.

그래서 요즘 '웰 다잉(well dying)'이 화두가 되고 있다. 잘 사는 것 못지않게 잘 죽는 것도 중요하다. 어느 방송에서 '죽음'에 대한 다큐멘터리가 방송된 적이 있었다. 충격적이었던 것은 삶의 마지막 장소가 중환자실이었다는 것이다. 질환으로 죽는 경우는 예외가 없다. 더더욱 자신이 스스로 삶의 마지막을 정리하기는커녕 사랑하는 가족과 마지막 인사도 못하는 경우가 다반사였다. 당신의 삶의 마지막 순간은 어떤 모습이고 싶은가. 지금 몇 살이든 우리는 하루하루 종착역을 향해 가고 있다.

프로이트는 '죽음이 누구에게나 찾아오는 자연스럽고 부정할 수 없는 것임에도 사람들은 마치 그것이 다른 사람들에게만 일어나는 일로 인식한다.'고 한다. 건강이 악화되어 병석에 눕기 전까지는 죽음을 심각하게 받아들이기보다는 막연히 두려워한다는 것이다. 죽음 이후의 세계를 알 수 없다는 무력감, 죽음의 과정에서 닥치게 될 고통, 가족들과의 이별 등이 이러한 두려움을 유발하는 요소로 알려져 있다.

2010년에 영국 '이코노미스트'가 국별 죽음의 질을 평가한 자료에 따르면 우리는 조사 대상 40여개 국 중 32위에 올랐다. 그만큼 우리는 아직까지 소위 '웰 다잉'에 대한 인식이 많이 부족한 편이다. 우리도 이제는 죽음을 공포가 아닌 자연스럽게 다가오는 인생의 단계로 대하는 인식의 전환이 필요하다. 오랫동안 호스피스 병동에서 자원봉사를 해 온 분들의 말을 들어 보면 장기간의 무의미한 연명치료가 환자를 더 고통스럽게 하는 경우가 많다고 한다. 당사자의 죽음이 존엄성을 해칠 뿐 아니라 경제적으로도 가족의 고통이 너무 크다. 자신이 노인이라고 인식하는 시점이 되었다면 앞으로 닥칠지 모르는 만일의 상황을 대비해서 의식불명의 상태에서 기약 없는 의료행위에 대한 본인의 이사를 표명해두는 '사전의료 의향서'를 미리 작성해둔다거나 평소 가족들에게 당부해 둘 필요가 있다. 우리나라도 연명의료를 중단할 수 있는 '웰 다잉' 법이 통과되어야 한다.

벨기에, 네덜란드에서는 안락사와 존엄사를 허용하고 스위스의 안락사 전문병원엔 존엄한 죽음을 선택하려는 외국인들의 발걸음이 이어진다고 한다. 누구나 피할 수 없는 죽음이지만 모든 사람이 '평온과 위엄' 속에 임종을 맞는 것은 아니다. 갑작스런 사고로 마음의 준비도 없이 맞이하거나, 분노나 좌절의 단계에서 맞이하기도 한다. 그러나 행복한 인생이 되려면 마지막 순간이 평화로워야 한다. 벌려 놓은 일을 마무리하고 가족, 지인들과의 관계도 원만하게 회복시켜 놓아야 한다. 마음 속에 작은 미련도 없이 평화로운 마음으로 마지막 순간을 맞이해야 행복한 죽음이 아니겠는가. 죽기 전에 꼭 하고 싶은 일들을 목록으로 적어놓는 '버킷 리스트'를 작성해 본다든가 내 인생의 짧은 '자서전'을 써보는 것도 언젠가 찾아올 내 인생의 '엔딩'을 더욱 의미있게 맞이하는 일일 것이다.

성경(출애굽기20장12절)에 "네 부모를 공경하라. 그리하면 네 하나님 여호와가 네게 준 땅에서 네 생명이 길리라"고 말한다. 이는 잘되고 장수할 것이라는 말씀이다. 영국이 낳은 극작가 세익스피어의 4대 비극의 하나인 '리어왕'에 나오는 대사다. "아비가 누더기를 걸치면 자식들은 장님이 되고 아비가 돈 가방을 걸치면 자식들은 매우 친절해진다." 500년이 지났지만 그 때나 지금이나 자식은 매 마찬가지다. 내 자식인데 하면서 어리석은 사람은 괴로워한다. 내 몸도 내 것이 아닌 데 어찌 자식이 내 것이라는 말인가?

자식은 내가 뭔가를 갖고 있을 때, 내가 아무 것도 갖지 못했을 때 양과 이리처럼 사뭇 다르다. 자식은 내 핏줄이지만 때로는 박덕한 적이 되어가고 있다는 사건들을 허다하게 보지 않은가. '나는 예외다.'라고 하지 마라. 만일 당신이 나이 많은 부모를 둔 자식 입장에서도 부모님과 '삶과 죽음'에 대한 허심탄회한 대화를 통해 부모님의 의사를 들어둘 필요가 있다. 왜일까? 당신이 원하는 것들을 돌아가시기 전에 해드려야지 돌아가신 뒤에 가슴 아파한 들 무슨 소용 있단 말인가?

16
회전목마

> "섬을 떠나봐야 섬이 보인다.
> 자기 아이를 가장 잘 모르는 사람이
> 부모일 때가 많다."

세상이 급격하게 변화하는 것처럼 보여도 사실은 '회전목마'와 같다. 즉 같은 일이 반복적으로 일어난다는 뜻이다. 풍요로운 시대 뒤에는 가난한 시대가 오고, 호황 뒤에는 불황이 온다. 좋은 시절은 영원히 지속되지 않는다는 말이다. 히브리 성서에도 '좋은 일이 있으면 반드시 나쁜 일이 있다'는 가르침이 있다. 유대인들이 자연스럽게 장기적인 관점을 터득할 수 있었던 이유는 이러한 가르침이 있었기 때문이다. 4천여 년 전에 유대 민족사에 기록으로 남은 구약성서(창세기13장 7절~)에 아브라함과 그의 조카 롯 사이의 재산분할사례다. 아브라함이 나이가 많아지는데도 아들이 없자 형제의 아들을 양자로 삼아 데리고 함께 본토를 떠나 개척하던 농장이 커지고 그들의 소유가 많아지자 함께할 수 없는 지경에 이르렀다.

어찌되었던 그들이 갈라지게 된 원인은 물질적 풍요가 그들의 화목을 깨뜨린 것이다. 사람의 생각으로는 물질이 풍부하면 하나님도 더 잘 섬기고 가족들과도 더 화목하게 지낼 것 같지만 오히려 그 반대의 경우가 허다하다. 가난할 때에는 서로 배려하고 다정했었다. 그런데 소유와 재물이 늘어나고 배가 불러지면 관계가 틀어지는 것은 예나 지금이나 마찬가지다. 롯은 아브라함의 조카이지만, 자식이 없는 아브라함에게는 아들과 같은 존재이고, 롯의 입장에서는 고향과 친척, 부모님, 본토 집을 버리고, 아브라함을 아버지처럼 여기고 따라올 만큼 의지해 왔는데 그들의 소유가 늘어나니 친 아들과도 같았던 롯과 아브라함도 헤어지기로 결심하고 아브라함이 조카 롯에게 말했다.

아무쪼록 너와 나 사이에 나의 가축치는 사람들과 너의 가축치는 사람들 사이에 다툼이 계속되어서는 안 된다. 온 땅을 네 뜻대로 할 수 있지 않느냐? 부디 내게서 떠나라.

"네가 오른쪽(右)으로 가면 나는 왼쪽(左)으로 갈 것이요, 네가 左하면 나는 右하리라." 아브라함은 조카 롯에게 먼저 선택권을 준다. 그리하여 롯은 '눈에 보기 좋은 땅, 온 땅에 물이 넉넉한 요단지역(소돔과 고모라)'을 선택한다.

재산 분할이 있은 후 롯이 선택한 소돔과 고모라성은 환락과 쾌락의 도시로 변해 멸망을 당한다. 요즘으로 말하면 지진이 일어나 화재로 불바다가 된 것이다. 롯의 아내는 두고 빠져나온 보물에 욕심이 생겨 뒤돌아보다 화를 면치 못하고 소금 기둥이 되었다고 성경은 사족을 달고 있다. 겨우 두 딸과 함께 목숨을 구한 롯의 처지는 그야말로 비참한 처지가 되고 만다. 그런데 황무지에 남은 아브라함은 하나님의 부르심을 받는다. 하나님은 아브라함에게 '눈을 들어 너 있는 곳에서 동서남북을 바라보라. 보이는 땅을 내가 너와 네 자손에게 주리니 영원히 이르리라'는 축복과 함께 100세에 아들(이삭)까지 주신다. 먹는 것, 입는 것이 부족하다하여 민족이 가문이 망하는 게 아니다. 오히려 물질적 풍요만 쫓다가 정신적 유산이 텅 비어버리는 바람에 민족과 가문이 멸망한 예가 훨씬 많다. 그래서 성경(마태6:33)에는 '너희는 먼저 그 나라와 그 의를 구하라. 그리하면 이 모든 것을 너희에게 더 하신다'고 말한다.

우리는 영육 간에 봄과 같은 꽃 같은 세월을 보낼 때가 있다. 그러나 이때 조심해야 한다. 따뜻한 봄이 지나면 뜨거운 여름이 올 것에 대비해야 하고, 풍요한 가을 뒤에는 혹독한 겨울이 있음을 기억해야 한다. 아브라함과 롯이 갈라지게 된 원인은 그들이 동거하기에 땅이 좁아서가 아니라 소유가 많으니 동거하기에 더 좋은 것 같은데 그렇지 않다. 소유의 풍성함에 눈이 묶이면 더 소중한 가치를 놓치기 쉽다. 눈에 보이는 것보다 보이지 않는 것 말이다. "보이는 것은 잠깐이요. 보이지 않는 것은 영원함이라." 잠깐 있다가 사라지는 안개와 같은 것들에 지나치게 주목해서는 안 된다는 역사적 사실을 우리는 보고 있다. 불교에서는 잠깐 있다(色)가 사라지는 것을 공(空)이라 하여 '색즉시공(色卽是空)' 이라 한다.

앞에서 본 바와 같이 우리가 서 있는 곳이 어느 지역인지는 크게 중요하지 않다. 정말 중요한 것은 내가 선 곳에 하나님이 함께 하는가이다. 누구와 함께 서 있느냐가 중요하다. "주예수와 동행하니 그 어디나 하늘나라다"라고 찬송하지 않던가. 부부가 이혼을 하면서 재산분할 문제로 다투다가 철천지원수가 되고, 부모의 유산을 물려받는 과정에 자식들이 서로 더 갖겠다고 다투다 이웃보다 못한 관계가 되는 일을 우리는 허다하게 본다. 아브라함처럼 "네가 우하면 내가 좌할 것이고, 네가 좌하면 내가 우할 것이다"라고 할 수 있겠는가. 복잡한 것은 약하고 단순한 것은 강하다는 말처럼 아브라함의 결단은 하늘의 축복을 받는다.

유대인들이 그 많은 시련을 뛰어 넘을 수 있었던 이유는 긴 안목으로 사물을 파악하고 세상의 움직임에 적절히 대응했기 때문이다. 유대인들에게 이 같은 생각을 키워준 것은 수천 년에 달하는 그들의 박해 역사다. 나라를 가지지 못해 여러 나라로 뿔뿔이 흩어져 사람들의 편견 속에서 살아야만 했다. 직업마저 규제당할 정도로 극심한 차별을 받았고 저지르지도 않은 죄 값을 치르는 박해에 시달렸다. 히틀러의 나치 독일에 의해 600만 명의 유대인들이 학살되었다. 그들은 독일은 용서할 수 있어도 이 치욕의 역사는 잊지 말자고 한다. 유대인들은 아무리 힘들고 가혹한 운명을 만나도, 절체절명의 궁지에 빠져도, 그러한 고난을 피하려 애쓰지 않고 어떻게 하면 살아남을 수 있을지 포기하지 않고 불굴의 정신으로 살아남을 길을 모색해 왔다.

유대인들은 '성서와 탈무드'를 가지고 매일 토론을 벌이면서 선조들이 겪은 비극과 고난을 체험하고 그런 고난에서 벗어나는 사고력을 단련시키고 있다. 그들의 사고력에 영향을 주는 다른 하나는 유대교의 율법이다. 일상에서 지켜야 할 규율이 많이 존재한다. 먹으면 안 되는 음식이 보통 사람들 보다 몇 배나 많고, 하지 말아야 하는 행동과 해야만 하는 행동도 몇 배나 많다. 이 같이 율법은 일상생활에서 그들의 자유와 쾌락을 빼앗는다. 물론 그들에게도 율법을 지키지 않아도 되는 자유가 있고, 율법을 어겨도 누구도 처벌 받지 않는다. 그런데도 그들은 자신들의 의지로 율법을 철저히 따른다.

닫는 글

중용(中庸)과 대학(大學)에 '신독(愼獨)'이라는 글이 나온다. 이 말은 소인은 한가로우면 도리에 어긋난 일에 매달리고, 군자는 홀로 있을 때도 도리에 어긋남이 없도록 삼가하고 조심한다는 말이다. 세상에 이보다 더 어려운 게 있을까 싶다. 남이 보지 않는 곳에서도, 남이 듣지 않는 곳에서도 지켜야 할 수행지침이기 때문이다.

하지만 이제 세상은 다라졌다. '신독'은 옛날 사람들의 처세술이 아니라 디지털 시대를 살고 있는 우리에게 꼭 필요한 지침이 되었다. 왜 그럴까. 도처에 보이지 않게 우리를 감시하는 카메라가 24시간 우리를 보고 있기 때문이다. 이제 더 숨을 곳도 속일 수도 없게 되었다. 성철 스님이 늘 하신 말씀이 '불기자심(不欺自心)'이다. 자기 자신을 속이지 말라는 말이니 또한 이것만큼 또 어려운 게 있겠는가.

미래에 대한 걱정과 공포를 안고 하루하루 떠밀려 살아가는 삶, 죽음이 곁에 다가왔을 때가 되어서야 자신이 살아온 생을 깊이 후회하는 삶이 있다. 버나드 쇼는 그의 묘비명에 "우물쭈물하다 내 이럴 줄 알았다"고 했다. 왜 살아야 하는지, 살아야 할 이유를 모른 채 살아가는 삶이야 말로 가장 비참한 삶이 아닌가.

민족시인 윤동주는 <서시>를 다시 보자.

죽는 날까지 하늘을 우러러
한 점 부끄럼 없기를
잎 새에 이는 바람에도
나는 괴로워했다.
별을 노래하는 마음으로
모든 죽어가는 것을 사랑해야지
그리고 나한테 주어진 길을
걸어가야겠다.

오늘 밤에도 별이 바람에 스친다.

어떤 고난이 닥친다 해도 자신에게 주어진 길을 찾아 살겠다는 다짐과 한없는 사랑을 실천하려는 시인의 결의가 느껴진다. 아인슈타인은 인생을 사는 방법에 두 가지가 있다고 했다. 하나는 아무 기적도 없는 것처럼 사는 것이고 다른 하나는 모든 것을 기적처럼 사는 것이라고 했다.

공자는 인(仁)을 '극기복례(克己復禮)'라 한 것은 사랑을 베풀려거든 자기를 이기라는 말이다. 하지만 자신의 욕망을 접고 남을 위해 살기가 어디 쉬운 일인가. 남에게 해를 끼치지 않고 받은 만큼 주는 것만으로는 더 나은 세상을 만들 수 없기 때문이다. 내 것을 덜어서 먼저 도움의 손을 내밀어야 되는 일 아닌가. 자신을 먼저 챙기는 마음으로는 한 발짝도 앞으로 나갈 수 없다.

예수는 골고다 언덕 십자가에 매달려 외친다. "엘리 엘리 라마 사박다니?" 하느님, 하느님 어찌하여 나를 버리시나이까? 하지만 '내 뜻대로 하지 마시옵소서.'라고 한다. 자신을 버리는 일이 인류를 위한 영원한 사랑이라는 것을 깨닫는다. 그리고 모두를 용서한다. 그는 인류의 영원한 스승이자 구원자다.

우리가 좋은 책을 읽어야 하는 이유는 계속해서 무엇을 얻으려는 것이 아니다. 지금까지 내가 가지고 있었던 것을 버리기 위해서 아닌가. 독일의 작가 프란츠 카프카는 <변신>에서 '책이라는 것은 얼어붙은 나의 세상을 깨는 도끼다' 라고 했다. 나는 글을 쓰면서 단 한 사람만이라도 이 책을 읽을 수 있어서 21세기 문맹 인에서 벗어나기를 바라는 마음이다. 미국의 미래학자 엘빈 토플러가 21세기 문맹인 이란 글을 읽고 쓸 줄 모르는 사람이 아니라 이미 알고 있는 것을 버리고 새로운 것을 배우려고 하지 않는 사람이라고 말했다.

이 책을 쓰는 동안 주변에 폐를 많이도 끼쳤다. 가족, 친척, 형제 등 만나야 할 사람과도 자주 만나지 못하고, 나서야 할 일을 멈추어야 했으니까. 물심양면으로 격려와 위로를 아끼지 않은 모두에게 감사한 마음을 잊을 수 없을 것이다.

2017년 4월

참고문헌

이어령	지의 최전선	장핀즈	시진핑은 왜 고전을 읽고 말하는가
	우리는 무엇으로 행복해지나		
유발하라리	사피엔스	조원경	식탁위의 경제학자들
조선일보미래기획부	미래의 미래	장석주	단순한 것이 아름답다
마이클센델	정의란 무엇인가	바바라 해커티	신의 존재를 찾아서
방주네프	통과의례	김형석	어떻게 믿을 것인가
송호근	가보지 않은 길		백년을 살아보니
	그들은 소리 내 울지 않는다		예수
도종환	사람은 누구나 꽃이다	윤태성	한 번은 원하는 인생을 살아라
	흔들리며 피는 꽃 등 다수	신승윤	그냥 좋은 장면은 없다
엘빈 토플러	미래의 충격	서광원	시작하라 그들처럼
	제3의 물결	김태환	책문
조정래	시선	설민석	한국사 특강
	풀꽃도 꽃이다	제프 콕스	모드씨의 비밀 노트
	정글만리	필 맥그로	리얼 라이프
류시화	새는 날아가면서	홍지수 옮김	오리지널스
	뒤돌아보지 않는다	법륜	행복
윤석철	삶의 정도	소준석 편역	사마천 사기 56
	경제학의 진리체계	후스	인생에서 가장 어려운 문제
김준혁	화성	최승호	생각의 역습
한비야	1그램의 용기	김병완	도서관에서 기적을 만나다
	지도 밖으로 행군하라	데이비드 요피	전략의 원칙
안경환	남자란 무엇인가	이만열	인생은 속도가 아니라 방향이다
배철현	인간의 위대한 질문 심연	마스시다 고노스케	길을 열다
찰스 두히크	습관의 힘	조유미	사연을 읽어주는 여자
한경원	ceo의 서재	이브A우드	희망
정진홍	인문의 숲에서 경영을 만나라	이상훈	인생을 바꾸는 고수의 습관
	1·2·3	오윤희	정반합
빌하이벨스	정말 이 사람일까?	문정희	살아있다는 것은
하마구치오타나	위대한 조언	이지훈	단
애덤스미스	내안에서 나를 만드는 것		
홍순도	명가의 탄생		

이지성	생각하는 인문학 리딩으로 리드하라	정여울	그때 알았으면 좋았을 것을
송병락	전략의 신	문유석	개인주의자
무라카미 하루키	직업으로서의 소설가 노르웨이의 숲 기사단장 죽이기	강신장	오리지널
		쩌우지밍	권력의 규칙 1·2
		박석준	미래인문학 트랜드
정여울	공부할 권리	리처드달러	똑똑한 사람의 멍청한 선택
신영복	담론	황석영	밥도둑
백성호	흔들림없이 두려움없이	피터스탠피드	예정된 악인 유다
이나미	성경으로 배우는 심리학	공병호	탈무드에서 인생을 배우다
김홍신	인생의 견문록	김현중	어떻게 성장할 것인가?
공지영	수도원 기행1·2 우리들의 행복한 시간	정이	단순하게 느긋하게
		고미숙	몸의 인문학 나의 운명 사용설명서
백정미	내 인생의 스케치		
김정운	에디톨로지 가끔은 격하게 외로워라	kbs	명견만리
		코엘료	연금술사 마크 톱
조승연	비지니스 인문학	최민자	통섭의 기술
리슈에청	천년의 지혜	정재승, 진중권	크로스
이재형	전략을 혁신하라	마이클센델	정의란 무엇인가
김난도	트랜드 코리아 아프니까 청춘이다 천 번을 흔들려야 어른이 된다.	조셉그랜빌	최후의 예언
		유발하라리	사피엔스
		잭슈어거	타이미의 승부
혜민스님	멈추면 보이는 것들 완벽하지 않은 것들에 대한 사랑	김창옥	나는 당신을 봅니다
		이어령	우리는 무엇으로 행복해지나 지의 최전선
유영만	곡선의 승부하라		
김태규	당신의 때가 온다	박웅현	책은 도끼다
신동열	내 인생의 10년 후	기시미이치로	오늘부터 가벼워지는 삶 미움받을 용기
말콤그래드웰	아웃라이어 다윗과 골리앗		
수전케인	콰이어트	후 스	내 인생에서 가장 어려운 문제
강신주	감정수업 매달린 절벽에서 손을 뗄수 있는가? 비상경보기	조 벽	인성이 실력이다
		박범신	은교

참고문헌

문턱을 넘어서라
通過儀禮

초판발행	2017년 4월 30일
글쓴이	장인수
펴낸이	장성수
발행처	SUNGSUCLUB(성수클럽) 출판부
출판등록	466-2015-000006호
주소	전북 전주시 덕진구 벽제대로 752-1505호
대표전화	1544-5611
팩스	063-246-5611
문의처	010-3321-9896, 010-3659-5940
전자우편	ab2801@naver.com
커뮤니티	jia3636@naver.com
디자인	032디자인(주)

ⓒ 장인수, 2017

값 15,000원

ISBN 979-11-954684-1-6 (03100)

※ 잘못 만들어진 책은 전화주시면 다시 보내드립니다.
※ 이 책은 저작권법에 따라 보호받는 저작물이므로 무단 복제를 금합니다.